Leyendas Españolas

Mora, José Joaquín de, 1783-1864

LEYENDAS ESPAÑOLAS.

IMPRENTA DE H. FOURNIER Y Cª,
CALLE DE SEINE, Nº 14.

LEYENDAS ESPAÑOLAS,

POR

JOSÉ JOAQUIN DE MORA.

PARIS,

LIBRERÍA DE DON VICENTE SALVÁ,

CALLE DE LILLE, Nº 4.

—

1840.

AL LECTOR.

Mi objeto al escribir estos poemas, ha sido aplicar la versificacion española á un género de narracion que diste tanto de la humilde trivialidad del romance, como del altisonante entonamiento de la epopeya. En las épocas modernas de nuestra literatura, siempre que nuestros poetas han querido referir con alguna estension, se han arreglado á una de aquellas dos clases de composiciones, la primera de las cuales no parece ya digna de un siglo tan adelantado como el nuestro, y la segunda, en que los españoles hemos sido tan fecundos como mal aventurados, no puede adaptarse sino á una clase particular y escasa de hechos y de hombres. Los creadores de nuestra poesía no procedieron con tanta restriccion ni escrúpulo. La mayor parte de los poemas que componen la *Colección* de Sánchez, pertenecen al género narrativo, y ninguno de ellos es romance ni poema épico; lo que prueba, cuando ménos, que los ingenios anteriores al siglo de Juan de Mena eran algo mas liberales en doctrinas poéticas, que los de las siguientes generaciones. Con la única escepcion del *Moro espósito*, no tengo idea de un solo poema narrativo de alguna nombradía, que no pertenezca á uno ú otro de aquellos dos géneros.

Es cierto que el romance tiene entre nosotros muchos y muí zelosos partidarios, y que no goza de ménos favor entre los estranjeros; y con razon, si el objeto de este aprecio es el romance *antiguo*, ya se considere como monumento histórico, ya como muestra del genio poético de la nacion española. Nuestros antiguos romances forman en efecto el cuerpo de poesía popular, mas perfecto, mas característico y mas interesante de cuantos poseen las naciones de Europa. Pero en esos límites se encierra su mérito, y de ello no se infiere que en el siglo presente, cuando las necesidades intelectuales son tan diferentes de las que existian en los tiempos de los romanceros, debamos rebajarnos al nivel de que ellos no podian salir, ni privarnos de los recursos que las vicisitudes de los siglos han puesto á nuestra disposicion, y de que ellos no podian hacer uso. El romance, en mi sentir, no es el orígen ni el principio de nuestra poesía: es una degeneracion de las formas que ella adoptó, desde que empezó á merecer tal nombre. Casi ninguno de los poetas mencionados en la famosa *Carta* del marques de Santillana, pertenece á la clase de romanceros; ni lo fueron tampoco los autores de los poemas recopilados por Sánchez; ni pueden ser clasificados como tales los de la época siguiente, y mucho ménos Juan de Mena, Boscan, Garcilaso, Leon y sus imitadores. Todavía á mediados del siglo XIV se consideraban las composiciones asonantadas como un género vulgar, y respetable solo por el aire de antigüedad que esta peculiaridad les daba. Tengo á la vista un libro mui curioso, que me suministra un argumento fuerte en favor de esta opinion. Es una coleccion de romances, esplicados y comentados por el magnífico caballero Alonso de Fuéntes, quien no ha querido descubrir el autor de ellos. El comentador, encomiador, como siempre sucede, del autor comentado, al hablar del género de poesía en que este escribió, se esplica del modo siguiente: *Resta agora por el auctor destos cantos satisfacer á algunos que son mas amigos del consonante con capa y sayo, que les hincha los oidos, que no del propósito de la historia, que no dejarán de poner objectos en ellos, diciendo que fuera mejor compostura seguir el hilo de sus consonantes limados ó trabados....; y á estos digo, quel intento deste auctor fué querer mostrar estas historias con el orígen destos cantos* *viejos; que toda aquella cosa que se contrahace y asimila á otra, será mas perfecta cuanto mas se llegare ó paresciere á aquella de quien se saca; y así, imitando estos cantos á los de nuestros antiguos, aquella rusticidad de vocablos y consonantes mal dolados, les da la auctoridad y léjos que les quitaran los consonantes limados ó trabados.* * Por donde se echa de ver que la opinion general estaba en contra de los asonantes ó *consonantes mal dolados*, y que solo podian merecer el título de composicion literaria, como imitacion de un género antiguo, que por las cualidades que ya he notado, era y debia ser altamente popular y bien recibido.

No creo pues haber avanzado una herejía literaria en la opinion que ya he vertido sobre la poca dignidad de esta clase de versificacion; ántes bien soi de parecer que esta opinon está perfectamente de acuerdo con las mas aplaudidas doctrinas modernas sobre el placer intelectual que producen las obras literarias. Uno de los grandes fundamentos de este placer, que lo es tambien de todos los nuestros, consiste en el mérito de la dificultad vencida, es decir, en la sa-

---

* *Cuarenta cantos de diversas y peregrinas historias, declarados y moralizados por el magnífico caballero Alonso de Fuéntes, dirigidos al Ilustrísimo y escelente Señor don Perafan de Ribera, marques de Tarifa, Adelantado del Andalucía etc., su señor.* Sevilla, en casa de Dominico de Robértis, 1550. 4to. let. gót.

tisfaccion que, por una especie de instinto, resulta
en nosotros, al ver conseguido un fin por medio de
esfuerzos que no están al alcanze de todos, y que por
consiguiente supone en el que los hace, calidades nada comunes. ¿Qué dificultad presentan y qué esfuerzos necesitan los versos asonantados en una lengua
como la nuestra, que, tanto por la regularidad de
su gramática, como por la abundancia de vozes que
ha sacado del latin, posee una inagotable provision
de esas terminaciones imperfectamente semejantes?
¿No vemos con qué facilidad componen romances los
hombres del vulgo, y no son ellos los autores de los
inumerables que se han escrito y corren impresos,
sobre milagros de santos, aventuras festivas y ridículas, y fechurías y crímenes de malhechores? Sin
duda algo mas cultos y literarios que estos son los
romances de Góngora y Quevedo ; mas lo que se infiere de esta diferencia, es únicamente, que el mismo instrumento, por grosero que sea, despide diversos sones, segun la mayor ó menor destreza de
las manos que lo pulsan. La combinacion octosilábica
ocurre tan frecuentemente en nuestro idioma, que
léjos de ser una operacion difícil, á vezes, escribien-
do en prosa, se necesita alguna aplicacion para evi-
tarla. Con esto, con la independencia de los versos
nones y con la lijerísima traba de los pares, hai
bastante para poder asegurar, que, á ménos de su-
poner una organizacion destituida enteramente de

oido métrico, escribir versos asonantados de ocho sílabas, necesita mui poco mas esfuerzo que el que se requiere para escribir en prosa.

Bien sé que la repeticion periódica de la misma terminacion en los versos alternados, no deja de llenar agradablemente el oido, y este es el argumento favorito de los admiradores del romance. Pero, en primer lugar, en su orígen el romance no estuvo sujeto á la unidad del asonante, en todo el curso de la misma composicion; lo que prueba que su mérito no consistia entónces en esa monotonía de sonidos. Podria citar muchos romances antiguos en prueba de esta verdad; pero me limitaré al siguiente fragmento de uno de Don Alfonso el Sabio :

> Yo salí de la mi tierra,
> Para ir á Dios servir,
> Y perdí lo que habia,
> Desde mayo hasta abril,
> Todo el reino de Castiella
> Hasta allá á Guadalquivir.
> Los obispos y perlados
> Cuidé que metien paz
> Entre mí y el mio hijo,
> Como en su Decreto jaz.
> Ellos dejaron aquesto,
> Y metieron mal asaz,
> Non á escuso, mas á vozes,
> Bien como el añafil faz.

A propósito de esta cita observaré, que en todos los romances de la misma época se observa la misma propension al uso de la rima perfecta, y que la in-

troduccion de la rima imperfecta ó asonante prove-
nia, como la de los versos incompletos ó demasiado
largos, los ripios y otras manchas semejantes, de la
ignorancia, falta de oido ó negligencia del poeta. En
segundo lugar, este placer acústico que resulta de
la repeticion periódica de terminaciones semejantes,
¿ puede tener otro orígen que el hábito, que es el
gran trasformador de todas nuestras sensaciones, y
que convierte en placenteras las mas desagradables,
y en necesarias las indiferentes? Una vez acostum-
brado el oido á un cierto género de vibraciones, ó á
la repeticion de las mismas en ciertos espacios de
tiempo, las recibirá siempre con deleite, y su inter-
rupcion no podrá dejar de serle desagradable. Tal
es en globo la esplicacion que dan los filósofos al placer que resulta del compas en la música y del ritmo
en la poesía.

Pero en el acertado uso de la rima perfecta hai
méritos de un órden mas elevado. El rimador se coloca en la necesidad de escojer entre un número mui
limitado á vezes de palabras, y, por esto solo, en la
de buscar nuevas analogías entre las ideas por ellas
representadas; de donde sin duda pueden resultar
sentidos violentos, metáforas traidas por los cabellos,
y otras incongruencias del mismo órden; pero, en
manos de un hombre de pensamientos profundos y
viva imaginacion, semejante traba es el verdadero
principio de esas grandes bellezas que admiramos en

los buenos poetas modernos, entre los cuales los mas generalmente aplaudidos son precisamente aquellos que han manejado aquel resorte con mayor naturalidad y destreza.

Me parece hallar en esta doctrina una confirmacion ó mas bien un corolario del siguiente aforismo de Bacon : *Credunt homines rationem suam verbis imperare, sed fit etiam ut verba vim suam super rationem retorqueant.* [1] Algo mas léjos ha ido un escritor mui profundo de nuestros dias, [2] el cual opina que el verdadero medio de hallar pensamientos es buscar palabras : documento que está perfectamente de acuerdo con las mas aplaudidas especulaciones de los filósofos modernos sobre la asociacion de ideas, y el influjo de los signos en las operaciones mentales. Ni se han desdeñado algunos de ellos de aplicar estos principios al asunto que nos ocupa. Bútler compara mui ingeniosamente la rima, con respecto al influjo que ejerce en el verso, al timon que, aunque colocado detras del bajel, y obligado aparentemente á seguir sus movimientos, en realidad dirige su curso. Brown entra en mas amplias consideraciones : *¡Cuántos, dice, de los mas bellos pensamientos é imágenes poéticas se deben á esos sonidos finales, que se sugieren uno á otro, por su semejanza acciden-*

---

[1] NOVUM ORGANUM. LIB. I. APH. I, IV.

[2] *Ce n'est qu'en cherchant des paroles que l'on trouve des pensées.* JOUBERT.

tal, y que en el hecho de obligar al poeta á dete-
nerse, hasta acomodar el metro, con perfecta pro-
piedad de ideas y de medida, á la imperiosa nece-
sidad de la rima, le presentan, durante este in-
tervalo, mayor variedad de imágenes que las que
espontáneamente nacerian en su espíritu, si no lo
sujetara aquella inevitable restriccion! *

El lector benévolo disculpará que lo haya detenido
con esta pequeña, aunque quizas enojosa disertacion,
si reflexiona que el sistema que he seguido en estas
Leyendas de sujetarme escrupulosamente á la lei
severa del consonante, no procede de la manía de
singularizarme, ni del deseo insensato de rebajar á
los escelentes poetas españoles que han seguido el
principio contrario. Lo que me ha decidido á sepa-
rarme de su ejemplo, ha sido el íntimo convencimiento de la necesidad que tiene nuestra poesía, de
abandonar esas formas triviales y fáciles que la des-
lustran y rebajan; convencimiento que he creido
oportuno apoyar, á los ojos del público, en autorida-
des de mas peso, que el que la mia podria darle.

Quizas habria procedido con mas acierto, y sin duda
con mas arreglo al gusto dominante, si en lugar de
sostener una opinion, que será tratada de paradoja por
no pequeña parte de los críticos del dia, hubiese imi-
tado el ejemplo de algunos poetas recientes, que han
consagrado sus prólogos al exámen de la gran cues-

* *Lectures on the Philosophy of the Human Mind. Lect. 36.*

tion pendiente en la actualidad, entre clásicos y románticos. Tengo una razon mui poderosa para abstenerme de tomar parte en esta disputa; y es que no la entiendo. Tan incomprensible es á mis ojos el clásico que desdeña, desprecia ó ridiculiza los nuevos elementos artísticos que ha introducido en la literatura de los pueblos meridionales el mayor conocimiento que han adquirido de la alemana y de la inglesa, como el romántico que trata tan irrespetuosa y hostilmente á los modelos de perfeccion que abundan en las filas contrarias. Nadie me hará creer que Shakespeare es un bárbaro, y Calderon un estravagante; ni tampoco podré persuadirme que fueron dos genios de primer órden, par la única y esclusiva razon de no haberse sometido á ciertas reglas, y de no haber adoptado cierto género de imágenes y metáforas, que son, en entender de ciertos hombres, condiciones necesarias y límites positivos de la escelencia literaria, y trabas mezquinas y absurdas, en opinion de otros que batallan en las filas opuestas. Aquella escelencia, segun me lo han enseñado mis maestros, y segun lo que la esperiencia de todos los siglos confirma, nunca podrá obtenerse, sino adoptando el género de composicion y el giro de ideas mas análogas á las disposiciones naturales y al temple espontáneo del individuo, y jamas será el resultado de un sistema, ni del empeño de justificar prácticamente *invita Minerva* ciertas opiniones, modas ó doctrinas. De este último principio nunca saldrán mas que producciones contaminadas con aquel insoportable vicio, que es el mayor enemigo de la originalidad, del buen gusto y de la perfeccion literaria ; la *afectacion*.

Hágame el lector la justicia de reconocer que, por defectuosas que sean las composiciones sometidas en este volúmen á su juicio, á lo ménos no hai en ellas la menor traza de aquel achaque, tan comun en nuestro siglo. Ni alego como un gran mérito la circunstancia de haberme preservado de su influjo, porque en realidad no concibo el placer que resulta de violentar las propensiones individuales, ni de forzar al entendimiento á caminar por una senda trazada de antemano, sea ó no sea la que seguiria, abandonado á su propia inclinacion y movido por sus impulsos naturales. Malas ó buenas, estas *Leyendas* han sido escritas con independencia de todo espíritu de escuela y de faccion. Las reglas que el autor ha seguido, no son las que proclama como indispensables, ó infringe por sistema una ú otra clase de escritores ; sino las que le han parecido emanadas del sentido comun y del buen gusto. En una palabra, no desea que las *Leyendas* sean juzgadas como clásicas, ni como románticas, sino como *suyas*.

LA JUDÍA.

«A thing of dark imaginings.» — BYRON.

I

Solo está el bosque: sin testigo mueve
Sus linfas el raudal, de espuma leve
Salpicando las flores de su orilla,
Y el techo que le forma la varilla
            Del mimbre y del aromo.
Sola en la cumbre del celeste domo
Plácidamente el argénteo disco
La luna ostenta, y el pelado risco

Con varios tintes sus vislumbres quiebra,
Ora en blanquizca masa ó sutil hebra,
Ora en grupos de nácar. El reflejo
Celestial, en su copa, al roble añejo
     De forma estraña viste,
Y con pendiente rama el sauce triste
En móviles figuras la convierte.
     Con esplendor mas fuerte,
La luminosa inundacion dilata
Sus anchas olas de bruñida plata
Por el llano vecino, desde donde,
Bajo florida rama que la esconde,
Susurra y juega en armoniosa risa,
Cargada de placer y olor, la brisa;
Y al mover de sus alas, se difunde
La esquisita fragancia, y leve cunde
Por la callada esfera. En lejanía
Vaporosa levanta oscura frente
     Noble castillo, ingente
Masa de enormes piedras, que algun dia,
Dia de un siglo escelso, aunque remoto,
Retumbó con el bélico alboroto,
Y oyó de alegre fiesta el alto grito;
Y en el opuesto lado, cual ceñudo
Gigante, sus colosos de granito
Levanta el monte, cuyo aspecto rudo
Disfrazan con diáfana cortina
     La luna y la neblina.
al es la escena á do con lento paso
Se dirige Don Suero, y entra, y mira

Cauto en torno, y suspira,
Y de rubor escaso
Se tiñe el rostro, do perene asienta
Mortal amarillez, dolencia oculta
Quizás ó pena amarga. Con afrenta
De su opinion, la plebe osada insulta
Su nombre, y atribuye en sus hablillas
De su rostro las trazas amarillas
A tenebrosos actos,
Negros designios y terribles pactos.
Desde que vino de lejana tierra,
Do lo llevó la guerra
Que ostentó de la cruz la roja marca,
En Sion la piadosa, la comarca,
Donde Suero domina,
Señor de tierras vastas, abomina
Su yugo y su mansion. Y no se crea
Que agobiando con bárbara tarea
Sus siervos oprimidos,
Les arranca gemidos,
Cual los otros magnates. Compadece
Desde léjos sus males; favorece
Sin verlos su infortunio. A nadie daña;
Mas cual vision estraña
Que horror secreto y repugnancia inspira,
La faz del hombre mira.
La suya, en surcos hondos, aunque apénas
Seis lustros cuenta de existir, indica
Tormento que lo labra y mortifica;
Pesadumbre de bárbaras cadenas,

A las que el corazon víctima cede.
Quiere olvidar sus males, y no puede,
Y en secretos pesares se consume.
Breves instantes aspiró el perfume,
Y sació su mirada asustadiza
Don Suero en el recinto deleitoso.
« Huyamos, » dice, « huyamos : el reposo
Que yo busco, no es este. Suaviza
Sobradamente al alma este deleite,
                    Cual esmerado afeite
                    Que deslumbra y halaga.
No es aquí donde encuentra el vago anhelo,
                    Con que me abruma el cielo,
Objeto que termine y satisfaga
Su sedienta inquietud. Aquí respire
                    Quien á la holganza aspire,
Que á virtud atribuye y á inocencia
Lo que llaman los hombres esperiencia.
Mis sombríos tormentos necesitan
                    Peñascos eminentes,
Por donde furibundos los torrentes
Dilacerados troncos precipitan ;
Quebradas hondas y hondas aberturas,
Do su feroze libertad celebra
                    Silbando la culebra ;
Malezas intrincadas, peñas duras,
Niebla espantosa y bárbaro rugido
De huracan desatado, que disuelve
Las altas crestas del peñasco hendido. »
                    Dijo, y turbado vuelve,

Y de pronto un suspiro lento y blando,
Como lo lanza el hombre fiel, soñando
    En ventura perene,
Con misterioso hechizo lo detiene.
Torva sospecha el ánimo le ofusca:
Por la espesura enmarañada busca
De aquel rumor incógnito el orígen,
Y á un mortal sus miradas se dirigen,
Que comprimido, y trémulo, y doliente,
Se arroja al suelo, y dice prosternado:
« Noble señor, piedad de un inocente,
    De un ser desventurado,
Que al márgen del sepulcro titubea.
Mi vida está en tus manos: de ellas sea,
Si lo quieres, despojo, y si prefieres
Dar fácil puerta á impulso compasivo.... »
Don Suero lo interrumpe: « Dí quién eres,
Y si en el labio pérfido y nocivo
De un hombre la verdad tiene morada,
Dí la verdad, ó mueres á mi espada. »
« Nunca, » responde el jóven, « en mi seno
Derramó la mentira su veneno.
Un culto que detestas, es el mio:
La próxima ciudad con eco impío
Proclamó esta mañana horrible muerte
Contra el mísero pueblo de mi raza:
Un iluso pontífice pervierte
Su razon. Furibunda despedaza
Los miembros de la víctima la plebe,
Y nuestra sangre en vaso impuro bebe.

Mi padre—yo lo vi—provecto anciano,
Docto en yerbas y simples, cuya mano
        Sin venal recompensa
La salud repartia á los mortales,
En el tropel de muchedumbre inmensa,
Perdió tambien la vida á sus puñales.
Salvóme de la muerte mano amiga,
Y aquí, señor, tras bárbara fatiga
Lleguë, do en tu bondad me anuncia el cielo,
        Mi refugio y consuelo.» —
«No lo pides en vano,» le responde
Don Suero, que no sabe ni adivina,
        Cuál fuerza peregrina,
Cuál poderío irresistible esconde
Voz tan estraña, en males tan crueles.
«Sigue mis pasos, calla y no rezeles.»

II

A la luz de la antorcha que ilumina
La retirada habitacion, do encubre
        Su existencia mezquina
Aquel desventurado ser, descubre,
        Con turbada estrañeza,
De su afligido huésped la belleza.
Tersa la piel como marmóreo busto,
Talle esvelto cual mimbre, delicado
Cual la flor del espino, y matizado,
        Como lozano arbusto,
        De salud y esperanza,

El cútis trasparente;
Ojos, por los que fuego activo lanza;
Sombreada la frente
De profusos cabellos,
Negros cual azabache, y mui mas bellos:
Tal era el hijo de Abraham. Lo admira
Don Suero sin cansarse, cual si fuera
Vaporosa vision, que rauda gira
Con rastra luminosa por la esfera.
Y mas lo admira, cuando en dulce acento,
Le dice: « Buen señor, dáme la mano,
Y deja que en su vario lineamento,
De tu destino el misterioso arcano
Revele el labio mio. »
Y Don Suero se presta, ya sin brio,
Cual ave por la sierpe fascinada,
Y su orgullo al incógnito somete.
« Esta línea promete, »
Dice con voz turbada,
Dando un suspiro, el desgraciado hebreo,
« En la guerra de amor feliz trofeo.
Aquí se pinta un triunfo en otra guerra
Mas cruel· de los grandes de la tierra
Doblarás el soberbio poderío.
Aquí miro un deseo que devora
Tu generoso pecho, y no desdora
Tu nobleza y tu brio. » —
« Cuál es? » pregunta el español. « Anhelo, »
Sigue el garzon, « de merecer del cielo
Lo que pocos mortales

Merecen de los seres celestiales:
Ciencia, que al hombre eleva y magnifica
Sobre la turba imbécil; ciencia augusta,
Que el pecho entusiasmado purifica,
Y si al indagador vulgar asusta,
Al sublime mortal de ánimo fuerte
Abre el alto volúmen de la suerte.
Ella la senda próspera te allana,
Y en galardon de tu piedad te envía,
Fiel y segura, aunque modesta, guia,
Mano potente y diestra, aunque temprana,
Que, dócil á tu voz, en los preceptos
Te iniciará del invisible mundo,
Cual humildes los guardan sus adeptos.»
Reconcentrado en meditar profundo,
Don Suero escucha el grato vaticinio.
«Incomprensible jóven! ¿qué dominio,»
Clama, «en mi ser y en mi destino ejerces?
¿Y cómo el giro á mis pasiones tuerces
    su dureza natural ablandas?
Tú en mi mente leistes, y tú mandas,
Cual euro que las altas cumbres postra,
En un alma que al mundo entero arrostra;
        Lo arrostra y lo desprecia.
Desde el nacer miré con desden frio
        La muchedumbre necia
De mis iguales: con feroz desvío,
Sus pérfidas caricias; con enojo,
La miserable presa que disputa
Ciega codicia con brutal arrojo.

Esa felizidad de que disfruta

  La ambicion satisfecha,

  Ora en gloriosa brecha,

Que de sangre y maldad riega su encono,

O en doctrina pueril ó escelso trono,

Que con su peso aplasta el ancho mundo,

Era á mis ojos fango vil é inmundo.

En esta torpe escena profanadas,

A los astros se erguian mis miradas.

Qué ! decia : esos orbes refulgentes

¿ No son mas para el hombre que lumbreras,

Lujo inútil en cándidas esferas ?

¿ No hai en su labio vozes elocuentes,

Que de los seres que en el aire habitan,

Provoquen la amistad ? ¿ y no habrá seres,

Que la piadosa invitacion admitan,

  Y en sublimes placeres

El alma que su mano implora , inunden ?

¿ Por qué en mi altivo corazon difunden

  Los celestes decretos

  Esos brios inquietos,

Ese inquieto anhelar, que se desdeña

De cuanto el hombre goza y cuanto enseña ?

Punzándome en el pecho la codicia

De un no sé qué, remoto, puro, eterno,

Cuyo recuerdo incógnita delicia

Derramaoa en mi ser, aunj oven tierno

  Busqué en lejano clima,

Y en borrascoso mar, y en alta cima,

Digno objeto á mis ansias vanamente.

Del espléndido oriente
Recorrí las magníficas regiones;
Seguí de Balduino los pendones,
Y con el musulman cruzé mi acero.

Turbó un combate fiero
Del Líbano el silencio majestuoso.....
Mísero yo! que ciego y orgulloso
Me aluciné en frenética arrogancia,
Y cual los otros combatí, cediendo
Torpe al yugo de estúpida ignorancia,
Y en el ardor del combatir tremendo
Cayó en mis manos y pidió la vida
Un noble anciano, cuya faz ceñida
De calma augusta y majestad serena
Deja suspenso el destructor amago.

Era un famoso mago
Y un astrólogo insigne. La cadena
De su cautividad fué mi respeto:
Servíle como á padre, y como á númen
Reverencié sus dichos. El secreto

Del celeste volúmen
Prometió revelarme, y conducirme
Por alta via al inefable arcano.
Vió en mis intentos la constancia firme,
Vió en mi mente el desprecio del humano,
Que de la iniciacion es lei severa.
Mas tremoló Balduino la bandera
De la Cruz, y el destino mas siniestro

Me apartó del maestro.

Ya vi entónces cerrada

Para siempre la entrada

De la ciencia del bien : mi fantasía

La desesperacion cubrió horrorosa.

Dejé indignado la quimera impía

De la guerra. La estensa y rumorosa

Faz del mundo, cual pérfida asechanza

Se presentó á mis ojos. Ni esperanza,

Ni placer, ni vigor, ni plan, ni objeto

Tuvo de entónces mi existir. Sujeto

Con invisible lazo que me liga,

No sé á quién, ni sé á dónde la fatiga

      Que el corazon destruye,

      Propende ni concluye.

¡ Y tú has de ser, tú, jóven, tú, proscrito,

      Quien el sublime rito,

      Que el bien y el mal presagia,

Quien los altos portentos de la magia

Descubras á mis ojos ! Por ventura

¿ Cabe en tu edad la intrépida firmeza,

Que osa elevarse á la region oscura,

O arrostrar del sepulcro la tristeza,

Y evocar de sus nieblas horrorosas

      Visiones espantosas? » —

« Los hechos te darán fácil respuesta, »

Con faz inmoble el jóven le contesta.

« Sé docil á mi voz; mis pasos sigue,

Y si tu zelo y tu virtud consigue

      Llegar á las moradas

      Al saber destinadas ;

Si la hueste feliz que el aire puebla,

Te abre en presencia mia sus regiones;
         Si rotas las prisiones
Del sepulcro y su lóbrega tiniebla,
Lanza tremenda voz su seno frio;
Verás cuál de los dos tiene mas brio. »

III

Una sola existencia, y una vida,
Y un propósito solo, y un deseo
Al español animan y al hebreo.
Cuando esparce la furia embravecida
Del euro horror en noche, que oscurece
Mole inmensa de nube borrascosa,
La rama de los bosques los guarece;
O juntos en la orilla resbalosa
Del formidable precipicio, atentos
         Al silbar de los vientos,
O á las centellas que el espacio abrasan,
         Horas enteras pasan.
Juntos los ve la aurora de contino,
Fijos en el añoso pergamino,
O en la figura mística que encierra
Los destinos del hombre y de la tierra.
         Juntos los ve el ocaso
         Girar con lento paso,
Cual si igual los moviese oculta rueda,
         La sombría alameda.
No es amistad la que sus almas liga ;
Algo mas es : instinto inesplicable,

Que ora los atosiga
Con deseo insaciable
De mas estrecha union, y ora los lanza
En brazos de una ciega confianza.
Empero, cual arbusto
Que lozano y robusto,
Vigor, salud, perfume, altivo brota,
Y lentamente la alta rama inclina,
Desfallecida y rota;
Y lentamente el fuerte tronco mina
Secreta destruccion, y amarillea
La pompa del follaje, y no lo orea
Benigna el aura; y el dañino abrojo
Lo cubre, y sin el lustre fresco y verde,
Los leves jugos de la vida pierde;
Tal el vislumbre rojo
Huye de las mejillas del hebreo :
Tal se fija un inútil devaneo,
Ponzoña lenta, activa y concentrada,
En su abatida y lánguida mirada;
Tal al impulso agitador y vivo,
Que con su sangre circuló, sucede
Rezelo pensativo,
Y el raudal de la vida retrocede.
Lo conoce Don Suero, y disimula,
Bien que de esta mudanza
Motivo ajeno de verdad calcula,
Y á su desconfianza
La rienda afloja, y á cansancio frio
Las penas atribuye del judío.

Era el anochecer : solo Don Suero
     Por áspero sendero
     Sus pasos encamina.
« ¿ Por qué me deja, » dice, « y apetece
La soledad ? ¿ Proyecta mi ruina
     Quizas, ó se envanece
Con mi docilidad y mansedumbre ?
     ¿ O en torpe servidumbre
     Piensa que lo subyugo,
Y en quien su amigo fué, mira un verdugo ? »
Y entonce al borde de escondida fuente
Ve al mancebo apoyando tristemente
Su cabeza en la mano. El hondo sello
     De la afliccion marchita
Sus pálidas mejillas : el cabello
     Desacordado agita ;
La faz hendida amargo llanto moja
Y el sollozar de la agonía arroja.
     « No mas padezcas, » dice ;
« No mas en estos muros, infelize,
     Consumas tu existencia.
Recobra tu nativa independencia.
Oro tendrás profuso, si oro quieres,
Que te abrirá el camino por do fueres. » —
     « Cruel ! » entonce esclama
Despechado el doncel. « Cuando dañina
     Tu enemistad me infama,
¿ Por qué tu duro pecho no adivina
La dolencia mortifera y tremenda
Que el mio abate y emponzoña ? ¿ Ciñe

Tu mirar fascinado oscura venda,
O no ves cuál se tiñe
Mi vida con la sombra de la muerte?
¿ Y el oro vil endulzará la suerte
Que me labra tu fria indiferencia?
Qué me importan el oro y la opulencia?
Soi mujer y te adoro :
Tu amor es mi riqueza y mi tesoro. »
Una segunda vida aquel momento,
Veloz difunde animadora llama
De activo sentimiento
Por el ibero confundido. Inflama
Nuevo calor sus venas, y circula
Con él dolor estraño, que estimula
Sus vorazes afectos. Tiembla, siente
Que del rendido corazon se exhala,
Cual de volcan ardiente,
ígnea erupcion ; que, cual estiende el ala
Rápida el ave desde la alta cresta,
Y por los aires se remonta, y presta
De la vista del hombre desparece,
Así en nueva region su mente vaga,
Y en ella lo embriaga
Sabor de incierto goze. Le parece
Salir del mudo abismo de la nada,
Y que fué un sueño torpe, una mentira
Su existencia pasada.
« Mujer, divinidad, vision, portento, »
Clama en éstasis ciego, « ¿á dónde aspira
Tu vida inesplicable ? ¿ á qué tormentos

Me destinas? ¿ Qué nuevas y terribles
Amarguras preparas, qué quimeras
Dolorosas al hombre en quien imperas?
      Los lazos apacibles
Del amor, sus espinas y sus gozes
¿ Son para ti, son para mí? Disipa
Mi confusion. » — « Insano! desconoces
El don de que el humano participa, »
      Responde la doncella,
« Cuando inefable union vincula y sella
Ciencia y amor; cuando la esfera baja
Deja el amor, donde su lei se ultraja,
      Y con el ser que adora,
Se identifica en la region, do mora
Perene fuente de inexhausta vida.
No es para ti; no es para mí la ofrenda
Con que la humanidad paga aturdida
Tributo á lei universal. Descienda
A ese vil fango de placer oscuro
Vulgar amor, cual en el seno impuro
Se abriga de la imbécil muchedumbre.
Yo te adoro; yo muero de adorarte :
Yo desfallezco en lenta pesadumbre
Por tu amor. Yo tu amor en toda parte,
Como vital atmósfera, respiro :
      Yo á tus plantas espiro,
Si en fuego igual tu seno no se inflama.
      Empero de la llama,
      Tenaz y abrasadora,
      Que el pecho me devora,

No es el voraz incendio
Foco de infame dicha y vilipendio.
Confundirme en tu ser; que te confundas
Tú en mi ser; que en aéreas y profundas
Meditaciones, juntos y enlazados,
Corran por nuestros miembros trasformados
En jaspe inmóvil, flúidos sutiles,
De esos que en los etéreos pensiles
Elaboran los genios celestiales;
Hé aquí mi aspiracion : hé aqui la fuente
          De las ansias mortales,
Que el acerbo dolor grabó en mi frente.
Tú, en los hondos arcanos del destino,
          Fuistes el señalado
Para regir con cetro diamantino
          Mi pecho atormentado.
Para conmigo hollar, léjos del mundo,
En la region del ámbíto profundo,
Senda encumbrada que los aires hiende,
Do el verdadero amor su antorcha enciende ;
O para abrir la tumba, si desdeñas
Esperanzas tan nobles y halagüeñas,
Donde impregnado de dolor y ultraje,
De la infeliz Raquel el polvo baje. »

                    IV

Como lijeras horas, se deslizan
Los dias del amor; mas un afecto
Que desdeña el amor, como imperfecto

Nudo y mezquino enlaze, en que se herizan
Penas agudas y tormentos graves,
En medio de las pláticas suaves ;
Un arrebato, un frenesí que liga
Con algo mas que amor, el desaliento
De la imaginacion, y ansiar sediento,
            Que el placer no mitiga,
De fantástico bien, estraño al mundo,
En giro desigual y vagabundo,
Del tiempo burla el curso y las barreras
Que señalan las horas y los dias.
            Así en dobles quimeras,
Que engañan sus ardientes fantasías,
Raquel y Suero unidos se embriagan ;
            Y sin que satisfagan
Meses enteros de estrechez, de hechizo,
Quizá ilusorio, ni uno ni otro pecho,
            En el asilo estrecho,
            Qué de color rojizo
Los siglos doran, lóbrega morada,
Resto confuso de la edad pasada,
Cual en oscura huesa se sepultan ;
Y su existir al universo ocultan.
De aquella soledad, ni un ser humano,
Con pié indiscreto y con mirar profano,
Turbó el silencio misterioso y triste.
            Ni saben lo que existe
            Fuera de aquellos muros,
            Donde ya mal seguros,
En el olvido que su amor protege,

Pérfido lazo el porvenir les teje.

No léjos del castillo se levanta,

Con copa espesa y con erguida planta,

    Grupo de antiguos robles,

A cuyo abrigo los altivos nobles

De la comarca al rededor yacian,

Sobre la muelle yerba, fatigados

De la caza afanosa. Discurrian

    De tiros acertados,

    De ciervos y de osos,

    Y de perros famosos.

Uno de ellos, Don Nuño, que opulento,

    Y atrevido, y violento,

Con prepotencia impávida amenaza

Cuanto á su dicha y su querer se opone,

« Vosotros, » dice, « no entendéis de caza :

Don Suero sí que al riesgo no se espone,

Y se goza feliz en noble presa. » —

« Cuál ! » pregunta un magnate : « cuál es esa? » —

    « Raquel es, la judía, »

Contesta Nuño, « que en dichoso dia

    Huyó de nuestras manos

    Y de otros mil cristianos. »

Otro dijo : « Dejád esa materia,

O teméd que Raquel con negras artes

    Nos cubra de miseria.

Ya su nombre es famoso en todas partes

Por el alto poder de sus hechizos. » —

« ¡ Los nobles de Castilla asustadizos, »

Dice Don Nuño, « sufren el denuesto,

Que esos dos seres en la tierra imprimen!
  ¡ Que en diabólico crímen
  Y en vínculo funesto
Un noble de Castilla se despeñe !
¡ Que huya de sus iguales y desdeñe
  Su amistad y su trato,
Por vil enlaze y prácticas horrendas !
Dónde está vuestro honor? ¿ dónde el conato
De conservar intactas, como prendas
De sangre pura, el nombre de Castilla
Y la fama inmortal de los abuelos ? » —
  « Venguemos tal mancilla, »
Grita la turba airada. « Por los suelos
  Derroquemos el muro,
Donde se abriga ese mortal impuro. »
No dicen mas, y aprestan los caballos,
Y apresuradamente á sus vasallos
Congregan, y arman, y su zelo escitan
A consumar el crímen que meditan.
  Desde encumbrada almena
Ven los amantes nubarron de arena,
Que en tiempos de injusticia y de atentados
Planes indican fieros y malvados ;
  Y á examinar envía
Don Suero un hábil y zeloso espía
La causa del rumor. Sábelo, y jura
Que no será el castillo sepultura
De su honor. Vierte el oro á manos llenas,
Y á los suyos prepara y los provoca,
  Y á guerra á muerte toca,

Y ruge como tigre entre cadenas.

Raquel lo sigue por do quier : su mano

Ciñe la fuerte espada, y asegura

La olvidada armadura,

Y ajusta al morrion plumero ufano.

No cual ántes envuelta

Gime en negro pesar : firme y resuelta,

Y á toda desventura apercibida,

Sexo y edad olvida.

«Véngate,» dice intrépida ; «confunde

De esa infame caterva

La osadía proterva.

Su sangre criminal feroz difunde :

Tu mano en ella y el acero esmalta.

Esa sangre quizas es la que falta,

Para que á tu mirar se rompa el velo

Que te oculta los ámbitos del cielo.

Corre, que ya los oigo, cual panteras

Bramar de rabia. ¿Ves cuán orgullosas

Tremolan sus banderas?

¿Cuán sedientas y ansiosas

Sus miradas nos buscan, para hacernos

Víctimas de sus odios homicidas?»

De sus cavernas hondas y encendidas

Arrojan los infiernos

Al genio que se goza,

Cuando un mortal á otro mortal destroza.

Genio que largos siglos del ibero

Rigió los hados, cuando fué el acero

Su código, la fuerza su justicia.

Y el execrable númen se recrea
Viendo entre hermanos bárbara pelea,
Que escita de unos pocos la malicia,
Y en que turba servil ciega se lanza,
Sin interes, sin odio ni esperanza.

    Allí el cuadro uniforme
Que la historia en sus páginas repite,
Sangre vertida, confusion enorme,
Fuga veloz y sanguinario envite,

    Y muertes, y alaridos,
Y orfandad á inocentes desvalidos,
Reproduce incansable la Discordia.
En los santos alcázares del cielo

    Cubrió Misericordia
Su dulce faz de impenetrable velo,
Por no ver los horrores de aquel dia.
Don Suero busca en la contienda impía
Al móvil principal del atendado;

    Y Nuño despechado,
Tambien busca el objeto de su enojo.
Y encuéntranse, sedientos cada uno
De sangre ajena, y ambos de consuno
Suspenden un instante el ciego arrojo.
Fué un instante no mas : parten los fieles
Troteros al batir del acicate.
Las dos lanzas penetran los broqueles,
Y se rompen, y entónces el combate
Fué mas terrible; brillan las espadas,
Como en cimas riscosas y escarpadas

    Deslumbran á lo léjos

De la lava encendida los reflejos.

Resuenan en las fuertes armaduras

Horrendos golpes, que con impias manos

    Se asestan inhumanos

Los dos contrarios; vastas hendiduras

Ábrense en la coraza y en el peto,

Y de sangre se cubren. Las heridas

Mas enardecen el atroze reto.

Ya de Nuño las fuerzas abatidas

Aflojan : su enemigo reconcentra

El vigor que en sus músculos reside :

La fiera punta la garganta encuentra

Del rival, y del tronco la divide.

    Entre tanto suspenso

    El uno y otro bando

    Se mantuvo, observando

La lucha atroz y sanguinaria : intenso

Rumor circula, cuando Nuño cede ;

Y al victorioso Suero se encaminan,

Y fieras amenazas le fulminan.

Ni á tal peligro el bravo retrocede :

Con unos pocos el peligro arrostra,

Y á mas de un infanzon cortó la vida.

    Mas la profunda herida

Que hiende el pecho, sus esfuerzos postra.

Su mano entumecida ya no agarra

    Cual ferreo anillo el puño,

Y un agudo tormento lo desgarra.

Los que la sangre vengan de Don Nuño.

Mas lo estrechan, y él mas se debilita

Se afloja el brazo, suéltase la espada.
Y como flor del tallo desgarrada,
Del cansado animal se precipita.
Óyese un grito agudo de repente,
Y las hileras corta un tierno paje,
      Cual lo indica su traje.
La desesperacion cubre su frente :
Rompe el aire con trémulo alarido,
Y al caballero exánime se arroja ;
      Con su llánto lo moja ;
Rodilla en tierra, aquel resto abatido
Sostiene con vigor : sus manos toma ;
      Le aplica una redoma
De esencia inútil; cúbrelo de besos,
Y torna en calma muda sus escesos,
Cuando el último soplo de la vida
En los ojos de Suero se deshace.
Sobre el triste despojo inmóvil yace
Raquel, al busto destrozado unida,
Como á gótico muro hojosa hiedra,
      O como si una piedra
Cubrir debiera, en el sepulcro umbrío,
      De ambos el polvo frio.
Empero ya la turba la conoce,
      Y con bramar feroze,
« Raquel, » grita, « es Raquel : la infame muera.»
      Y entónces altanera,
Refrenando el dolor que la sofoca,
Álzase, y con desden y horror los mira :
Un lienzo aplica á la encendida boca,

Su exhalacion maléfica respira,
Y los mira otra vez con risa amarga;
En sus brazos ya lánguidos comprime
El seno herido de su amante; gime,
Y en eterno reposo se aletarga.

LA
RDADORA DE GRANADA.

◁☺▷

¿Es posible que te abrazes
A las cortezas de un robre,
Y dejes el árbol tuyo
Desnudo de fruta y flores?
. ...
Alá permita, enemiga,
Que te aborrezca, y lo adores.

PÉREZ DF HITA.

ADVERTENCIA.

Cuando yo estaba en Granada arrastrando bayetas, la buena mujer que me cuidaba la ropa, me contaba que la reina Isabel era mui aficionada á buñuelos. Hallándose poniendo el cerco á Granada en la ciudad de Santa Fé, fundada con este designio, supo que en una plazuela de Granada, llamada el Pilar del Toro, ponia su ambulante manufactura una buñolera mora, que tenia unas manos divinas. Antojósele á la Reina Católica comer los productos de su industria : noticioso de lo cual Gonzalo de Córdova, entró en medio del dia por la puerta y calle de Elvira, vestido de moro y á caballo ; llegó al Pilar del Toro ; agarró á la buñolera por un brazo, la puso á las ancas, y partió á correr. Como el buñuelo no es un objeto mui á propósito para los adornos poéticos, he trasformado á la buñolera en bordadora, y le he dado un granito de amor, que es ingrediente tan necesario en las aventuras de aquel siglo y de aquella escena.

I

LA FUGA.

-o§o-

I

Sobre la puerta de Elvira
Está un moro de atalaya,
Que mas que acechar, suspira
Clamando al cielo : « Mal haya
Rostro que tal pena inspira ;
Que apena el bigote raya
Sobre mi labio, y ya el seno
Guarda de amor el veneno. »

II

« Mal haya el hora en que pudo
Domar mi suelto albedrío,
Plegando el vigor sañudo
Que animaba el pecho mio.
Pues ya ni hierro ni escudo
Sé empuñar ccn noble brio,
Cual ántes, ni en la batalla
Mi valor ardiente estalla. »

III

« Quien tiene la culpa, gima
Cual yo de amor no pagado ;
Deshecha la propia estima
Y el corazon destrozado. »
Causaba este mal Zelima,
Mora diestra en el bordado,
Que al vivo imita en labores
Bellas, pájaros y flores.

IV

Junto á la puerta de Elvira
Vive Zelima, y el moro
Las miradas no retira
De donde está su tesoro
« En esos muros respira, »
Dice, « la beldad que adoro ; »
Y en ellos fija abatido
Las miradas y el sentido.

V

Dan en la torre de Vela
Con golpes lentos las doce.
Tal vapor la noche vela,
Que ni un bulto se conoce.
Un ginete con cautela
Por el Triunfo va veloze,
Y á la puerta de Zelima
Detiene el paso, y se arrima.

VI

De zelos entonce herido,
La atalaya el moro deja;
Baja airado y confundido,
Y agudo puñal maneja.
Llegando al umbral querido,
Ve un potro atado á la reja,
Y furibundo promete
Quitar la vida al ginete.

VII

Todo es silencio y reposo :
Grato perfume el ambiente
Despide, y el cielo umbroso
Ni un leve rayo consiente
De estrella alguna. Medroso
Ya cual gamo, ó ya valiente
Cual tigre herido, el amante
Se detiene vacilante.

VIII

Entreabierto ve el postigo
De la que adora, y sospecha
Que algun venturoso amigo
En blandos lazos la estrecha.
Pone al cielo por testigo
De su injuria, y ya deshecha
El alma en furor y enojo,
No halla obstáculo su arrojo.

IX

La puerta empuja y la huella
Dentro pone, cuando ufano
Sale con Zelima bella
Guerrero altivo. En su mano
Luce la pura centella
De un estoque toledano :
Un alquicel verde y plata
Su rostro y pecho recata.

X

Y al verlo, su mente embarga
Ciego furor. Le arremete,
Y atroz golpe le descarga
Con el puñal de Albacete.
Pero tanto el cuerpo alarga,
Y tanto el odio somete
Su razon, que el mal seguro
Golpe descarga en el muro.

XI

El ofendido guerrero
Rápido se precipita
Con el esgrimido acero
Sobre el audaz que medita
Su muerte. De un tajo fiero
Aliento y amor le quita.
Monta veloz, y la grupa
Trémula Zelima ocupa.

XII

Con los brazos se afianza,
Ciñendo el cuerpo al valiente,
Que ya encierra su esperanza.
Mísera! que al inocente
Niega su amor, y se lanza,
Tan linda como imprudente,
Al que la roba y engaña;
Y es un adalid de España.

XIII

El Gran Capitan Gonzalo,
Que hace dias se desvela
Por llevar este regalo
A la inmortal Isabela.
Terror del moro y del galo
Su nombre fué; pero anhela,
Mas que belicosa fama,
Servir á una ilustre dama.

XIV

De la diestra bordadora
Noticia Isabel tenia:
Quiso que fuese la mora
Dama de su compañía.
El Gran Capitan no ignora
Tal deseo ; su osadía,
Que ningun rival empaña,
Lo induce á tentar la hazaña.

XV

Un esclavo cauteloso
Lleva á Zelima un billete,
En que su afecto ardoroso
Oculto amante promete.
Con el mensaje engañoso
Van tambien un brazalete
Y un collar de oro bruñido,
De ricas perlas guarnido.

XVI

Por el don, la dama infiere
(Que un don los montes allana)
Que el amante que la quiere,
No es de clase humilde y llana.
Y ya el corazon le hiere,
No amor, sí soberbia vana,
Que con potente atractivo
Dobla su rigor esquivo.

XVII

Responde al billete, y jura
Fe que con bronce compita;
Y asi a Gonzalo asegura
La proeza que medita
De nuevo escribe, y procura
De noche amorosa cita,
Con tan ardiente eficazia
Que al punto obtuvo la gracia.

XVIII

Y en esta cita la mora
Mudó de asilo y de suerte,
Y el infeliz que la adora,
Recibe temprana muerte.
Ciega ambicion' quien ignora
Tus dones, pueda acogerte,
Para hallar en tu servicio
Negro y hondo precipicio.

II

LA CORTE.

--⊶⊱⊰⊷--

I

En un eminente estrado
Que en nácar y en oro brilla,
Sobre un cojin de brocado
Está Isabel de Castilla.
El rei en pié está á su lado,
Y en frente, vasta cuadrilla
De adalides é infanzones
Que defienden sus pendones.

II

Hernan Cortés, estremeño,
Gallardo jóven de brio,
Que ya en militar empeño
Derramó de sangre un rio.
Manrique, de Lara dueño,
Que en el sazonado estío
De la edad, luce en la tierra,
Sabio en paz, temible en guerra.

III

Los Silvas y los Farfanes,
Los Méndez y los Tendillas,
A cuyos duros afanes
Deben su prez las Castillas;
Con otros muchos galanes,
Que en amores y en rencillas,
En lides y galanteos
Ganaron muchos trofeos.

IV

A un lado del aposento
Está un genoves piloto,
Que con osado ardimiento
Ofrece imperio remoto.
Las furias del elemento
No pueden servir de coto
A su meditar profundo;
Mas ofrece —un nuevo mundo.

V

En este grupo de gente,
Noble, ardorosa, esforzada,
Fija el mundo atentamente
De norte á sur la mirada :
Que la raza de occidente,
Largo tiempo esclavizada
Por musulmana bandera,
De allí su salud espera.

VI

Santa-Fé encierra en sus muros
Gérmen de sucesos grandes;
De hoi mas no estarán seguros
Cerdeña, Milan ni Flandes.
Allí están los hombres duros
Que alcanzarán de los Andes
Las cimas, fijando en ellas
De hispano poder las huellas.

VII

Allí, los que la rudeza
De tosca y áspera gente
Tornarán en gentileza,
Con habla dulce, elocuente.
Y la gótica aspereza,
Desarrugada la frente,
Se humillará á la dulzura
Del saber y la cultura.

VIII

Una dama es quien fomenta
Con su voz y su mirada
Tal porvenir; quien sustenta
La contienda ensangrentada,
Último golpe á la afrenta
De Iberia; quien adorada
Por invencibles guerreros,
Da el impulso á sus aceros.

IX

Ella en Madrigal empieza
Aun niña, sin enseñanza,
A recorrer con grandeza
Vida llena de esperanza.
Ciñe audaz en su cabeza
Rica diadema, que lanza
Fulgores resplandecientes
A tres naciones potentes.

X

De Gibraltar al Pirene,
Del Guadiana á Valencia,
Con fuerte mano sostiene
Segura la vasta herencia.
Mas, cual valladar, detiene
Su gloriosa prepotencia
La morada peregrina,
Donde el rei Zagal domina.

XI

Solo á domeñar aspira
Aquel albergue postrero
Del musulman, que en él mira
Nublado el puro lucero
De su fama. No respira
Ya sino furor guerrero ·
Su divisa es — *O ser nada,*
O ser reina de Granada.

                                        2.

XII

« Nobles infanzones,» clama
Con eco grave y benigno,
« Si bravo aliento os inflama,
De sangre española digno,
Tiempo es ya de que la fama
Borre ese baldon indigno,
Que el nombre español afea;
Libre al cabo España sea.»

XIII

« En las fieras Alpujarras
Tremolan ya sin mancilla
Las aragonesas barras
Con el leon de Castilla.
Tiempo es ya que de las garras
De musulmana gavilla,
Granada y su muro fuerte
Vuestro heroico ardor liberte. »

XIV

« Gonzalo Fernández diga
Su parecer, ya que muestra
Tanto en bélica fatiga
Seso firme y mano diestra. »
Callan en la turba amiga
Todos; mirada siniestra
Despide que la ira exalta;
«Qué!» dice, « Gonzalo falta? »

XV

« No falta, » dice un guerrero
Que entra de pronto en la sala;
« No falta quien con su acero
Su fidelidad señala.
La mano que al moro fiero
Tropas y campiñas tala,
Conduce á la Bordadora
Que vos quisisteis, señora. »

XVI

Isabel torna risueña
Los ojos al que esforzado
En tal peligro se empeña,
Tal empresa ha consumado.
Compasiva y halagüeña,
Depone su gesto airado,
Dando la mano á Zelima,
Que ya el temor desanima.

XVII

Ella, infeliz, reconoce
Tarde la impía asechanza,
Mientra al corazon, veloze
Cruda flecha el amor lanza.
En vez del mentido goze
Que le ofreció la esperanza,
Se ve, por mano proterva,
Vendida, engañada, sierva.

XVIII

Despecho y amor unidos
Ábrenle profunda llaga
Que encadena sus sentidos,
Y apresura muerte aciaga.
Por los bosques escondidos
Sola y afligida vaga,
Cual corza á quien parte el seno
Dardo teñido en veneno.

XIX

Si con Gonzalo se encuentra,
Baja confusa los ojos,
Y su dolor reconcentra
Y reprime sus enojos.
La voz se le añuda, y mientra
Se cubre de visos rojos
Su faz, la infelize mora
Baldon y afrenta devora.

XX

Como en el limbo oloroso
De tierna flor el gusano
Labra el nido, silencioso,
Y el jugo puro y liviano
Consume voraz y ansioso,
Hasta que el color lozano
Se borra, y el tallo erguido
Queda flojo y abatido;

XXI

Tal la pasion comprimida
Labra en Zelima dolencia,
Que de la temprana vida
Devora la grata esencia.
Y al cabo, desfallecida,
Víctima de la violencia
De amor, á la tumba baja,
Sin saberlo quien la ultraja.

XXII

Que él, de combates sediento,
Ciego al peligro se arroja,
Y audaze, del alto asiento
La raza alarbe despoja.
Mas tarde, rayo violento,
Verterá corriente roja
Su victoriosa cuchilla,
Donde Parténope brilla.

XXIII

Hasta que un duro mandato,
Vengando el mal de Zelima
Con enemigo conato,
Del guerrero el pecho oprima.
No faltará quien ingrato,
Mal rei, falso amigo, imprima,
Pagando servicios fieles,
Torpe mancha en sus laureles.

UNA MADRE.

« Un bienfait n'est jamais perdu. »

I

EL PRÓFUGO.

« Abre su pecho al pobre, que llorando
Socorro le pidió. — Fr. L. de Leon.

I

Cuándo y cómo Sevilla fué Sevilla,
Y dejó de ser Híspalis, se ignora;
Es punto sobre el cual grave rencilla
Se suscita entre sabios cada hora.
Antes de ser Sevilla, fué Sibilla;
Voz que huele á latina mas que á mora:
De esto no hai duda. Mora ó bien romana,
Poco importa á la gente sevillana.

II

Híspalis ó Sevilla—(las cuestiones
Que la etimología no decide,
Sino dando á su arbitrio esplicaciones,
No son para mi genio : que este pide
Cuadros, escenas, hechos, descripciones,
Y el lento razonar su esfuerzo impide
Y le da cierta especie de letargo.
Salióme este paréntesis mui largo.)

III

El nombre es lo de ménos. Voz y cosa
Son dos cosas distintas. La primera
Suele ser arbitraria y engañosa :
La segunda es real, como cualquiera
Lo sabe : en ella el bienestar reposa,
O el mal estar; la dicha verdadera,
O la suerte infeliz. Por consiguiente,
El nombre debe ser indiferente.

IV

Sobre lo cual, si yo quisiera, haria
Mas de un sabio y profuso comentario,
Y por x mas z probaria
Cuánto el idioma es caprichoso y vario.
Pero la difusion no es mi manía :
Pienso haber dicho ya lo necesario,
Sin que el lector se aburra ni se ofenda,
Para que el hilo de la historia entienda.

V

Cuando Sevilla pues iba mudando
De nombre, y no de puesto, que sin duda
Precedió á la conquista de Fernando,
En tiempo de los moros; era ruda,
Y bajo un yugo, á la verdad no blando,
Vivia solitaria una viüda,
Mujer de honor, y á mas buena cristiana,
Frente á frente del puente de Triana.

VI

Era por julio : mes allí encendido,
Pues no hai cerebro que el calor aguante ;
Yo á mas de doce grados he vivido
De latitud, y cosa semejante
Nunca esperimenté. Pierde el sentido
Quien se espone á la furia llameante,
Que el dios Febo en verano allí desploma :
Es mucho mas que Nápoles y Roma.

VII

Pero de noche se respira; y era
Mui de noche : las once y treinta y cinco,
Cuando á gozar del aura placentera
Salió la tal viüda, con ahinco,
De su casa no mas que á la ribera.
Desde su casa al Bétis hai un brinco ;
Mas ella no brincó, porque sabia
Lo que á su estado y años convenia.

VIII

Los años no eran muchos : la prudencia
Sí era mucha. En aquella edad se hallaba
A que el rei Jorge daba preferencia—
Los cuarenta : aunque es cierto que agregaba
Su majestad dos cosas : corpulencia
Y buen color; y de las dos gozaba
La viuda.—Su cútis era nieve,
Y las arrobas que pesaba, nueve.

IX

Sale pues, y del Betis á la orilla
Se acerca, y de la linfa noble saca
Lleno un jarro, ó quizas una escudilla,
Para regar un tiesto de albahaca :
Es planta mui comun allá en Sevilla.
Y á propósito : vuelvo á la matraca
De la etimología : el nombre es moro ;
Aunque el arabe es lengua que yo ignoro.

X

Cuando del Bétis se volvió á su casa,
No dejó de sentir algo de susto :
Efecto natural de luz escasa,
Que da á la mente un colorido adusto.
Y mas viendo que un hombre cerca pasa
Con un albo alquicel cubierto el busto,
Y gorra que hasta el labio se encasqueta ;
Por tanto la viuda el paso aprieta.

XI

Y el el suyo, y en voz baja le dice :
« Si eres un ser humano, y no una fiera,
Ampara por piedad a un infelize,
Que sin tu apoyo facil es que muera.
No tu pudor mi ruego atemorize :
Enciérrame en un sótano ó do quiera,
Con tal que no me dejes en la calle,
Donde mi perdicion infeliz halle »

XII

Ella responde : « Sígueme. » No advierte
Cuanto peligra su reposo acaso,
Abriendo su morada de esta suerte
A la traicion, al crímen ó al fracaso
Obra la caridad con brazo fuerte,
Como toda pasion : no paso á paso,
Ni se entromete en cálculo ó guarismo :
Caridad que calcula, es egoismo

XIII

Entran, y él se descubre, y manifiesta
En su porte y vestido un personaje,
Aunque del rostro la inquietud funesta
Su gallardía natural ultraje.
No era una union discorde y descompuesta
De índole tosca y decoroso traje,
Como se observa veces infinitas
Desde que se inventaron las levitas.

XIV

Era una majestad noble y sencilla,
Cual la suele inspirar naturaleza;
Que no deslumbra, aunque esplendente brilla,
Mezclando gravedad y gentileza:
Un aire que á los ínfimos no humilla,
Y arrostra del mas alto la braveza;
Aire que en el silencio mas profundo,
Está diciendo: «Soi algo en el mundo.»

XV

« No puedo, » dice, « revelar quién soi; »
Y ella responde: « Yo no lo pregunto. »—
« Mañana, » él sigue, « lo sábras, no hoi. »—
« No fijo mi atencion en este asunto. »—
« Dáme un vaso de agua. »—« Por él voi. »—
« Quiero una cama. »—« La tendrás al punto. »—
« Adios, y toma ese bolson de cuero. »—
« Quédate á Dios, y guarda tu dinero. »

XVI

Solo está el estranjero; la española
Sube á su cuarto, y ciérralo por dentro;
Porque en aquella casa vive sola,
Y quiere libertarse de un encuentro
Funesto á su virtud. El que viola
De la hospitalidad el noble centro,
¿No es un perverso? Sí: mas este caso
Se repite en la historia á cada paso.

EL PRÓFUGO.

XVII

Aun no rompia en el oscuro oriente
La luz del sol, cuando en la calle suena
Tropel confuso de afanada gente,
De á caballo y á pié, que el orbe atruena
Con alta vozería. Era frecuente
En la corte aquel siglo igual escena :
La viüda lo oyó por de contado ;
Mas luego se volvió del otro lado.

XVIII

Despues que sale el sol, va la viüda
A ver cómo se hallaba el encubierto ;
Pero se queda como estatua muda,
Cuando nota que el cuarto está desierto.
Que el moro se escapó no tiene duda :
El pequeño balcon estaba abierto ;
El piso no era bajo ni era alto,
Y así pudo salirse dando un salto.

XIX

No hubo mas, y la historia acabaria
Completamente aquí, si yo quisiera.
Pero si aquí quedara, ¿ merecia
Que á componer octavas me pusiera ?
Todo lector sensato esclamaria :
Qué insulsez ! qué pamplina ! qué tontera !
No quiero que el lector tenga un mal rato :
Y sobre todo, si es lector sensato.

II

EL ALCÁZAR.

Tu pleito, que hasta agora, á pena dura,
Ansí como á malvado, te condena,
Convertirá en sentencia de soltura.

FR. L. DE LEON.

I

Todo cuento en el mundo tiene cola :
En aquellos es corta, en estos larga.
No hai un suceso aislado ni accion sola
En la vida, ya dulce ó bien amarga.
A esto suelen llamar, rodar la bola.
Mi conciencia poética descarga
Su deber, refiriendo el resultado
Del hecho que ya queda detallado.

II

Salió á sus diligencias la heroina,
Y ántes de la primera diligencia,
La acomete en la calle una vecina :
« Vecina, » dice, « sabes la ocurrencia ?
Hubo anoche tremenda rebujina
En el alcázar; bárbara pendencia
Entre el rei moro y varios cortesanos,
Y dicen que vinieron á las manos, »

III

« Y despues en las calles han reñido,
Y ha habido sangre, muertes y destrozo ;
Y á cristianos y moros han metido,
Sin distincion, en cepo y calabozo.
Y como á los rebeldes ha vencido,
Diz que está el rei saltando de alborozo ;
Y alguna fiera ejecucion se traza,
Pues van á poner horcas en la plaza » —

IV

« Dios venga en todo, » respondió, siguiendo
Su camino algun tanto apresurada,
No sin secreta agitacion, oyendo
Los dichos de la gente amontonada.
A una puerta llamó, la cual abriendo
La esclava fiel, le dió pronto la entrada,
Y en lo interior un moro la recibe,
Que graves muestras de dolor exhibe.

V

« Somos perdidos, » esclamó ; « en prisiones
Está tu hijo. Anoche arrebatado
Fue á mi zelo · terribles conmociones
Tienen al rei confuso y enojado :
Todo hai que rezelar de sus pasiones
Violentas. La tormenta del Estado
Cada vez mas feroz sopla y se agita,
E inocente holocausto necesita. »

VI

La desgraciada madre, en quien la nueva
Fué cual rayo que enciende y que destroza,
Al cielo la mirada húmeda eleva,
Y en agitada convulsion solloza.
Cual si la Parca en su profunda cueva
La sepultase bajo dura losa,
Queda inmóvil, y muda y sin aliento,
Enajenada en susto y en tormento.

VII

« No morirá, » clamó de pronto, erguida
Como la estatua del divino Apolo ;
« Al que le dañe, arrancaré la vida,
O si sube al cadalso, no irá solo.
¿ Es acaso el monarca un homicida,
Que se goza en el crímen y en el dolo ?
Yo de la humanidad el gérmen santo
Fecundaré en su pecho con mi llanto. »

VIII

Dijo, y al alto alcázar de Sevilla,
Que hoi es un caseron triste y oscuro
A los ojos vulgares, maravilla
Que de Acrópolis borra el noble muro,
Corre veloz, cual rápida avecilla,
A quien el cazador con pecho duro,
Placer que un duro corazon delata,
Los huérfanos polluelos arrebata.

IX

Estaba Mohamed (porque los restos
De la faccion quemaban todavía)
En medio de la turba de dispuestos
Jefes, á quienes cauto repartia
Sus órdenes. En lances como estos
Suelen turbarse el órden y armonía
Del rito de palacio. En cierto modo
La salud del Estado es mas que todo.

X

El monarca en tal caso se humaniza,
Porque el peligro es cosa mui humana;
Con los mas humillados fraterniza,
Porque la desventura nos hermana
Con altos y con bajos. Cuando atiza
La discordia feroz tan inhumana,
El interes á un hombre y otro junta,
Y ni nombre ni raza se pregunta.

XI

Oyendo de amor solo los consejos,
Entró la madre en la mansion temida,
Sin que la deslumbrasen los reflejos
Del poder, con que el vulgo se intimida.
El rei, que la conoce desde léjos,
« A esa buena mujer dad lo que pida, »
Dijo, y salió un morisco personaje
Con el augusto y singular mensaje.

XII

« Qué pides ? » dice.—« Pido la persona, »
Responde la infeliz, « de Gil Valpuesta. »
El personaje calla y reflexiona,
Y al rei torna llevando la respuesta.
El rei vacila. En tanto la matrona,
Para quien es la dilacion funesta,
Adonde está el monarca se aproxima,
Sin que respeto ó miedo la reprima.

XIII

Y al verlo cerca, como muda roca
Que ni siente, ni piensa, ni respira,
Queda suspensa un rato, y en la boca
La queja, el ruego y el aliento espira.
Ya el lector con el dedo el caso toca ;
Ya puede adivinar lo que la admira.
De estos casos los libros están llenos .
El rei era su huésped, nada ménos.

XIV

Mas ella no se da por entendida ·
El rei sí, quien declara á los presentes ·
« Esa cristiana me salvó la vida
De manos de furiosos insurgentes.
Imploré su favor : compadecida,
Sin averiguaciones imprudentes,
De mis gratas ofertas indignada,
Me recibió benigna en su morada. »

XV

Luego se vuelve á la cristiana, y dice ·
« Si por vana piedad tu labio abusa
De mi deuda, tal hecho contradice
Tus prendas admirables, y te acusa.
Mas por qué te interesa ese infelize ?
¿ Por qué tan afligida y tan confusa
Su vida imploras ? qué mudanza es esta ?
Qué tienes tú que ver con Gil Valpuesta ? » —

XVI

« Gil Valpuesta, señor, es hijo mio, »
Responde; « es mi esperanza; es mi consuelo.
Por estar cerca de el, con zelo pio
Dejé mi esposo y mi nativo suelo
Rezelando tu enojo y poderío,
Con otro nombre y bajo el pardo velo
De pobreza fingida, en tus estados
Sola he vivido meses dilatados.

XVII

Enternecido Mohamed contesta :
« La promesa del árabe no engaña.
Llévese esa mujer á Gil Valpuesta,
Y Alá bendiga su virtud estraña. »
Mi pluma á describir no está dispuesta
La delicia en que aquel seno se baña,
Ni hallo un estilo que á la escena cuadre
Si hai quien hallarlo pueda, es una madre.

III

LA SEPARACION.

« Il cuor si serra
Nelle fortune, e sol lo schiude il tocco
Delle grandi sventure. »
                    MONTI, *Galeotto Manfredi.*

I

Mi narracion no marcha por la senda
Que traza el arte á doctos escritores.
Es vicio antiguo en mí : ya no hai enmienda :
Harto deben saberlo mis lectores.
Mi regla antigua es aflojar la rienda,
Cuando monto el Pegaso, ya por flores
Me lleve, ó ya me lleve por espinas :
Tales son mis poéticas doctrinas.

II

Y mas en esta escena que circunda (1)
Mis miradas; aquí, do libre y dueña
Naturaleza, en soledad profunda,
De humillarse al humano se desdeña.
Aquí, do majestuosa y vagabunda,
En pinturas magníficas me enseña
De las remotas eras los vestigios,
Adornados de encantos y prodigios.

III

Qué inefable espectáculo ! qué alturas
Inmensurables ! donde en mole densa,
Albas las nieblas, y otra vez oscuras,
Ya se dilatan cual cortina inmensa
Sobre el coloso ; ya de nieves puras
Dejan visible la llanada estensa ;
Ya bajan al declive, cuyo verde
En la nevada cúpula se pierde !

IV

Qué emporio de grandeza ! ¡ Qué vislumbre
De mágico esplendor el domo ostenta !
¡ Cuál del astro refleja la alba lumbre,
Y en nacarados visos la presenta !
¡ Con qué arrogancia la atrevida cumbre
Parece que el zenit toca y sustenta ;
Y abre luego sus sólidas entrañas,
Y los bordes abiertos son montañas !

V

Y el valle ! qué perfume ! qué intrincada
Confusion deleitosa ! qué florida
Diversidad ! Aquí nunca alterada
La atmósfera por aura embravecida,
Nunca por rayo ardiente calcinada,
Con blandura perpetua me convida,
Con sonreir eterno me acaricia,
Cubriéndome de goze y de delicia.

VI

Yo me he sentado al borde del torrente
Que de encumbradas rocas descendia;
Yo he subido a la cúpula eminente,
Y otra mas alta á mi mirar se erguia;
Yo entre las ramas inundé la frente
De un raudal de aromática ambrosía;
Yo penetre en la nube que rodea
Del coloso la masa gigantea.

VII

Qué estói haciendo? describir! — El hombre
No tiene voz que baste á tanta empresa.
Cómo hallará la frase? ¿ cómo el nombre,
Cuando la accion del pensamiento cesa?
Fuerza es que mire y calle, y que se asombre,
Y si puede, en el alma lleve impresa,
Cual alta antorcha que perpetua luce,
La celeste vision que lo seduce.

VIII

Perdon, lector amigo: mis miradas
Ahora mismo están fijas en la escena,
Que en mis toscas y leves pinceladas
De fastidio quizas tu mente llena.
Regresemos á sendas mas trilladas;
Naveguemos en ola mas serena;
Y reprimiendo la intencion altiva,
Volvamos á modesta narrativa.

IX

Tú querrás que te esplique claramente
Lo que encuentras oscuro en mi relato :
Por qué razon á un jóven inocente
Quiso dar el rei moro tan mal rato :
Quién era esa señora finalmente,
Modelo de ternura y de recato.
Este deseo me parece justo,
Y voi por consiguiente á darte gusto.

X

No entro en la lista yo de los autores
Que, movidos del estro ó la arrogancia,
Están siempre diciendo á los lectores :
Hai entre yo y ustedes gran distancia.
Van mis vuelos por auras inferiores ;
Al lector me presento sin jactancia,
Y quiero que en mi rima, aunque indiscreta,
Conozca mas al hombre que al poeta.

XI

Homo sum—lo demas está en Terencio—
Y el *nil humanum*, y el *alienum puto*.
Más quisiera guardar alto silencio,
Que hablar en tono seco y absoluto.
Hombres á quienes amo y reverencio,
Piensan mui de otro modo. No disputo
Sobre si su opinion es mala ó buena :
Yo sigo mi opinion, y no la ajena.

5.

XII

No es el verso lo mismo que la prosa ·
Ya nos lo han dicho ; pero al cabo el verso
No es mas que idioma humano : no otra cosa.
El versificador no es ser diverso
Del prosista. Si en senda vaporosa
Sale de la region del universo,
Y se sube á los cuernos de la luna,
Su jerga para mí será moruna.

XIII

Si estuviera despacio, escribiria
Como hizo Horacio Flaco á los Pisones :
A los aficionados á poesía
Dedicara mis útiles lecciones :
Con lógica sagaz demostraria
Lo que va de naciones á naciones :
Probara lo que va de ayer á hoi ;
Pero no tengo tiempo, como soi.

XIV

Me urge llegar al cabo de este cuento,
Porque tengo pendientes otros planes,
Y con su resultado feliz cuento,
Para que obtengan premio mis afanes.
Los poetas abundan tan sin cuento,
Que el que aspire á salir de los desvanes
Del Pindo, do pululan á montones,
Tiene que descubrir nuevas regiones.

XV

Con esta larga digresion olvido
Que al lector prometí sacar de duda,
Y estará bostezando de aburrido,
Si algun interes toma en la viüda.
Y tambien puede ser que distraido,
Su vaga reflexion de objeto muda,
Miéntras yo sin sentir diserto y charlo
Voi en un santiamen á despacharlo.

XVI

Mohamed subió al trono en negro dia;
Fué breve y borrascoso su reinado.
En él la insurreccion y la anarquía
Sacudieron las bases del Estado;
Tambien el español lo combatia
Desde Sierra Morena y el condado
De Niebla, donde muchos infanzones
Alzaron bravamente sus pendones.

XVII

Era el de mas poder Nuño Valpuesta,
Por cuyas venas sangre ilustre mana.
Su torreon ocupa la alta cresta,
Cuyo cimiento riega Guadïana:
Numerosa guerrilla y bien dispuesta
Lo obedece, de gente veterana;
Y mas de cuatro vezes en Sevilla
Causó graves alarmas su guerrilla.

XVIII

En monte, en llano, en cumbre, en cima, en vega,
Se hallaban siempre aquellos atrevidos;
Por do quier empeñaban la refriega,
Ya juntos en gran masa ó divididos.
La sangre mora que los campos riega,
Tiene á los habitantes entumidos;
Todo se vuelve miedos y terrores,
Y cesan en los campos las labores.

XIX

Mohamed aburrido diz: «Ya basta;
Pongamos á este mal de una vez freno.»
A su decreto muchedumbre vasta
Forma, y parte á la lid el agareno.
Tres mil ginetes con broquel y asta
Mandados por Alí, de furia lleno,
Cubren las cercanías de Ayamonte.
De alií los pasos vuelven hácia el monte,

XX

Donde están de Valpuesta los hogares,
Mal defendidos por escasa gente,
Miéntras recorren ásperos lugares
Nuño y sus campeones. Fieramente
Combate el moro, y vierte impío á mares
Sangre española; dueño ya del puente
Levadizo, del foso y la poterna,
En la morada vencedor se interna.

XXI

En tanto la familia del magnate
Fugitiva en los bosques se guarece,
Y al rumor espantoso del combate
La triste madre gime y se estremece.
Síguela el hijo tierno, á quien abate
La fatiga, y por poco desfallece ;
Y en esta confusion oyen de cerca
La turba que los sigue y que los cerca.

XXII

Los pormenores del suceso ignoro ;
Mas la persecucion fué tan funesta,
Que de la madre aparta al hijo el moro,
Y así cayó en sus manos Gil Valpuesta.
Del reino vindicado ya el decoro,
La coluna á Sevilla vuelve presta ;
Acoge el rei benigno aquella halaja,
Y espera sacar de ella gran ventaja.

XXIII

A un moro venerable lo confía :
Llamábase Abelud, hombre de peso,
El cual de su niñez los pasos guia,
Mirándolo cual hijo, no cual preso.
En tanto á Nuño un parlamento envia,
Con la amenaza que al primer esceso
Que cometa en su bárbaro ejercicio,
Gil perderá la vida en el suplicio.

XXIV

Perdiendo al hijo, pierde la matrona
Toda su dicha y todo su consuelo;
Mas á un despecho inútil no abandona
Su pecho varonil : activo zelo
La estimula voraz : de su persona
No teme los peligros, porque el velo
De la pasion la ciega y la seduce :
Amor solo en la vida la conduce.

XXV

Toma una decision aventurada;
El traje adopta de mujer sencilla,
Y solo hasta la puerta acompañada,
Logra entrar en los muros de Sevilla.
Allí emprende una vida retirada :
Finge que en las reyertas de Castilla
Perdió al marido, mísero soldado,
Que apénas lo preciso le ha dejado.

XXVI

Zelosa en tanto, busca y averigua,
Con incansable ardor y gran destreza:
Que en semejantes casos atestigua
Su admirable poder naturaleza.
La mente mas oscura y mas exigua,
Movida por la voz de la terneza,
Se iguala en genio y en saber profundo
Con los grandes filósofos del mundo.

XXVII

La recibe Abelud, y ella se arroja
Consternada á sus piés. Con tierno llanto.
Cual si implorara su vivir, los moja,
Y de maternidad el fuero santo
Reclama firme. El viejo no se enoja,
Ántes cede benigno al mismo encanto
Que el altivo leon, cuando en Florencia
Respetó de una madre la presencia.

XXVIII

« Qué quieres ? » dice.—« Verlo cada dia, »
Responde, « y estrecharlo contra el seno :
Que en él sus ojos viertan la alegría,
Y lo dejen de amor y dicha lleno. »
¿ Quién á tal peticion se negaria,
Sin un alma de bronce ? El agareno,
Bondoso y justo, resistir no puede :
Todo cuanto le pide, le concede.

IV

EL JARDIN.

« Fué aquella noche el jardin,
No jardin, cueva horrorosa :
Un estoque cada rosa,
Un puñal cada jazmin.
Flora eclipsó sus matizes,
Por no ver tantos horrores. »
EL JARDIN DE LOS ENCANTOS

I

Podria ser lacónico, y acaso
Lo desea el lector; pero confieso
Que voi en esta historia paso á paso,
Aunque rara vez caigo en este esceso.
Nunca las bellas flores del Parnaso
Exhalan tanto aroma y embeleso,
Como cuando se ciñen á una frente,
En escelsas virtudes refulgente.

II

De pocos años á esta parte he visto
Tanta perversidad, que cuando encuentro
Inocencia, virtud, bondad, existo
Por algunos instantes en mi centro :
Al placer que ahora gozo, no resisto.
Su deliciosa inspiracion adentro
Del alma se insinúa, y la recrea,
Como el aura benigna que me orea.

III

En la conducta de los hombres hallo
Tanta contrariedad, tan estupendo,
Tan alto enigma, que los miro y callo,
Diciendo allá á mis solas : No lo entiendo.
Y en entusiasmo de alegría estallo,
Y en agitada inspiracion me enciendo,
Cuando en un corazon que siente y ama,
Naturaleza su poder reclama.

IV

Bondad ! ¡llama celeste, mui mas pura
Que estrepitoso y bárbaro heroismo !
Fuente de bienandanza y de dulzura,
Flor deliciosa, adorno del abismo
De la existencia humana ! en ti procura,
No en virtud trasformada en fanatismo,
No en sacrificios duros y crueles,
Hallar mi ingenio humilde cuadros fieles.

V

Que á vergonzoso olvido los condene
La opinion. No me importa, si arrebatan
Mi fantasia en éstasis perene,
Y en ella nobles ímpetus desatan ;
Si en la dulce esperanza que sostiene
Mi agitada existencia, me retratan
Los objetos queridos y remotos,
Que mis afectos fijan y mis votos.

VI

Dijo un sabio : « Quien solamente es bueno, (2)
Tansolo es bueno para sí. » Perdona,
Sublime autor de *Emilio,* si condeno
Tu dicho, que del hombre el ser baldona.
Bondad rebosa como vaso lleno ;
Cual raudal, al destino se abandona ;
Para sí, es una frase peregrina,
Que el bueno ni comprende, ni adivina.

VII

« Virtud es fuerza , » dijo el mismo ; «acalla
Su voz la voz del corazon ; reprime
Su tendencia. » — Es verdad : cuando avasalla
Los ímpetus que el cielo al hombre imprime,
Y lo convierte en sólida muralla,
Presenta el espectáculo sublime
De una lid, en que es fuerza que se doble
La parte mas humilde á la mas noble.

VIII

El sentimiento á la razon ; al yugo
Del público interes y la justicia,
La voluntad. Entónces en verdugo
Se torna el hombre, y en el seno vicia
De sensibilidad el dulce jugo,
Y sonríe al dolor, y lo acaricia.
Ni aun le es dado regar con llanto tierno
Lauro que le asegura nombre eterno.

IX

Virtud es esta, augusta, pura y santa,
Que al mortal ennoblece y dignifica;
Que á region mas escelsa lo levanta,
Miéntras mas sus afectos sacrifica.
Empero ¡ cuánto padecer y cuánta
Tortura al ser humano mortifica,
Si en la reñida y áspera batalla
De la naturaleza el grito acalla!

X

Mas la bondad no ahoga el hondo grito;
Lo escucha blanda, y dócil le obedece :
Ni es dichosa, si en círculo infinito
Su dicha no propaga y engrandece.
Quién en ventura se compara á Tito?
¿Y cuándo mas feliz Roma parece,
Que bajo el cetro que empuñó la mano
Del que fué la delicia del humano?

XI

Ábrense aquí á mi mente las regiones
De la meditacion. Filosofía,
Roto el velo de aéreas ilusiones,
Descubre á mi sedienta fantasía
Sus augustos secretos. Sus lecciones
Mi Musa en ritmo fácil espondria,
Si no fuera alejarme demasiado
Del plan que en el principio me he formado.

XII

No por haber triunfado fácilmente
De Valpuesta, quedó Mohamed tranquilo.
Ambiciosa faccion, secretamente
Contra su vida aguza duro filo.
Crece en sus filas la malvada gente;
Y, cual de pronto reventando el **Nilo**,
Cubre el llano de espuma turbulenta,
Así la audaz conspiracion revienta.

XIII

El rei gozaba, en un retrete oscuro
De elevados y espesos arrayanes,
De la noche el aliento blando y puro,
Tras un dia de públicos afanes.
Quizas en su conciencia mal seguro,
Con pocos de sus fieles capitanes,
Depuesta la altivez de la corona,
A familiar coloquio se abandona.

XIV

Súbito de unos álamos vecinos
Sale, cubierto el rostro y hierro en **mano**,
Turba de despechados asesinos,
Y se escucha esta voz : «Muera el **tirano**.»
Velozes, los alfanjes damasquinos
Sacan los fieles, y al impulso insano
Resisten bravos y con faz serena,
Y el rei se esquiva de la atroz escena

XV

Segun despues contaron, hubo en esta
Conspiracion guerreros de Castilla.
Si á ella no concurrió Nuño Valpuesta,
Quizas alguno fué de su cuadrilla ;
Y así no hai que estrañar que ya dispuesta
Para el hijo estuviese la cuchilla
Cuando sale el poder de estos conflictos,
No repara en confesos ni en convictos.

XVI

Era vasto el jardin : por su espesura
Vaga con precaucion y marcha incierta.
Volver á entrar en su mansion procura ;
La senda busca en vano, y no la acierta.
Mas un rumor lejano le asegura
Que la paz del alcázar desconcierta
También con mano infiel la rebeldía,
E inmóvil queda, como estatua fria.

XVII

Crece el peligro, y mas crece la duda,
Y mas crece el terror. Sin un amigo
Que en el conflicto en su favor acuda,
Lucha el rei con el mal, y no halla abrigo
Que lo ampare del mal. Cien vezes muda
De direccion, y al fin por un postigo
Secreto, que le ofrece el ciego acaso,
Logra sin ser oido abrirse paso.

XVIII

Vióse solo en la calle, no sabiendo
Quien le era fiel, quién no : problema oscuro
Del poder vacilante · más tremendo
Que declarada enemistad ; más duro
Que conocido desamor. Temiendo
Que allí se agolpe mas tropel, del muro
Del alcazar se aleja ; y ya es sabida
La mano á quien debio corona y vida.

XIX

Vencedores son ya los rebelados :
Ya en el alcázar terminó el empeño :
Ya un nuevo jefe rige á los malvados,
Gozoso, altivo, triunfador, risueño.
Mas en lejano punto, los soldados
Del valeroso Alí, fiel á su dueño,
Su voz escuchan y el acero esgrimen
Contra la hueste que entroniza el crímen.

XX

Los atacan y vencen ; y á sus manos
Muere el usurpador. Pero su gente
Se esparce por los puntos mas cercanos,
Y resiste á la tropa bravamente.
El rei, que escucha estrepitos lejanos
Desde el balcon, venir de pronto siente
Cerca la tropa que su nombre aclama.
« Estos los mios son » dice, y los llama.

XXI

El pormenor exacto del descenso
No consta, y se refiere en modo vario
Problema es que costó trabajo inmenso
Al ingenio sutil del anticuario.
Sobre tan peregrino asunto pienso
Dar á luz un difuso comentario;
Pero no podrá ser que ahora lo escriba,
Por las razones que he espresado arriba.

EL

BOTICARIO DE ZAMORA.

✦

« I do remember an apothecary,
.... whom late I noted
In tatter'd weeds. »

SHAKESPEARE.

I

Ben Jusef, el boticario
De Zamora, es un hebreo,
Algo mas que estrafalario,
Por lo mal vestido y feo.
Gaban en colores vario,
De medio siglo trofeo,
Cubre, encogiendo la falda,
Vasta colina en su espalda.

EL BOTICARIO DE ZAMORA.

II

Tosca cuerda es su cintura,
Con la que á vezes se enreda
Barba entre torda y oscura,
De áspera crin, no de seda.
Sombrero de inmensa anchura,
Que mas parece una rueda
De molino, graso y sucio,
Le guarece el occipucio.

III

Sus dedos, garfios agudos,
O mas bien, tenazes barras,
De tegumentos desnudos,
No son dedos, sino garras.
Ojos breves, no sañudos,
Con redondas antiparras,
Que cabalgan en la cumbre
De nariz de media azumbre.

IV

Verás, si entras en su casa,
Las mas raras baratijas;
Muchas figuras de masa,
Culebras y lagartijas;
Vejigas llenas de grasa
De hipopótamo · sortijas
Con letras y con figuras,
Las mas estrañas y oscuras.

V

Yerbas secas infinitas,
Espíritus, gomas, untos,
Raizes, piedras, pepitas
Y cabellos de difuntos.
De polvos varias cajitas;
De ungüentos vastos conjuntos;
Y un cocodrilo en el techo,
Lleno lo interior de afrecho.

VI

De este arsenal bien provisto
Saca lo que es necesario
Para su ejercicio misto
De adivino y boticario:
Que él lo futuro ha previsto,
Da fuerza al octogenario,
Halla lo que se ha perdido,
Y á las doncellas marido.

VII

Siempre gozoso y risueño,
Sirve bien al que lo paga;
Cura al rico con empeño,
Con chistes al pobre halaga.
Mas diz que escaso de sueño,
Solo y por de noche vaga,
Desde el ocaso á la aurora,
Estramuros de Zamora.

VIII

Y no embargante el asedio
Del adalid castellano,
Cuando pasa por en medio
De sus tropas, vuelve sano.
Gracias á estraño remedio,
Sin duda puede el anciano
Librarse, dice la gente,
Del español diligente. —

IX

Mamud, alcaide en Zamora,
Festivas bodas prepara
Con una gallarda mora,
De hermosura prenda rara.
Mas cuándo casarse ignora,
Porque su dicha acibara
Temor que batalla incierta
Su boda en sangre convierta.

X

Llama á Ben Jusef un dia,
Y le dice : « Buen anciano,
Sírveme de astuto espía
Dentro el cerco castellano.
Qué noche, saber querria,
Podré enlazar con mi mano
La de mi adorada prenda,
Sin que el español lo entienda. » —

XI

« Lo sabrás, » dijo el hebreo.
Vase, y pronto está de vuelta;
Y responde : « A tu deseo
Da esta noche brida suelta,
Porque tienen jubileo
Los de Castilla, y absuelta
Yace de ataque y fatiga
Toda la gente enemiga. » —

XII

« Toma este bolson, » le dice
Triunfante Mamud, y ordena,
« Que aquella noche felize
Se disponga baile y cena ;
Que nada se economize
Con tal motivo ; » y apena
Se hunde el sol, ya en la mezquita
Mamud de gozo palpita.

XIII

Mas cuando en alegre fiesta
Mamud su cariño esplaya,
Seña de alarma funesta
Da en la almena la atalaya.
Mamud á luchar se apresta ;
Con el susto se desmaya
La novia ; corren armados
Al muro los convidados.

XIV

Trábase dura contienda,
Que mil muertes amenaza :
No hai moro que no defienda
Con duro teson la plaza.
Por mas que el cristiano emprenda,
Siempre el moro lo rechaza ;
Y tanto el daño lo aqueja,
Que el lance aburrido deja.

XV

Cuando la aurora amanece
Tras la nocturna desgracia,
Colgado en alto aparece
La perla de la farmacia.
Si tal galardon merece ;
Si fué error, ó bien falazia,
Lo que infamó su memoria,
No nos lo dice la historia.

—◦⟩⟨◦—

EL HIJO DE DON FARFAN.

« E l'osa pure, e 'l tenta, e ne riporta,
In vece di castigo, onore e laude. »
GERUSALEMME LIBERATA, V. 22.

4.

I

Por las frondosas alturas
Que circundan á Lopera,
Cuando las centellas puras
De la celestial lumbrera
Rompen las nieblas oscuras
Que ennegrecian la esfera,
Vaga envuelto en grana y oro,
Don Farfan, terror del moro.

II

Fijas están sus miradas
En la ciudad enemiga,
Que él con tropas esforzadas
En duro cerco fatiga;
Y á las violentas punzadas
Del corazon, la loriga
Parece recinto estrecho :
Tal dolor le agita el pecho.

III

Tras espeso roble oculto
Se mantiene, y perturbado,
Temiendo ver el insulto
Que sospecha, confirmado.
Sale de Lopera un bulto
Por un portillo escusado ;
Farfan lo aguarda sañudo,
Y con el brazo forzudo,

IV

Cuando se acerca, lo pára.
« Villano español, » le dice,
« Borron de familia clara,
Pues su fama contradice
La del vil que se separa
Del honor. Hijo infelize
De mi amor, que en negro dia
Dió al mundo la esposa mia. »

V

« Ya que descarado ofendes
Cuanto en noble zelo acata
Tu padre, y el lustre vendes
De su nombre, fiera ingrata
Consuma lo que pretendes;
En mí tu furor desata.
De esta hueste soi caudillo :
Clava en mi pecho el cuchillo »

VI

« La punta en sangre teñida
Muestra á la gavilla infame ,
Donde hallastes acogida.
Su vista en valor la inflame;
Y orgullosa y atrevida,
Cual torrente se derrame
Por el suelo de Castilla,
Para colmar tu mancilla. »

VII

Y él, sin que el padre lo asombre,
Le replica en noble acento :
« Bien os valga el santo nombre
De padre, que no consiento
De nadie baldon, ni hai hombre
Fuera de vos, que un momento
Viviera, tras el lenguaje
Con que me cubrís de ultraje. »

VIII

« Señor padre, habéis herido
Honra que no es toda vuestra ;
Parte de ella he merecido
Con mi valor y mi diestra ·
Honra que no ha consentido
De interpretacion siniestra
Soplo impuro, sin que ardiente
Cual fiero volcan reviente. »

IX

Ved que soi tan castellano
Como vos; tan caballero
Como el que mas, y en la mano
Ved que no falta el acero.
¿ Queréis saber el arcano
Que se encierra aquí ? Primero
No lo sabréis, os lo juro,
Que embistamos ese muro. »—

X

« Pues á los muros, » esclama
Farfan, y los tercios junta,
Y su intrepidez inflama
Mostrando la heroica punta,
Signo de victoria y fama.
« Dó está el mancebo ? » pregunta,
Con afan que en vano esconde —
Mas nadie á su afan responde.

XI

Comienza el ataque; unidos
Los tercios, honor de España,
Se muestran apercibidos
A la mas cumplida hazaña.
Lanzan altos alaridos
Las tropas : con furia estraña
Combaten, aunque serenos,
Castellanos y agarenos.

XII

Y al tiempo que la batalla
Mas sangrienta se enardece,
Dentro de la almena estalla
Grito que el aire estremece :
Y de pronto, en la muralla
Cristiana turba parece,
Que con orgullo tremola
Noble bandera española.

XIII

Cien jóvenes esforzados
Son, que un mancebo acaudilla,
Cuyo acero a los sitiados
Con fieros tajos humilla.
Y á tal proeza animados
Los guerreros de Castilla,
Van veloces á la puerta,
Ya por mano amiga abierta.

XIV

Cede al doble impulso el moro,
Y ya es de España Lopera;
Y eco de clarin sonoro
Retumba en monte y pradera.
Torna el soñado desdoro
Farfan en gloria altanera,
Y al hijo ansioso procura,
Y en sus brazos lo asegura.

XV

Mas él responde : « El portillo,
Por donde salí esta aurora,
Nunca pudiera yo abrillo,
Sin la mano de una mora,
Que sujetó en fuerte grillo
Mi pecho. Sea en buen hora
Para Castilla Lopera,
Y para mí la portera. »

IERMIGIO Y GOTOÑA.

〜❦〜

« Alas! there is no instinct like the heart.»
                                    BYRON

ADVERTENCIA

D Sancho Ordóñez, rei de Galicia, apénas mencionado en nuestras historias, y que muchos escritores confunden malamente con el rei de Leon, Sancho I. el Gordo, empezó á reinar por los años de 927. La anécdota que ha servido de base á la ficcion de este poema, se halla en el tomo 19, pág. 132 de la *España sagrada* del P. Flórez.

I.

Era Galicia un reino, una familia :
No ya un fragmento estraño, que se afilia,
Cuando el poder ó la traicion lo arrastra,
Bajo el yugo servil de una madrastra.
Era un todo homogéneo, que en su traje,
Y en sus usos, y leyes, y lenguaje,
Respiraba unidad, como la selva,
Ántes que el hierro asolador disuelva

Su espléndido conjunto, en la semblanza
De su vegetacion, y en la pujanza
De sus troncos iguales, y el perfume
Que sus atomos leves reasume,
Y de ellos forma un todo que embriaga;
Muestra un plan uniforme, no la vaga
Produccion del capricho ó de la suerte.
Era patria Galicia, noble, fuerte,
Suya propia, no herencia ó mayorazgo
Del que el tributo cobra ó el portazgo,
Léjos, sentado en mórbidos cojines.
Eran suyos terrenos y confines;
Suyo el nombre, y las armas, y la gloria
No postiza, ni estraña, ni ilusoria
La fama que selló con sangre pura,
Cuando opuso á la intrépida bravura
De hueste goda y tribu sarracena,
Falange propia, sin ayuda ajena.
Y por aquellos tiempos, era Lugo
Corte, no de un tirano ó de un verdugo,
Cual lo son en el dia muchas cortes:
Centros donde terminan los resortes
Empuñados por manos clandestinas;
Cuyas estremidades son espinas,
Que destrozan y punzan á lo léjos,
Mientra aturde el poder con sus reflejos
Al que resiente en lo interior el daño,
Sin ver quién mueve el destructor amaño
Corte de un hombre como todos; bravo,
Condescendiente, popular, no esclavo

De áulicas formas y grotescos ritos.
Y por los arrabales y distritos
De la ciudad, sonaba á toda hora
De la industria el murmullo: animadora
Melodía, mas grata al hombre sabio,
Que la que arroja con impuro labio,
Si emponzoñado galardon lo anima,
Torpe lisonja en acordada rima.
Alli el pino, y el jaspe, y el acero,
Bajo la diestra mano y el esmero
De artifice sagaz, la forma muda,
Y tórnase joyel la masa ruda,
Y el arbusto cerril en tela muelle.
Fragua encendida y ponderoso fuelle
Lanzan al mundo, activos y velozes,
Sólidos bienes é inocentes gozes.

En el taller oscuro de un armero
Trabaja sin cesar, torvo, severo
De rostro y de modales, más adusto
Que liviano, un garzon alto, robusto,
De tufos blondos y de azul pupila;
Un aire misterioso de tranquila
Majestad lo circunda. Su destreza,
Ya en ablandar del hierro la dureza,
Ya en dar temple esquisito a fina espada,
O lustre brillador á la acerada
Cota, al escudo, al morrion y al peto,
Le ganan el cariño y el respeto,
Ya de guerreros, ya de menestrales.

Buscados son sus dagas y puñales :
De habilidad sus obras son prodigio :
Comun es su loor : su nombre *Hermigio.*
Al yunque un dia terminar procura,
Para un magnate espléndida armadura,
Que resiste á potente cimitarra.
Ya al yelmo aplica la pulida barra,
Ya del broquel realza los contornos,
Con dorados y sútiles adornos.
« Y qué ! » dice entre sí, dando un suspiro,
« ¿ Siempre en callado, siempre en vil retiro
Se exhalará mi vida, inútil, floja,
Desconocida y sin brillar, cual hoja
De arbusto retirado, que destruye
La ráfaga otoñal ? Pues qué ! ¿ no fluye
Sangre en mis venas, que el valor inflama ?
Qué ! ¿ no late mi pecho, si la fama
Lo halaga con su mágico recuerdo ?
¿ Por qué en labor de esclavo humilde pierdo
De mi fuerza vital el noble jugo ? »
Dijo, y de pronto se estremece Lugo
Con bélico alarido, y en la almena,
Y la torre, y la plaza, agudo suena
Clarin de alarma Fórmanse anhelosas
Las huestes de Don Sancho ; nebulosas
Las ráfagas de polvo que, á lo léjos,
Del albo dia eclipsan los reflejos,
Morisca tropa anuncian. De repente
Veloz impulso en la ardorosa mente
De Hermigio estalla. Su razon se ofusca ;

No ya su mano laboriosa busca
Punzon, martillo, lima ni tenaza.
El peto ajusta ; endosa la coraza ;
La espada empuña ; toma la rodela ;
Ciñe el crestado morrion, y vuela,
Desatentado, ciego, pero altivo.
Llega a las puertas de la plaza. Ergivo,
Que con su gente intrépido la guarda,
Viendo aquella presencia tan gallarda,
Sospecha que algun caso lastimero
Deja al bravo adalid sin su trotero,
Y un bayo noble y volador le ofrece.
Lo acata Hermigio, monta y desparece.

II.

«She loved me for the dangers I had passed »
                    SHAKESPEARE.

De la atmósfera el ámbito perturba
La alegre vozería de la turba
Que en la plaza de Lugo se congrega,
Y el exito feliz de la refriega
Con ferviente entusiasmo solemniza.
Guirnalda, y ramo, y pabellon tapiza
Las calles, y de juncias olorosas
Se cubre el pavimento. Estrepitosas,
Con prolongados ecos las campanas,
A las vencidas tropas musulmanas,
Que en fuga leve su vergüenza ocultan,
Con su armonía triunfadora insultan.

A tiro de ballesta del portillo
Del murallon, guarece un bosquecillo
De arrayan y de enebro, la morada

Que hermosea una vírgen desgraciada,
Huérfana, sin amigos, sin apoyo,
Sola en el universo. Cual arroyo
Que, lejano del prado y sementera,
Lleva inútil su linfa placentera
Por soledades ásperas y umbrías,
Tales se pierden sus hermosos dias,
En silencioso olvido y abandono.
Pero, como joyel digno de un trono,
Su nativo esplendor que al sol remeda,
Sepulta en negro risco ó tosca greda;
Tal en aquella soledad oscura
Se oculta un alma generosa y pura;
Una de aquellas almas que en sosiego
De modesto existir, activo fuego
De poderoso sentimiento abrasa,
Y del estrecho círculo no pasa,
Do fortuna severa la coloca,
Sino cuando otra igual llega y la toca.
Simétrico el talante; la estatura
Gallarda, cual cipres; rosada y pura
La tez; redondos brazos, ancha frente;
Cabellera alazan profusamente
Vertida por los hombros y la espalda,
Seno de nieve y ojos de esmeralda,
Cuyo mirar las almas aprisiona
En rendimiento fiel — tal es Gotona.
Miéntras lejano suena en sus oidos
El rumor de los altos alaridos,
Con que la plebe el triunfo victorea,

Ella su vago meditar recrea,

Con paso incierto en soledad profunda,

Por el plantel agreste que circunda

Su ignorada y tranquila residencia.

Al autor de su mísera existencia

Levanta el corazon; tierno lo adora,

Y alzarle quiere un ruego; pero ignora

Cuál don ha de implorar, bien que suspenso

Resiente el corazon vacío inmenso,

Que ningun ser visible satisface.

Y en esta idea la razon tenaze,

Vuelve afanada en incansable giro,

Y del seno le arranca hondo suspiro.

Mas súbito un quejido lastimero

Hiere su oido, y el pensar lijero

Detiene, como sólida muralla

La rabia del torrente : atiende y calla,

Y escucha, y otra vez aquel quejido

Más le penetra el alma que el sentido.

Y entre las ramas busca, y de repente

Garzon herido, cuya faz doliente,

Dolor agudo y desaliento indica,

De compasion y horror la petrifica.

Si horror y compasion á un pecho noble

Juntos invaden, no será que doble

Compasion su benéfica energía,

Del ciego horror bajo la planta fria.

En alma que adornó naturaleza

Con el sublime don de la terneza,

Si un sentimiento agitador estalla,

La compasion lo doma y avasalla,
Y al ímpetu secreto se abandona.
Ejemplo fué de esta verdad Gotona.
Cual árabe que humilde se adormece
Dentro la choza vil que lo guarece,
Y en brazos del dolor que lo acibara,
Si tiene un sabio amigo, cuya vara
Potente el sueño compasivo rompa,
Dispierta en regio alcázar, cuya pompa
Su mente aturde y su mirar sorprende;
Y él, que tan rara mutacion no entiende,
Ni aun osa dar asenso á tal prestigio; —
Cuando salió de su endeblez Hermigio,
Y cerca de su rostro un rostro mira,
Que un anhelar incógnito le inspira,
Y se siente apoyado en aquel seno,
Cuyo perfume lo embriaga, lleno
De inesplicable confusion, ni aun osa
Librar la mente á la vision hermosa.
Pasada aquella vaga incertidumbre
Que alarga el padecer, la muchedumbre
De contrarios afectos se deshace,
Como la nieve espuesta al sol, y nace
De pronto, en lo interior del alma, un fuego
Devorador, un desfrenado y ciego
Desear, un propósito inflexible,
De aquellos que en el curso bonancible
Y comun de la vida escasamente
Combina el hado: inagotable fuente
De infortunios al hombre que se lanza,

Sin calcular el riesgo, á la esperanza,

Y porque ardor intenso lo importuna,

Quiere torcer su giro á la fortuna.

Basta un instante para amar? —Conforme :

En ese curso lento y uniforme

De negocios civiles que se llama

Sociedad, raras vezes el que ama,

Del verdadero amor las leyes sigue.

Fuerza es que el interes cambie ó mitigue

Del espontáneo afecto el puro brote;

O bien que erguido el paternal azote

Norma al cariño y á la dicha traze.

Mas el que libre y desprendido nace

De torpes apetitos; el que siente

Dentro del alma impulso prepotente,

Que á designios escelsos lo encamina,

Ese con llamarada repentina

Se consume : ese en rápido momento

Bebe un siglo de amor y de tormento.

En el humilde asilo de Gotona

Tres dias pasa Hermigio, y se abandona

Dócil al blando yugo de la bella.

Su ardor caritativo y la centella

Juvenil aceleran la esperanza

Del recobro feliz. Mas ¡qué mudanza

Labran esos tres dias en la suerte

De Gotona y Hermigio! En lazo fuerte

Sus almas se ligaron : ambos juran

Larga fidelidad. Si se conjuran

En su mal infortunios, cuales postran

Tronos altivos, ellos los arrostran.
« Parto,» le dice Hermigio; «digno esposo
No es de ti un menestral; mas ya anheloso,
De amor y de ambicion suelta la rienda,
Piso arrojado mas altiva senda,
Y el esposo feliz que darte quiero,
No será un menestral, será un guerrero. »

III.

«Hai algunos hombres, que verdaderamente son buenos y santos; pero suelen ser necios.»

LOZANO, *Reyes nuevos de Toledo.*

Llena estaba la corte de Don Sancho
El antiguo salon, lóbrego y ancho,
Apénas da cabida á los tropeles
De cortesanos, que acudian fieles
A dar la enhorabuena al soberano.
El cual, en alto trono, acoge ufano
Los homenajes públicos Su diestra
Don Gelimer ocupa, en quien se muestra,
Junto con mano osada y triunfadora,
Genio mordaz y lengua decidora.
Ero, el obispo, ocupa el lado opuesto,
Con ojo hundido y con torcido gesto,
Como si levantado en santo arrobo,
Mirara con desprecio nuestro globo.
«Brava jornada,» dice el rei, «infanzones.
Bravamente marchaban los pendones

De Galicia por llanos y por cerros,

Empapándose en sangre de esos perros.

Mas, decid, Gelimer, ¿no habéis sabido

Quién era el adalid desconocido,

Cuyos golpes tremendos espantaban

Las falanges moriscas? ¡Cuál brillaban

Repetidos sus tajos y reveses

En yelmos, en alfanjes y en paveses!»

«Señor,» responde Gelimer, «mi esmero

Ya averiguó su nombre : es un armero

Llamado Hermigio. Sangre ilustre mana

Dentro su corazon, y si inhumana

Lo persigue la suerte, que debria

Darle apoyo y solaz, no es cuenta mia:

Aquí este santo obispo lo conoce. »

Igneo furor la faz cubre veloze

Del prelado : ni atina á dar respuesta;

Tanto su orgullo la alusion molesta.

« Nada decís,» pregunta el rei, «Don Ero? »

« Tu Alteza,» le responde, « cuando... pero...

En verdad, el mancebo es mi sobrino,

Y si hoi padece en infeliz destino,

No es culpa de mi amor ni de mi zelo.

Quise piadoso encaminarlo al cielo,

Conferirle las órdenes sagradas

Y dos capellanías bien dotadas.

Mas desoyendo el saludable aviso,

Ni aun la tonsura el insolente quiso. » —

«Por los huesos que están en Compostela,

Replica Sancho, « tu piedad anhela

Que se llene de clérigos Galicia.
No es harto numerosa tu milicia?
Mis ojos no ven mas por todas partes
Que tus lóbregas tropas y estandartes;
Y á mas de ser al pueblo graves fardos,
¿Todos los hijos han de ser bastardos?
Gran nombradía ese doncel te gana,
Mucho mas con broquel que con sotana;
Hazle merced, obispo, y séle grato.»
Esquívase Don Ero con recato
De la corte, algo menos orgulloso
Que cuando asiste en traje esplendoroso
Y entre devota turba, á grave fiesta,
Con baculo en la mano y mitra en testa
A su mandato presentóse Hermigio,
En quien ya no quedaba ni vestigio
Del rango humilde en que yació agobiado.
No era un obrero ya, que era un soldado,
Firme en talante y afamado en brio.
«Cuál es vuestro placer, mi señor tio?»
Le pregunta, con tono del que sale
De prision y conoce lo que vale.
«Mi placer,» le responde algo confuso,
«Ya que la eterna voluntad dispuso
Sacaros del camino mas derecho,
Mi placer es ligar en nudo estrecho
Tu mano con la mano de Clotilde,
Santa doncella, religiosa, humilde.
Cierto — carece de fugazes dones,
Que arrastran los profanos corazones

Dirás que anda torcida y algo corva ;
Mas esta leve imperfeccion no estorba
Que sea de virtudes relicario.
Esta noche dispón lo necesario,
Y casado serás en mi capilla. » —
« Vuestra bondad, señor, me maravilla, »
Le replica el sobrino sonriendo,
« Y me duele, prelado reverendo,
Que esa propuesta de que hacéis alarde,
Haya llegado a mis oidos tarde.
Esta mano no es mia, que es ajena.
Dios, de quien sois ministro, me condena,
Severo y justo, si falaz é impío
Regalo á mi solaz lo que no es mio.
Fuí libre en mi taller lo soi ahora.
Del yunque y de la fragua abrasadora
No troqué el duro afan por la coyunda
Que hora se ofrece á mi humildad profunda.
Vuestros designios son pios y sanos ,
Mas no os puedo servir : bésoos las manos. »

    Salióse erguido, y el obispo ruge
De furor y despecho : tanto empuje
Dan las pasiones a las almas pias ;
Tan estrañas les son las simpatías
Del corazon Con tan feroz desprecio
Mira la ajena dicha un santo necio.

IV.

> « La faccia sua era faccia d'uom giusto,
> Tanto benigna avea di fuor la pelle,
> E d'un serpente tutto l'altro fusto »
>   DANTE

Sabedor Gelimer de todo el lance,
Poner decide fuera del alcanze
Del tiro episcopal al buen sobrino.
Así teje sus lazos el destino;
Así un azar en su querer influye,
Y por tan leves causas se construye
De los hombres la dicha ó la desgracia
Llama á Hermigio y le dice : « Te hago gracia
De un tercio en mi escuadron. Sé su caudillo;
Y para habilitarte, este bolsillo
Será de mi cariño leve muestra. »
Besa el doncel la generosa diestra
Que su valor y zelo galardona,
Y vuela al caro asilo de Gotona,
Que era de su bajel el gobernalle.

A tres leguas de Lugo, en hondo valle,

Que limitan cercanas dos alturas,
Cubiertas de sombrías espesuras,
Mansion del abandono y del misterio,
De Samos el humilde monasterio,
Do habita caridad ferviente y santa,
Sus torreones goticos levanta.
Un hombre justo es el abad no de esos
Que cifran la justicia en los escesos
De un zelo arrebatado : paroxismo
Ya de supersticion, ya de egoismo.
Ni de su puro labio el anatema
Salió jamas, con que la rabia estrema
De torpe orgullo y presuncion insana
El alto nombre del Señor profana.
Ni condeno jamas como delito
De la naturaleza el hondo grito;
Ni del ser que prodiga amor y goze,
Forjo un verdugo bárbaro y feroze.
Blando, indulgente, compasivo y tierno,
Mira en la caridad el lazo eterno
De la inmensa familia de los hombres;
Y en esos vanos y pomposos nombres,
Irreligion, apóstata, ateismo,
No ve mas que maldad ó fanatismo.
A este varon perfecto Hermigio acude,
Para que en santos vinculos añude
Su mano con la mano de Gotona,
Sin esa pompa vana que inficiona
La verdadera dicha. Los amantes,
No ya envueltos en ropas elegantes,

Sino en auras de amor y de ternura,
Ante el sagrado altar la ofrenda pura
De sus almas presentan, y gozosos,
Gustando ya los bienes deliciosos,
A los que desde entónces se aperciben,
Del santo abad la bendicion reciben.
Sabe Don Ero el negro desacato .
Tal lo juzga, y en bélico aparato,
Circundado de lanzas y broqueles
(Porque en los siglos bárbaros los fieles
Formaban batallones obispales,
Y los obispos eran generales), (3)
De los claustros invade el santo abrigo;
No ya como pastor, como enemigo,
A quien feroz estímulo enfurece,
La casa de satélites guarnece ·
Penetra en ella, echando bendiciones;
Del archivo los íntimos rincones
Examina : la gótica escritura,
Que antiguos privilegios asegura,
Toma violento; de las hondas cajas
Los tesoros retira y las alhajas;
Y al pobre abad que su indulgencia pide,
Echa una bendicion, y se despide.
Tal fué del siglo diez la disciplina
Del vulgo ciego la trivial rutina
Celebra, encomia, admira la escelencia
De aquella edad, su cándida inocencia,
Su virtud apostólica. Qué insulto
De la verdad ! Un pueblo fiero, inculto,

Sin mas lei que la fuerza, sin mas gloria
Que una fama brutal y transitoria,
Podrá ser tipo de inocencia? ¿ Acaso
Del error al delito hai mas que un paso?
Monarcas y pontífices, magnates
Y plebeyos, en hórridos combates
Y escitados por bárbaros enojos,
Se arrancaban impíos los despojos
De la infelize sociedad, inerte
Victima de la rabia del mas fuerte.
¡ Noble modelo al siglo que se jacta
De doctrina analítica y exacta !
Hipócritas, mentís; si la lumbrera
Del saber no nos guia en la carrera
Que a nuestros dias el destino traza,
Segura perdicion nos amenaza.
Solo el saber refrena el fiero orgullo
Del poderoso, y el letal murmullo
De corrupcion solo el saber acalla.
Plebe ignorante, estupida, vasalla,
Plebe que un falso resplandor deslumbra,
No es mas que firme base, do se encumbra
La usurpacion, de crímenes cubierta.
Lo que sus arterías desconcierta,
Lo que su desenfreno atroz reprime,
Nunca es mas que el saber : prenda sublime
Con que la eterna y poderosa mano
Dulcifica la suerte del humano.

V.

« The king is full of grace and fair regard,
And a true lover of the holy church. »
                                    SHAKESPEARE.

Ya sé que es deplorable, aunque deslumbre
El brillo que lo envuelve en alta cumbre,
La suerte de un monarca. Con el prisma
De su poder se aturde, y cuando el cisma
Popular ó traicion feroz apresta
Su ruina, y el tiro infame asesta,
Desacordado en su ilusion, inerme,
Al borde del abismo goza y duerme :
El siervo vil que á su poder se inclina,
Con invisible yugo lo domina.
¿ Quién compone la espléndida caterva
Que lo circunda ? Adulacion proterva,
Disfraz, calumnia, seduccion, perfidia.
Una cosa no mas me causa envidia,
O dos, mas bien : la rica biblioteca,
Y el santo don de hacer justicia seca.

El hombre á quien, en tramite infinito,
Con raro idioma y con absurdo rito,
Juez inflexible á su placer maltrata,
No será largo tiempo demócrata.
Un rei pronuncia, y con activa mano
Corta de un golpe el nudo gordiano;
Del opresor soberbio una voz sola,
No mas que un gesto la arrogancia inmola
Se engaña, porque es hombre, muchas veces,
Y ¿ acaso están de error libres los jueces?
Mas esta larga historia concluyamos.

Al pié del trono, el buen abad de Samos,
Hundido en pena y en baldon se arroja;
Los piés de Sancho con su llanto moja;
Pide reparacion de tanta afrenta,
Y el grave crímen del prelado cuenta
Causa horror á la corte la demanda.
Sancho, ofendido justamente, manda
Que venga el reo ante su trono augusto;
Y Gelimer, por darle este disgusto,
Portador quiere ser de aquel mensaje.
Llega el obispo con aquel visaje
De ascética arrogancia, que denota
La hiel de que es capaz alma devota.
« ¿ Habéis pensado vos, » dice el monarca,
« Que de san Pedro la modesta barca
Se ha tornado ballena destructora?
Es el cayado espada vengadora?
¿ O será que en el reino de Galicia

Vos, y no mí poder haga justicia? »—
« La causa de ese ultraje se me oculta, »
Dice Don Ero; « tu piedad me insulta
Con odiosos baldones y dictados.
Los merezco, Señor, por mis pecados :
Como justo castigo á Dios lo ofrezco.
Más injurias decid, que mas merezco. » —
« Eh! » responde, « dejád gazmoñerías.
Con santos hechos y con obras pias
Se prueba la virtud y se acrisola,
No con gesto fruncido y con parola.
A este buen fraile que tenéis presente,
Y á su comunidad, que es buena gente,
Mejor que vos, por causas que yo ignoro,
Quitasteis escrituras y tesoro.
Devolvédlos al punto, ó por los huesos.....» —
« Mis crímenes, señor, no son mas que esos ? »
Dice el obispo : « tu bondad acato :
Creí que era otra cosa el desacato.
No será que se ensanche ni se esponje
A costa de la mitra ese buen monje.
A quién toca regir el monasterio?
Yo tengo mi redil, vos vuestro imperio.
Mandád, señor, en trámites civiles;
Dejád á los pastores sus rediles.
Mas no se diga que mi pobre influjo
La guerra en las ovejas introdujo.
Pronto estói á ceder; los dos cedamos.
Don Ero es ménos que el abad de Sámos?
La sólida virtud huye de estremos :

Los dos hemos pecado : pues tomemos,
Para que nadie pierda su decoro,
El fraile la escritura , yo el tesoro,
Cediendo sin discordia ni amargura,
El tesoro el abad, yo la escritura. »
No dijo mas, porque, al oirlo, salta
Del solio el rei, á quien veloze exalta
Tremendo enojo ; y tanto, que Don Ero
Desaparece del salon lijero.
Entra temblando en su palacio ; gime,
Victima de la pena que lo oprime,
Y, bañados en lágrimas los ojos,
Devuelve al monasterio sus despojos.

De Hermigio cuentan los gallegos fastos,
Que, dueño un dia de dominios vastos,
Ganados con proezas infinitas,
Consagró á sus pasiones favoritas
De larga vida el venturoso resto.
Su Gotona y su espada : no mas que esto
Formaba la existencia y la delicia
De aquel hijo glorioso de Galicia.
Cuanto duraron estas ilusiones,
No lo dicen aquellos cronicones.

LA FLORIDA.

«Si son zelos un furor,
Una ciega destemplanza,
Que solo quiere venganza,
Estrago, muerte y horror;
Y que no teme á los cielos,
Y que á los cielos se alzara,
Si allí su venganza hallara;
Dices bien, yo tengo zelos.»

UN INGENIO DE ESTA CORTE.

I

Cuando se ocupa amor en dar un rato
De disgusto á un sinfin de humanos seres,
Ora estienda el mortífero mandato
A simples aldeanos ó á proceres;
Aplica diligente su conato,
Y en vasto grupo de hombres y mujeres,
Que en nada ménos piensan que en amores,
Derrama sus agudos sinsabores.

II

De Troya á Tiro y del Egipto á Roma
Las flechas lanza, en curso no sabido,
Y á Marco Antonio Cleopatra doma,
Como el pérfido Enéas doma á Dido.
Ni diferencia de pais ó idioma,
Ni espacios que ancha mar ha dividido,
Ni el asilo mas lóbrego y secreto
Sirven á su rigor de parapeto.

III

Suelen sus intenciones temerarias
Poner á medio mundo en movimiento.
¡Cuántas cosas han sido necesarias,
Cuánto delirio, y oro, y escarmiento,
Para activar las chispas incendiarias,
Cuyos estragos va á decir mi cuento!
Cuento, no en el sentido de patraña:
Es historia verídica, aunque estraña.

IV

Cuando agobiaba á España aquel Segundo
De los Felipes, masa tenebrosa
De horrendo crimen y saber profundo,
Genio infernal con capa religiosa,
Dominador y escándalo del mundo;
A quien una nacion fiera, orgullosa,
Noble, gallarda y atrevida debe
Los torrentes de fango que ahora bebe; (4)

V

Reconcentrado en soledad amena,
Cerca del mar, á orillas del Barbate,
Su vida oscura, plácida y serena,
Pasaba sin sentirla Gil de Oñate.
Ilustre fué en marítima faena ;
Y mas de cuatro vezes, en combate
Tremendo, cuya fama hoi se repite,
Asombró las llanuras de Anfitrite.

VI

Sirvió á Felipe en místico, y galera,
Y navío, y brulote, y en fragata ;
En Cuba, y en Brasil, y en la ribera
Por do Orinoco inmenso se desata :
Y vino á darle en limpio su carrera
Muchas heridas con alguna plata ;
Tejos escasos y sangrientas riñas;
Cien contusiones y cincuenta piñas.

VII

Mas era tan brioso cual modesto,
Y viéndose ademas entrado en años,
Dijo entre sí : « Podré mui bien con esto,
Si han hecho mella en mí los desengaños,
Pasar tranquilo de mi vida el resto
(Libre de que en sus límites estraños
La mar airada mi existencia aflija),
En brazos de mi esposa y de mi hija. »

VIII

Volvió á su tierra, y se encontró privado
De su esposa, tesoro de prudencia;
Pero vivia Ines, noble dechado
De hermosura, de gracia, de inocencia.
Vió en esta desventura, señalado
El designio de la alta Providencia.
« Seré su eterno compañero, » dijo,
Y cerca de Vejer compró un cortijo.

IX

Allí en profunda soledad, ceñido
Del filial afecto que lo encanta,
Se consagra con zelo desmedido
Al cultivo de aquella tierna planta.
Como prospera solo y escondido
Vigoroso rosal, y se adelanta
A la lenta estacion su lozanía,
Tal Ines progresaba y tal crecia.

X

Crecia y progresaba en gentileza
Y en ternura, en ingenio fácil, vivo,
Cual no lo desarrolla en la estrecheza
De la ciudad el ser, allí cautivo.
Fijó en su corazon naturaleza
Laboratorio creador y activo
De pasion, y en su mente vasta hoguera
De exaltada ilusion y audaz quimera.

XI

Al mirar de la sierra los crestones,
Y las olas furiosas y encumbradas,
Subian á la par sus reflexiones,
Por contrarios resortes impulsadas.
Tras aquellas fingia otras regiones,
Y tras aquellas otras apartadas;
Y así abrazaba en meditar profundo
Con la imaginacion el vasto mundo.

XII

Ligaba, no sé cómo, á los perfiles
De la roca desnuda ó la montaña,
Recuerdos misteriosos y sutiles
De antigua historia ó fabulosa hazaña.
O ya sus pensamientos juveniles,
Flexibles, como al viento dócil caña,
En el éter escelso y cristalino
Vagaban sin sendero ni destino.

XIII

Y era feliz; porque su dicha entera
Se cifraba en el padre, cuya vida
De todo su existir la mitad era,
Mas que la otra mitad grata y querida.
Ni pudo imaginarse que severa
La suerte, á duras leyes sometida,
Como separa un busto de su base,
De aquel benigno apoyo la apartase.

XIV

« Nunca, » decia, « nunca de su lado
Me arrancará el destino. ¿Qué me importa
Sin él la vida ? Arbusto despojado,
Que soplo horrendo de la tierra corta,
Fuera yo sin su vista. Separado
Mi ser del que á virtud mi pecho exhorta,
Esa misma virtud que hoi me entusiasma ,
¿Qué fuera sino un soplo, una fantasma ? »

XV

Y á su vez el anciano sumergido
Todo en amor, miraba de la huesa
El sendero de flores guarnecido,
Miéntras su planta en él dejase impresa
La hija adorada. Sepultó en olvido
Lauro, tesoro, nombre, gloria, empresa.
« Aquí, » decia, « fondeó la barca,
Hasta que llegue el golpe de la Parca. »

XVI

¡ Qué contraste no forma la existencia
De estas dos almas que pasion no irrita,
Con la adusta y callada turbulencia
En que la corte de Madrid se agita !
Felipe en su orgullosa prepotencia,
Golpe de espanto y muerte dar medita,
Y verter los torrentes de su saña
Sobre las costas de la Gran Bretaña.

XVII

Bajo el terrible orgullo de Isabela
Cayó María : reinas ambas. Cuente
Quien los prestigios de los tronos zela,
De Cárlos y Luis el inclemente
Sacrificio ; la historia nos revela
Crímen igual en coronada frente,
Y los ungidos del Señor, rendidos
Bajo el hierro feroz de otros ungidos.

XVIII

Quiso vengar Felipe el desacato,
No porque á la virtud con él se ofende,
Sino en fe del hipócrita aparato
Que por santa piedad al mundo vende.
Mas no quiso tal cosa ; su conato
Destructor mas osado fin pretende :
Que de la Inquisicion la vil cuchilla
Ensangriente del Támesis la orilla.

XIX

Guarte, pueblo briton ; que si descarga
Su furor el perverso, ya no hai lustre
Para ti, sino serie odiosa y larga
De torpezas y males. Ni el ilustre
Resplandor que á los pueblos hoi embarga
De admiracion, podrá, sin que lo frustre
Fanatismo con manos espantosas,
Brotar entre tus masas afanosas.

XX

Se apagará en su germen la centella
De libertad, que puede, conducida
Por ti, cual pura y luminosa estrella,
Vivificar la esfera ennegrecida.
No del saber la antorcha noble y bella,
Por tus hijos zelosos esparcida,
Dará terror al déspota inhumano,
Ni el tridente feliz pondrá en tu mano.

XXI

Ni la potente actividad que crea,
Al par de alma virtud, dicha y tesoro,
Tu fuerza animará. Y esa tarea,
Que vincula en tus límites el oro
Del mundo, y que lo alivia y lo recrea,
Servirá para el triunfo y el decoro
De vanos y postizos simulacros,
Fómes de corrupcion con nombres sacros

XXII

Deja que huelle tu cerviz Felipe;
Deja que su sangrienta intolerancia
Tu porvenir espléndido disipe,
Hundiéndolo en abismos de ignorancia,
Que tu exaltado genio participe
De esa union de bajeza y arrogancia,
Digno producto del imbécil ocio,
Que halagan despotismo y sacerdocio,

XXIII

Y no esperes que nazca en tus confines
Un Newton, que revele á los humanos
De la alta voluntad los nobles fines,
En las obras mas bellas de sus manos.
En su lugar, perversos arlequines,
De la razon verdugos inhumanos,
La tornarán ridículo instrumento
De error, y de maldad y abajamiento.

XXIV

En lugar del augusto consistorio,
Que hace temblar los solios mas potentes,
Te regira un audaz definitorio
De holgazanes rollizos é insolentes.
Lóndres, en vez de ser activo emporio
De labores opimas y esplendentes,
Del vencedor bajo el horrible imperio
Será un lóbrego y triste monasterio

XXV

La suprema Bondad que el cielo habita,
No permitió en sus íntimos arcanos
Que se cumpliese la intencion maldita
De aquel alto modelo de tiranos.
Inutil es su esfuerzo · en vano agita
De dominios remotos y cercanos
Los resortes activos y fecundos,
Y estruja la sustancia de dos mundos.

XXVI

Retiembla doblegado el elemento
Bajo el peso de naves orgullosas;
Pertrechos, municiones, armamento
Llenan sus cavidades espaciosas.
Suben á sus castillos ciento á ciento
Legiones de provincias belicosas,
Y la nobleza, fiel á su monarca,
En la terrible espedicion se embarca.

XXVII

Sidonia que la rige, escribe á Oñate
Y á su zelo confía una galera.
A tal noticia el infeliz se abate,
Sumido en llanto y pesadumbre fiera.
No lo asombra del mar el crudo embate,
Ni los peligros de la lid guerrera;
Mas la separacion que lo amenaza,
Todos sus sentimientos despedaza.

XXVIII

Mientra en amargo lloro la sencilla,
La tierna Ines, su hermoso rostro baña,
Del Barbate aparece en la alba orilla
Sobre alta popa el pabellon de España.
Espléndida labor orna la quilla,
Sostiene el botalon figura estraña,
Y lleva en el alcázar esculpida
Esta inscripcion dorada : LA FLORIDA.

XXIX

Como se arranca un monte del cimiento
De granito, si horrible terremoto
Lo agita con atroz sacudimiento,
A baja al llano desquiciado y roto;
Tal angustiado por voraz tormento,
Al infringir el pio y tierno voto,
De la cuitada Ines Gil se separa,
Y del padre infelize la hija cara.

XXX

No pintaré el gemido y el sollozo,
Ni el lamento del padre y de la hija;
Porque en tales escenas no me gozo,
Ni es en ellas mi Musa tan prolija
Cual otra, que sin velo y sin rebozo,
Todo su zelo en retrazarnos fija
Las contorsiones, gestos y visajes
De sus adoloridos personajes.

XXXI

« Oh ! si ! no ! ah ! qué ? tú ! eh ! yo? Dios mio !
Cielo santo !... por qué ?... y acaso ?... pero.. »
Con este repertorio seco y frio
Hai escritor que llena un tomo entero
Suplir así pretende el poderío
Del ingenio inventor, que, mas severo,
Para mover nuestros afectos pinta,
No para gastar plumas, tiempo y tinta.

XXXII

Pintar en verso no es pintar en cobre,
Ni en tabla ó lienzo : grande es la distancia.
A fuerza de ser rico, es uno pobre
Con esta fastidiosa redundancia.
Qué ha de hacer el lector con lo que sobre ?
Si lo aqueja la esteril abundancia
(Como dice un frances) de un mal versista,
¿ Habrá paciencia humana que resista ?

XXXIII

Dirá el lector : « Virgilio, cuando traza
El retrato de Enéas ó el de Dido,
¿ Se pone, como usted, con gran cachaza
A esplicarnos las leyes que ha seguido ? »
No señor ; pero aquella era otra raza.
Hé aquí lo que despues se ha establecido.
Cada cual como guste, se maneje ;
Y al que no le acomode, que lo deje.

XXXIV

Por supuesto, me encanta, me seduce,
Me arrebata Virgilio, y aun Homero,
Cuando Le Brun ó Pope lo traduce,
Ya que el original me es estranjero.
Mas si benigno y facil me introduce
El vate a su amistad, y considero
De cerca sus facciones y su trato,
Confieso que disfruto de un buen rato

XXXV

Cuando llegaba á este lugar, me puse
A buscar mui despacio, acá en mi idea,
Alguna fácil transicion que escuse
Este desate que mi estilo afea.
Mas es forzoso que al lector me acuse :
De nada me ha servido mi tarea.
Esta charla inconexa y desunida
¿Qué tiene de comun con la Florida ?

XXXVI

La cual vogaba cerca de la orilla,
Con viento escaso y rumbo placentero,
Y aun no estaba distante media milla,
Cuando desde la cofa un marinero
Gritó que se acercaba una barquilla.
Gil, sin que se alterase el derrotero,
Mandó achicar la vela, por si acaso
Le anunciaban de tierra algun fracaso.

XXXVII

Y á los pocos minutos, á su seno
De Ines el seno cándido oprimia ;
Miéntras su labio, de ternura lleno,
En estos sentimientos porumpia :
« Contigo arrostraré borrasca y trueno :
Males, riesgos, azares desafia
Mi valor. No te aflijas ni exasperes :
Contigo me tendrás adonde fueres. »

XXXVIII

En vano opone Gil, **ora el mandato** ,
Ora la insinuacion ó el blando ruego ;
Miéntras mas le resiste, mas conato
Pone Ines, y responde con mas fuego.
Era absurdo su plan, era insensato ;
Mas era impulso del amor : y luego,
El mas alto poder cede y se agacha,
Cuando dice, *No quiero*, una muchacha.

XXXIX

Y no era un sacrificio doloroso
Para Ines ; pues al ver la vasta anchura,
Y el alternar del negro y espumoso
Vaiven del oleaje, y la llanura
Confundida en el giro nebuloso
Con que termina la redonda altura
Del horizonte occidental, se erguia
Gigantesca y veloz su fantasía.

XL

Nunca fué mas dichosa que en presencia
De aquella inmensa soledad, trasunto,
Bien que humilde, de la alta omnipotencia,
Y cual ella, magnífico conjunto
De misteriosa y grave prepotencia.
De su meditacion sublime asunto
La mar era ; sus hórridos bramidos
Sonaban gratamente en sus oidos.

XLI

Al llegar la Florida al mar que ostenta
Del Tajo la ancha espuma embravecida,
La formidable escuadra se presenta,
En tres líneas inmensas dividida.
Con marcha gravedosa, blanda y lenta,
Cual á fiero designio apercibida,
En igualdad simétrica se avanza,
Preñada de esterminio y de venganza.

XLII

Mas allá, donde el mar corta estupendo
De Finisterre el cabo con altura
Pedregosa, un rumor vago y tremendo
Conmueve de los orbes la estructura.
Espeso nubarron ancho y horrendo
Su masa estiende tétrica y oscura
Por el zenit; el viento cede y calla:
Queda la mar inmóvil cual muralla.

XLIII

Poco á poco se arruga y se estremece;
Poco á poco sus olas desiguales
Son sierras altas. El trastorno crece,
Y crece en las regiones solsticiales
El bramar de los vientos. Desparece
La luz en los etéreos umbrales;
Ménos la que rojiza el aire hiende
Y en furioso estampido se desprende.

XLIV

Ceden arte y valor; ceden los brios
Del marinero al horroroso amago.
Sepáranse sin verse los navíos,
En curso desigual, remoto y vago.
Los unos en incógnitos bajíos
Rápidos chocan con funesto estrago:
Y otros que el mar y el huracan gobiernan,
En iracundo piélago se internan.

XLV

Cual paja por los vientos sacudida,
O pluma por arroyo turbulento,
Se agita, y alza, y hunde la Florida
Sobre la faz del hórrido elemento.
Ora se acerca á playa combatida
Por las olas con albo rompimiento;
Ora parece que su quilla toca
Los ángulos adustos de una roca.

XLVI

Do quier se torne, en frente ve cubierto
De horror alto peligro : ya en regiones
Que desconoce el navegante esperto,
Sembradas de aridísimos peñones;
Cual si hubiese en insano desconcierto
Natura, ó en horribles convulsiones,
Sacudido del mundo los cimientos,
Para cubrir la mar con sus fragmentos.

XLVII

Tristeza, desaliento y apatía
Reinan en el bajel : nadie obedece.
Nadie en un hora de existir confía,
Ni la esperanza de existir parece
Mas que acerba ilusion. La fantasía
De Ines ora de asombro se estremece,
Cuando del padre el riesgo considera,
Ora absorta, y fecunda, y altanera,

XLVIII

En aquel espectáculo sublime
Se abisma enajenada, y se recrea,
Y apena el entusiasta ardor reprime,
Que incendio abrasador sopla en su idea :
Mente privilegiada, en quien imprime
Su traza el genio animador, y crea,
Como si el orbe fuese su dominio,
Delicia y goze en muerte y esterminio.

XLIX

Tras dos semanas de peligro inmenso,
De pronto, en noche lóbrega y cerrada,
Sienten al buque plácido y suspenso,
En mar tranquila, lisa y sosegada.
Bien perciben hallarse en un estenso
Recinto, cuya anchura limitada
Por larga curva de blanquizca arena,
La agitacion de su pesar refrena.

L

Cuando raya la aurora, se presenta
Poblacion estendida y circundada
De cultura frondosa y opulenta;
La costa, en ambos giros, sombreada
Por amena espesura, donde ostenta
La encina su cerviz noble y poblada;
Y á lo léjos ganados triscadores
Y grupos de afanados labradores.

LI

En una lancha Oñate se encamina
(Sin poder inferir dónde se hallaba)
Con su escribano á la ciudad vecina.
Ines, cuyas ideas recreaba
La escena inesperada y peregrina,
Que la costa á sus ojos presentaba,
Confusa en vagabundo devaneo,
No pudo resistir á su deseo.

LII

Toma otra lancha, y baja al bosque espeso,
Y entra sola en su incógnita espesura;
Do, no como en su patria, del cantueso
La fragancia aspiró; ni aquella holgura
Sintió, que llena al alma de embeleso,
Cuando en region que hermoseó natura
Con los mas ricos dones de su mano,
Vegetal esplendor cunde lozano.

LIII

Alta yerba la tierra guarnecia,
Pero inodora. Nieve ó escarlata
No adornaba, cual vió en Andulacía,
Los tallos verdes de la hojosa mata.
Era la selva tétrica, sombría;
Los troncos en inmensa colunata,
Desnudos se elevaban y derechos,
En prados de retamas y de helechos.

LIV

Mortal era el silencio, interrumpido
Por la resaca que la playa azota:
O por el melancólico graznido,
Con que á la mar saluda la gaviota.
Tal vez de musgo pálido ceñido
Áspero risco, ó tal vez peña rota
Por raudal que irritado el suelo hiende,
Sus miradas atónitas sorprende.

LV

Reclínase en un lecho de follaje;
Oye rumor, torna la faz, y mira
Cerca de sí un estraño personaje,
En cuyo aspecto, perturbada admira
Estatura, color, y gesto, y traje.
Parece que la sangre se retira
De sus venas heladas, y parece
Que el mundo á su mirar se desvanece.

LVI

Era un jóven robusto, esvelto, airoso,
Blanco cual cima de nevada altura;
Rubio el cabello, que con giro undoso
Los hombros baña : llenos de dulzura
Los ojos azulados : majestoso
Talante, que realza la cintura
De anchos pliegues; y de ella una naguilla
Pende vistosa, y cubre la rodilla.

LVII

Orna su frente lúgubre tocado,
Con un negro plumaje en él prendido,
La pierna cubre borceguí encarnado,
O de cintas mas bien bello tejido.
Corto y brillante estoque lleva al lado;
Broquel al brazo, de metal bruñido,
Y un manto breve cuelga por la espalda,
Matizado de rojo y esmeralda.

LVIII

Queda al mirarla inmóvil : mutuamente
Se contemplan los dos. Él fué el primero
Que el silencio rompió; mas vanamente
Se empeña en esplicarse el estranjero
Viendo su esfuerzo inútil, reverente
Llega, y con ademan blando y sincero,
Le di á entender que venga á su morada,
Donde será servida y respetada.

LIX

Con gesto y ademan ella le indica
Su historia, como puede, y la esperanza
De encontrar proteccion le significa
En aquella region. Su confianza
Él gozoso y risueño ratifica;
Y ya acordes y unánimes, se avanza,
Conduciendo sus pasos a la orilla,
Y se sienta a su lado en la barquilla

LX

Llegan á la Florida, do al anciano
(Ya de vuelta) el incógnito saluda
Con toque afectuoso de la mano;
Gesto que borra cautelosa duda.
Hablan sin entenderse castellano
Y escoces; mas de pronto el jóven muda
En latin su escoces; y Oñate dice
Con aire satisfecho: *Salve, amice.*

LXI

Amigable coloquio entonce empieza.
«Soi Maclean, jefe,» el jóven le declara,
«De un *clan* ó de una tribu, que en braveza
Con la mejor de Escocia se equipara.
La isla en que estás, es Mull. no en su riqueza,
No en opulentos edificios clara:
Clara en sus hijos, cuyos nobles pechos
Sostienen con su sangre sus derechos.»

LXII

El interes que inspira gente estraña
En habla y en costumbres, y aquel tono
De hombre dispuesto á belicosa hazaña,
Noble y sencillo, bravo sin encono,
Al español seducen : que en España
(Justo es que lo concedan en su abono)
Lo escelso y noble es nacional ; lo bajo
Es cosa que de fuera se nos trajo.

LXIII

Grande amistad en breve se suscita
Entre el jóven Maclean y el viejo Oñate;
Y como la Florida necesita
De la activa labor del calafate,
Con esta detencion se facilita
Que mas y mas la estrecha union se ate;
Miéntras con otra union mas viva y cara
La triste peripecia amor prepara.

LXIV

Fueron los ojos diccionario mudo
De esta pasion, tan pronta como ardiente;
Lenguaje de retórica desnudo,
Y mas que la retórica elocuente.
En ambos senos la mirada pudo,
Ya lánguida, ya triste, ya vehemente,
Veloz cual rayo que la nube lanza,
Pintar amor, deseo y esperanza.

LXV

Maclean adora á Ines, é Ines lo adora;
Mas no es amor en ellos uno mismo.
En él ve Ines la imágen seductora
De activez, de valor y de heroismo.
En ella ve Maclean... mas quién lo ignora?
El escoces no entiende platonismo.
Jóven es, y ella hermosa y bien formada;
Y esto para qué sirve? — Para nada.

LXVI

De la bella Maclean no se separa,
Ora en tierra, ora á bordo. Cada dia
Crece el amor recíproco, y mas clara
La pasion ardorosa se esprimia.
Hablan los escoceses lengua rara;
Mas ella fácilmente la aprendia.
¿No hai para amor mas áridas empresas
Que aprender cuatro frases escocesas?

LXVII

De la medalla ved hora el reverso.
Mientra Ines á su afecto se abandona,
Y amor solo le ofrece el universo,
Ruge cual fiera y gime otra persona.
Casado era Maclean; mas el perverso,
Que seduccion y crímen ambiciona,
Interin su pasion no satisface,
Cubre con vil silencio aquel enlaze.

LXVIII

Era lady Maclean, mas altanera
Que sensible, mas fiera que amorosa.
Devora su ignominia, y solo espera,
Mujer sañuda y agraviada esposa,
Vengarse en el infiel de tal manera,
Que su vida, cubierta de espantosa
Desperacion, horrible cuadro sea,
Donde el castigo de su crímen vea.

LXIX

Con un atroz malvado se concierta,
Para que se introduzca en la Florida,
Y con baile y con música divierta
La gente ociosa, al goze apercibida.
Logra en efecto abrirse franca puerta;
Cada cual lo festeja y lo convida;
Él, que oportuna circunstancia acecha,
Deja en la Santa-Bárbara una mecha.

LXX

Era la noche : de repente estalla
Fragoroso estampido, que conmueve
De la ciudad la sólida muralla,
Cual suele el huracan la paja leve.
Mudo terror las gentes avasalla:
Baja ansioso á la costa quien se atreve;
Maclean baja, y allí terrible escena
De espanto y de pavor sus almas llena.

LXXI

El punto donde anclaba la Florida ,
Presenta á guisa de tremenda roca,
Compuesta de humarada renegrida
Y espesa, que al zenit se eleva y toca.
En lo inferior, la llama comprimida
Del peso colosal que la sofoca,
Desciende, cual terrífica guedeja,
Y la faz de las olas la refleja.

LXXII

Que fué de Ines? Quizas sueño inocente
La mecia en risueñas ilusiones,
Cuando la trasladó golpe inclemente
Del sueño á las angelicas regiones.
Vagó pulverizada levemente
Su forma en agitadas conmociones
Por los aires, y al fin se precipita,
Y en su regazo el mar la deposita. (5)

ESCENA

DE

S TIEMPOS FEUDALES.

~≈ς≈~

« Mas amaba la tierra que non al Criador ;
Era de muchas guisas home revolvedor. »

BERCEO.

I

¡Qué sonoro era el nombre de vasallo,
Cuando al par del podenco y del caballo,
Y peor muchas vezes que uno y otro,
Nunca tan bien como á gallardo potro,
Lijero en caza y atrevido en guerra,
Se trataba al monarca de la tierra!
¡Qué grato era el escelso predominio,
Fundado en la violencia y esterminio,

Y nutrido con robo y con saqueo!
¡Con qué orgullo se alzaba, cual trofeo
De ilustre sangre, el complicado escudo,
En que la mano del artista rudo
Trazó leones, águilas y grifos,
Y otros inumerables logogrifos!
La voz *pueblo* era entonce idioma turco:
El que regaba con sudor el surco,
Donde nacer debiera blonda espiga,
No recompensa ya de su fatiga,
Sí propiedad de un hombre rico y bravo;
No era un hombre cual él, era un esclavo;
Era una escoria vil; era un insecto;
Era un producto bárbaro, imperfecto;
Una especie de máquina insensible,
De cuyas manos, ropa y comestible,
Placer, y holganza, y bienestar sin coto
Nacer debian, cual de cabra choto,
Para el ente alojado en el castillo.
Y cuidado con él! Horca y cuchillo,
Benéficos emblemas, colocados
En el lindero fiel de sus estados,
Anuncian la infalible recompensa
   De una soñada ofensa.

II

Mil vasallos, ó bien mil toscos brutos,
Rellenaban con diezmos y tributos,
Primicias y alcabalas, y otros pechos

Las arcas de Don Arias, cuyos hechos,
Que proclamó la fama y yo no tildo,
Pródigo galardona Hermenegildo,
Guerrero, santo y rei en una pieza.
Terrenos amplios, que en rural belleza,
Y en lujo vegetal, y en aura pura
Sobrepujan de Tempe la hermosura,
Las leyes obedecen de Don Árias.
Con linfas puras de corrientes varias
El Jarama espumoso fertiliza
Sus oteros y prados, y desliza
Con sonoro rumor sus aguas nobles
Por entre verdes sauces y altos robles.
Allí la madreselva y albo espino
Del tejo adusto y elegante pino
Hermosean los fustes y las copas,
Como se cubre de esplendentes ropas
Bajo rico dosel fiero tirano.
Vierte allí sus tesoros el verano,
Dando al trabajo galardon opimo,
Ya en grano rubio o pálido racimo;'
Y en la hondura que forman dos repechos,
Con la fachada al sur, se alzan los techos,
De donde imprime á sus vasallos susto
    El infanzon adusto.

III

Seis piés y tres pulgadas de estatura,
Carnuda y ancha faz, mirada dura,

Robusta espalda y gigantesco lomo,
Miembros de hierro y corazon de plomo,
Pasiones viles, miras temerarias,
Que no enfrena el deber; — tal es Don Árias.
Su código es la fuerza; su capricho
Móvil de sus acciones. Quien ha dicho
De Calígula, que era sangre y lodo,
Hizo al vivo el retrato de este godo.
La guerra es su elemento : cuando lidia,
Feliz está y gozoso, y se fastidia,
Cuando reina un monarca pio y manso.
¿ Qué es al guerrero insípido descanso,
Que no amenizan sangre, incendio y muerte?
Buena es la caza para el hombre inerte
Que se recrea en cuentos y romances.
Es verdad que sus riesgos y sus lances
Son de mas ardua lid nobles ejemplos.
Pero en la caza no se roban templos,
Ni se desfloran vírgenes, ni cunde
La sangre humana; ni la caza infunde
Rabia de asolacion y de ruina.
Tal era de Don Árias la doctrina.
La paz á su castillo lo destierra,
Y en sus calladas bóvedas se encierra,
Mustio, aburrido, solo con Ricardo,
Santísimo varon, monje bernardo,
Que desempeña obligaciones hartas :
Decirle misa y decorarle cartas.
Porque esta flor y nata de Castilla
　　　　No aprendió la cartilla.

IV

«Ricardo, ven acá; cuéntame un cuento.»
Ricardo entra en la sala, toma asiento,
Y empieza á referir con punto y coma
La gran entrada de san Pedro en Roma,
Montado en un trotero peregrino,
Y llevando las riendas Constantino.
Detras viene en cadenas el Diablo,
Y le han puesto los grillos de san Pablo,
Con lo que lanza una bufada bronca. —
Don Árias no lo escucha, sino ronca·
Dispierta cuando el monje humilde calla.
«¡Que no sepa inventar esta canalla
Cosa que me divierta! Ni un adarme
De ingenio tienen. Que he de hacer? Casarme.
Ocurrencia feliz! Con quién?» — «Estrella, »
Dice el fraile, «es lindísima doncella,
De sangre noble y de lucidas partes.»—
«Que es hoi?»—«Domingo.»—«Pues me caso el mártes.
Marcha al castillo de su padre, y dile
Lo que tu ingenio singular cavile,
Para que me conceda la muchacha.
La mula torda llevarás; despacha :
Y cuando me levante de la siesta,
         Me darás la respuesta.

V

Cual trasparente gota de rocío
Tímida luce en valladar sombrío,
Sobre el pétalo blando del capullo;
O cual escaso arroyo, que en murmullo
Voluptuoso orea la espesura
Donde se lanza su corriente pura;
Tal en sabrosa oscuridad Estrella
La vida pasa silenciosa Bella,
Cándida, pensativa, pudorosa,
De altiva aspiracion, alma fogosa,
Leve imaginacion y habla suave.
En su mirada placentera ó grave,
Que parece encerrar alto secreto,
No solo inspira amor, sino respeto.
Sus gracias, su inocencia y su ternura
Son el potente bálsamo que cura
Del padre la fatal melancolía.
Fué Don Alfonso poderoso un dia;
Fué terror de las huestes agarenas;
Y la sangre que fluye por sus venas,
Por las de Wamba y Recaredo fluye.
Mas hoi esquiva de sus puertas huye
Prosperidad, y pálido á sus ojos,
Alzándose en ruinas y despojos,
Pavoroso infortunio se presenta,
Y de su corazon el gozo ahuyenta.
Tal la dicha es fugaz y transitoria!

Las manos que arrancaron la victoria
Del musulman en afanosa guerra,
Hienden hoi las entrañas de la tierra.
La suerte aflige al hombre ; mas no abate
    La altivez del magnate.

VI

Cual era de temer, Ricardo torna
Con un *no* positivo ; y aunque adorna
Su triste narracion con largas frases,
Cual se desploma un monte por sus bases
Del terremoto al furibundo empeño,
Tal vió hundirse el orgullo de su dueño.
Calló el perverso, como el viento calla
En horrendo huracan, y luego estalla
Con renaciente rabia y predominio,
Y en ráfagas se lanza de esterminio.
A su voz imperiosa se congrega
La caterva feroz, que en la refriega
Sigue sus pasos y su ardor imita.
Otra vez á la marcha los concita ;
Y ellos al crímen y al furor apuestos,
Cual bandada de pájaros funestos
Que conduce un instinto sanguinario,
Siguen fieles al jefe temerario.
Qué espectáculo horrible ! A la inclemencia
Del invasor, en débil resistencia,
Se opone Don Alfonso con la ayuda
De sus fieles vasallos, gente ruda,

Y no á sangrienta lucha apercibida.

Exhausto de lidiar, casi sin vida,

Y sus vasallos rotos y deshechos,

Miéntras cunde la llama por los techos,

Donde Estrella infeliz tiembla afanosa,

Cede el padre á la mano poderosa

Que dobla su altivez cual leve paja,

Y se somete al hombre que lo ultraja.

Hija y padre caminan al castillo

    Del bárbaro caudillo.

VII

La escena de pavor, estrago y muerte

En turbulento gozo se convierte.

De perfumada cera enormes cirios,

Guirnaldas de claveles y de lirios,

Morisca alfombra y milanes brocado

Brillan pomposos en el rico estrado

Del victorioso robador. Al frente,

Debajo un trono de tisú luciente,

Don Árias aparece junto á Estrella:

Ebrio él de vino y de placer; mas ella,

Pálida, inmóvil, como estatua fria,

Que hermosea la etrusca galería.

Fijas en el vistoso pavimento

Sus miradas están: ni un leve aliento

De su oprimido corazon se exhala.

La estrepitosa música, la gala

De la alegre y festiva concurrencia ,

Son á sus ojos fúnebre sentencia,
Terrible anuncio de su fin temprano.
Sumido en honda pena el noble anciano,
La víctima contempla enternecido,
Y dirige á los cielos un gemido.
Los cielos, mas potentes que Don Arias,
  Oyeron sus plegarias.

VIII

¿Quién es el reverendo personaje
Que en la sala penetra ? Un tierno paje
Lo precede gritando : « Dad permiso
Al astrólogo armenio, cuyo aviso
No despreciaron coronadas testas.
Recibid humildosos las respuestas,
Que como dulce miel vierte su labio.
De la esfera conoce y astrolabio
Los profundos secretos ; y los signos
Ora gratos al hombre ó bien malignos,
Ora ventura anuncien ó desgracia,
Ceden á su sublime perspicazia. »
Callan todos, y admiran : la presencia
Del hombre grande inspira reverencia
Negro ropon lo cubre, y negra toca
Su frente ciñe ; por mejilla y boca
Se esparcen ondas de nevosas canas,
Cual de diciembre en frígidas mañanas
Cuelga del ramo de copada encina
De albo hielo la pompa peregrina.

A Don Árias con grave andar se acerca ;
Y el alma endurecida, ruda y terca
Del perverso, cual ave fascinada,
Queda por alto influjo encadenada.
Estrella en tanto mira, y no comprende
La secreta delicia que se estiende,
Cual linfa pura en arenal tostado,

      Por su seno agitado.

IX

Párase en frente de Don Árias, serio,
Mas no iracundo, el hombre de misterio ,
Y vacilando entre respeto y duda,
Don Árias balbuciente lo saluda.
« Hablád, » le dice al cabo, « y de la esfera
Los giros consultád y la carrera,
Para que en su brillar se patentize
De este enlaze el horóscopo felize. » —
« Ántes se enlazarán tigres sedientos, »
Tales fueron del sabio los acentos,
« Con tímidas ovejas, que tu mano
Con la de esa infeliz.... »—«Felon villano, »
Clama el impío, y el terrible acero
Va á empuñar.—Era tarde ; más lijero
Que su ademan, el sabio lo comprime,
Y mientra el criminal de rabia gime,
Luchando en vano contra el brazo fuerte
Que lo subyuga como masa inerte,
Uno de sus vasallos, que la injuria

No olvida de su honor, con ciega furia
Que en su mirada horrendo ardor despide,
   El seno le divide.

X

Alto clamor de júbilo resuena
Por la ancha sala, rota la cadena
De aquel aborrecido vasallaje;
Y miéntras, el astrólogo del traje
Mentido y de las barbas se despoja,
Y á Estrella mira y á sus piés se arroja.
Quién era? Etiel su primo, el compañero
De su infancia, que en curso placentero
Se deslizó y caricias inocentes:
El que de los ilustres ascendientes
Siguió las huellas en reñida hazaña.
Llegó triunfante de region estraña,
Y al buscar la mansion de su querida,
La vió en rotos fragmentos convertida.
Alas prestóle amor; voló en defensa
De la que adora, y noble recompensa
Galardona por fin su accion gloriosa
   En coyunda amorosa.

ZAFADOLA.

***

« Síguese que los imperios
Y reinados
No son, no, desaforrados
De lacerios. »

GÓMEZ MANRIQUE.

ADVERTENCIA.

La historia de Zafadola, rei de Rueda, es uno de los episo-
dios mas curiosos de la *Crónica del emperador Alfonso VII*,
obra escrita en latin macarrónico; pero llena de preciosidades
históricas, de anécdotas interesantes y de rasgos eminente-
mente característicos de las costumbres é ideas dominantes en
aquellos remotos tiempos. Los asuntos de las dos siguientes
Leyendas se han sacado de aquel precioso monumento histórico, malamente descuidado, como otros muchos de los de
nuestra literatura antigua, por los escritores de las épocas siguientes.

I

No el territorio inmenso, no es el brillo
De la esplendente pompa, ni el cuchillo
Siempre amenazador, lo que afianza,
Ni hace estable el poder. La bienandanza,
La paz, la dicha, la segura y fuerte
Proteccion, con que ampara al vulgo inerte
Mano piadosa y firme ; y, mas que todo,
Calor suave, que en humilde lodo

Brotar hace la flor amable y pura ;
Beneficencia, madre de ventura,
Fuente de amor y de placer, en eso
Consiste su vigor. Nunca el esceso
De irresistible autoridad arranca
Bendiciones al mísero, cual franca
Y activa la bondad, cuando desciende
De la alta cumbre, y al humilde tiende,
De orgullo esenta, el ala protectora.

Bajo el imperio de la raza mora,
Ya terminado el bárbaro esterminio
De la invasion, partieron el dominio
Cien reyezuelos, que con fuerte espada
Subieron á los tronos de la nada.
Los unos buenos y los otros malos,
Cual sucede entre rusos y entre galos,
Y donde quiera que uno se engrandece
A costa de la turba que obedece.
Feliz nacion, si de un Neron escapa !
Rueda, que apénas hoi luce en el mapa,
Y que solo al producto de su cepa
Debe que algun mortal su nombre sepa,
Fué en otro tiempo corte de un caudillo,
Sugeto racional, hombre sencillo,
Y en siglo como aquel, raro en su clase ;
Cuyo gobierno se apoyó en la base
De dar á cada cual lo que pedia,
Si el propio bienestar no se ofendia.
Parece fácil máxima, y lo fuera,

Si su oficio el que manda conociera ;
Mas no es así Negar, ponerse serio,
Gesticular con aire de misterio,
Y ver en cada ruego una asechanza ;
Tal es la ciencia del poder. No alcanza
Mi cortedad arcano tan profundo.
Que viva cada cual en este mundo
Segun le guste mas, segun le cuadre,
Con tal que no me muerda, ni me ladre,
Ni me sirva de estorbo en el camino,
¿ No es un bien para todos ? El mezquino,
Que solamente por dañar nos daña,
¿ Sera mas que una estúpida alimaña ?

    Zafadola (que así apellidan todos
Los escritores árabes y godos
Al rei de quien hablamos) no era de esos
Jefes erguidos, inflexibles, tiesos,
Que tienen por desdoro la sonrisa,
Y que, para ponerse una camisa,
Llaman al mayordomo de semana.
Aunque fiel á la secta musulmana,
No castigaba cual mortal insulto
Que cada cual se abandonase al culto
De su eleccion. Cristianos y judíos,
Sin ser encarcelados por impíos,
Ni temer ya la hoguera, ya la soga,
Uno en iglesia y otro en sinagoga,
Adoraban en paz al Infinito
Con himno vario y con diverso rito.

No hubo alguacil en Rueda, ni escribano :
Él, á la puerta del lugar, temprano,
Cada dia fijaba su pretorio,
Y sin papel sellado ó repertorio,
Con provecta intencion y ánimo puro,
Sacaba al litigante de su apuro.
Si álguien en el tributo se atrasaba,
Él por la puerta sin llamar entraba,
Y, «Hombre,» decia, «¿juzgas tú que pueda,
Si no me pagan, gobernar á Rueda?
Paga con dos mil santos, si no quieres
Que salgan á la plaza tus enseres.»
Y si el contribuyente respondia
Que estaba miserable, y no tenia
Trigo en granero, ni dinero en arca,
Sonriendo apacible el buen monarca,
«Pues bien, aunque no está mui rico el trono,»
Le decia, «esta vez te lo perdono.
Pero si no me guardas el secreto,
Quince dias de cárcel te prometo.»
Su gusto principal (y era buen gusto)
Fué siempre alijerar el peso injusto,
La torpe humillacion, la dura carga,
Que á la clase infeliz la vida amarga;
Del magnate opresor la altivez fiera
Doblar con fallo pronto y lei severa,
Y desterrar la frase *privilegio*,
Como cosa de magia ó sortilegio.
«No señores,» decia, «no mas frases :
De las categorías y las clases

Debemos olvidar hasta los nombres :
Todos nacemos unos , todos hombres.
La Providencia bienhechora y sabia
Dictó esta regla á la feliz Arabia :
Que allí se heredan reses y ganados,
No títulos, derechos ni dictados.
Quien del comun nivel salir pretenda,
Deje á su actividad libre la rienda,
Trabaje, pene, agote el tiempo, sude ;
Verá cuán pronto la opinion acude,
Y en torno de él levanta aplauso y grito.
¿ De qué sirve á los godos el prurito
De fijar en exóticos blasones
Barras y cruzes, tigres y dragones,
De raza antigua la gloriosa escena ?
Esa gloria no es propia, que es ajena :
El que quisiere gloria, que la gane.
Fuerza es que de este mal mi reino sane,
Si hemos de ser amigos. » Por supuesto,
Con este sabio y liberal repuesto
De máximas y leyes, conseguia
Fijar la paz, el órden, la alegría
En sus estados ricos, aunque cortos.
Los cristianos estaban medio absortos,
Viendo en un moro tales procederes.
Moros, cristianos, hombres y mujeres
En paz gozaban plácida ventura :
Tanto, que un sabio y respetable cura
Subió al púlpito, y dijo : « No seamos
Ingratos á los bienes que gozamos :

Bendigamos las manos que protegen. »
Y se puso á cantar : *Salvum fac regem.*

   Como al raudal tranquilo que la vega
Con blanda espuma cariñoso riega,
Juguetón, trasparente y cristalino,
Fuerte borrasca en el peñon vecino
La turbonada lóbrega prepara,
Que en cieno va á tornar su linfa clara ;
Tal al felize límite de Rueda
De la Fortuna la inconstante rueda
De léjos apercibe, cual si exhausta
Fuera de bienes, turbacion infausta,
Que va á cubrir de llantos su recinto ;
Terror, fugas y azares, laberinto
De infortunios, penoso y sanguinario ;
De la ambicion forzoso corolario .

                II

Sonaron en la corte de Marruécos,
Cual poderoso estímulo, los ecos
Que lanzaba en España la morisma
Victoriosa y feliz ; y como el prisma
Hermosea los rayos que divide,
Tal la ambicion del jefe que preside
Las marroquíes turbas, con la fama
De conquista tan célebre se inflama.
Dominaba allí entónces la caterva
De los ferozes mohabitas, sierva,

Mas que vasalla, de un atroz caudillo,
Cuya legislacion era el cuchillo;
Cuyas órdenes raudas y crueles
Ponian en accion cien mil infieles.
Era Halí el nombre de esta fiera, y como
Raudal que vierte de su escelso domo
Atlas nevado, embravecido fluye,
Y selva y roca en su correr destruye;
Tal el capricho atroz del mohabita
Sin estorbo se lanza y precipita,
Y toda inútil resistencia acalla.
« Ya dobló el cuello la íbera canalla, »
Dijo, « al Koran, y de ventura lleno,
Domina en toda España el agareno.
¿ Y dejaremos que á sus anchas goze
Solo tan rica presa, y que destroze,
Dueño feliz, con imperiosa diestra
La que podria ser víctima nuestra?
No será. Derroquemos esa silla,
Que esplendorosa nos insulta y brilla
Sin rival. De los límites estrechos
Del África salgamos, y deshechos
Caigan á nuestros piés, y en polvo hundidos,
Los que por ciego azar favorecidos,
Tiñen en sangre hispana sus laureles. »
Dijo, y surcan las aguas cien bajeles.
Recíbelos Iberia, como el lago
Al destructor torrente, y fiero estrago
Marca sus huellas, desde el mar de Alcídes
Hasta Toledo, y en horrendas lides

De hermanos con hermanos hierve Iberia,
Y cunden la desdicha y la miseria.

Zafadola entre tanto reflexiona
Que no está mui segura su corona,
Cuando unas mas altivas y potentes
Pasaron de unas frentes á otras frentes.
Ya el invasor á Rueda se aproxima;
¿ Y cómo podrá ser que lo reprima
Con poca hueste y con exiguas arcas,
Cuando no resistieron los monarcas
De Toledo, de Córdova y Sevilla ?
Para que no lo cubra esta mancilla
Y mantener su dignidad suprema,
Echa mano de rara estratagema.
En el divan convoca á sus mujeres, (6)
Magistrados, caudillos y proceres,
Alcaides, y santones, y alfaquíes,
Alférezes, imanes y cadíes;
Y despues de pintar breve y sucinto
Los males que amenazan el recinto
Donde él impera, dice : ''Lo que importa,
Es salir á la larga ó á la corta,
Por fas ó néfas de este mal horrendo ;
Es agarrarse de un carbon ardiendo ;
Es, si largo mi reino, pillar otro,
Aunque se cambie un asno por un potro.
Ahora veréis si yo sé urdir la trama.
Reina Alfonso en Leon, de quien la fama
Cuenta las mas estrañas maravillas:

Jamas hubo un guerrero en las Castillas
Mas activo, mas bravo, mas astuto.
Él no se va á las ramas, sino al fruto,
Ni adolece de adusta intolerancia ,
Mal que del godo á la gavilla rancia
Cual contagioso vírus inficiona.
De rígido cristiano no blasona,
Ni condena severo nuestro rito ;
Ni la poligamía es un delito
Que alarma su conciencia generosa, (7)
Puesto que á mas de la legal esposa,
Dicen que tiene esposas ilegales.
Estas ya veis que son buenas señales.
Tentémosle la ropa, si os parece ;
Porque si el invasor sigue en sus trece,
Y no hai quien ponga á sus progresos muro,
No es probable que Alfonso esté seguro ;
Ni si ve que á su ausilio fácil corro,
Que desprecie soberbio mi socorro.
Qué decís de mi plan? " — " Que es escelente,"
Responden; y el monarca diligente
Dispone una magnifica embajada.

Dióle Alfonso en Leon soberbia entrada,
Pues en tiempos tan crudos y tan malos,
Recibir grandes cestos de regalos
Y ofrecimientos de amistad sin coto,
No era cosa de echar en saco roto.
Pronunció el diplomático su arenga,
Y el buen Alfonso le responde : " Venga

Cuando guste mi amigo Zafadola,

Y verá si mi afecto se acrisola,

Y con servicios útiles se arraiga.

Esta casa es mui suya. Venga y traiga

Sus mujeres, con tal que así le cuadre

(Supongo que serán ciento y la madre):

Venga á pasar aquí dichosa vida;

Que no le faltará casa y comida,

Para su majestad, socias y socios."

El activo encargado de negocios,

Gozoso de llevar tan buen despacho,

Hizo el zala-melec; montó en un macho,

Y atrevesando rio, llano y cuesta,

Entregó á los seis dias la respuesta.

III.

Alfonso, el que al rei moro prestó asilo,

Era un rei singular, por otro estilo.

De manos de su madre Doña Urraca,

Gruesa de cuerpo, aunque de mente flaca,

Recibe un cetro carcomido y roto:

Siendo escena de vicios y alboroto

Leon, y de disturbios y pobreza,

Miéntras estuvo Urraca á su cabeza.

Alfonso quiso enderezar el carro;

Y sin temor de fiebre ó de catarro,

Trepando montes y pasando rios,

De cien rebeldes sometió los brios;

Quitó al rei de Aragon provincias bellas

Que atrevido usurpó; fijó las huellas
En las soberbias barras, y seguro
Dentro del reino, como en alto muro,
Pensó en cortar los vuelos al mohabita,
Y hacerle en su region una visita.
De Zafadola la cortés oferta
Abrió á sus intenciones ancha puerta.
Recibiólo en magnífico aparato;
Mandó que se le hiciese el mismo trato
Que á su persona, dióle treinta villas
Del Duero en las espléndidas orillas;
Partió con él su trono, y en palacio (8)
Le reservó cortés un gran espacio,
Do tuviese el serrallo y la mezquita.
Siempre del rei la corte el uso imita:
Su voluntad ó su aficion es norma,
A que dócil la turba se conforma.
Zafadola en Leon era el capricho
De todo palaciego insecto ó bicho.
Se esmeraban marqueses y barones
En darle francachelas y funciones;
Llevábanlo á cazar zorras y liebres;
Y en tanto él despoblaba sus pesebres
(Por no quedarse atras en bizarría)
De los troteros que la Arabia cria,
En premio de tan nobles homenajes.

Uno solo entre aquellos personajes
Desde el principio lo miró sañudo.
Era un cierto Farfan, de temple crudo,

Cejijunto, callado, frio y torvo.

Uno de esos nacido para estorbo

De la familia humana; repulsivo

De gesto y de mirar; no tan altivo

Como amenazador; no tan severo

Como despreciador del mundo entero;

Cuya ojeada silenciosa y dura,

Revela una intencion secreta, oscura,

Que ninguno adivina y todos temen.

¡Y es dable que en amor tambien se quemen

Esos pechos de mármol, y que atize

Su llama en tanta nieve, y martirize

Cual mansa oveja al tigre sanguinoso!

Farfan cayó en la red, perdió el reposo,

Y uniéndose el amor á índole fiera,

Quiso que Zafadola lo perdiera:

Así el maligno al inocente inmola.

La perla del harem de Zafadola,

Saled, mora graciosa y vivaracha,

De bellas formas y de linda facha,

Morena, bien armada, algo rolliza,

De Farfan las potencias esclaviza.

Del serrallo la tétrica clausura

No era en España tan severa y dura

Como en Bagdad; y entónces mucho ménos,

Pues no era dable en límites ajenos

Disponer, cual si fuera en propia casa.

El rei, de conocida buena masa,

Dejaba que tomasen sus mujeres

Parte en las diversiones y placeres.

Farfan, en una de estas ocasiones,
Dejando campo libre á sus pasiones,
Se aproximó á la bella; le habló claro;
Y viéndola algo indócil, sin reparo
Se dejó atras la raya del decoro,
Allí á vista y paciencia del rei moro:
El cual era indulgente; mas no tanto.
La beldad ofendida soltó el llanto,
Y el rei sin alboroto y sin despecho,
Dijo en voz baja al ofensor: "Mal hecho:
No sabes que una esposa es propia alhaja?
Quien ultraja á Saled, mi honor ultraja.
Qué! ¿ tenéis por costumbre los cristianos
Hablar á las mujeres con las manos? »
El cristiano, mordiendo sus enojos,
Lo mira adusto con rugados ojos,
Y le vuelve la espalda, prometiendo
Vengar su deshonor de un modo horrendo.

IV

Ya la bandera de Leon tremola
Sobre el muro de Rueda, y Zafadola,
Con ventajoso cambio satisfecho,
Cede á Leon su trono y su derecho.
Si ganó ó perdió Rueda en el contrato,
No lo dice la historia, ni yo trato
De resolver problema tan oscuro.
Un hecho solo tengo por seguro,
Y es que se vieron en aquellos dias

Campos sin cultivar, casas vacías;
Y que en lugar de herreros y albañiles
Llenóse de abogados, ministriles
Y escribas la ciudad; de sacristanes,
Curas, monjas, priores, capellanes
Se vieron acudir nubes espesas.
Se acabaron las útiles empresas
Del comercio y la industria, y en rincones
Quedaron los telares. Procesiones,
Novenas y otras ceremonias pias
Ocupaban las noches y los dias;
En lugar del afan y del susurro
De la activa labor (segun discurro,
Grato indicio que holgura y paz promete)
No se escuchaba mas que el sonsonete
De plática, y antífona, y responso.

Mas ya era tiempo de que alzase Alfonso
Grito amenazador, pues las cuadrillas
Invasoras poblaban las orillas
Del Tajo, del Pisuergua y del Jarama.
Noble y valiente ardor su pecho inflama:
Su actividad, cual onda cristalina
Que desciende del monte á la colina,
Y huerto, y prado, y bosque, y llano riega,
Incansable y fecunda se despliega.
Su genio da al trabajo noble empuje:
Ora en el yunque, ora en la fragua cruje
Dócil el hierro, y se adelgaza ó tuerce.
La entusiasmada juventud se ejerce

Desde el alba en el llano polvoroso;
Miéntras acuden en raudal copioso
Pingües riquezas á las hondas cajas.

Intentos viles y pasiones bajas,
Que en ambiciosos ánimos se encienden,
Los altos planes del honor suspenden.
Manda el rei que los grandes y barones,
Reunan en Atienza sus pendones,
Donde él sus fuerzas congregar debia;
Y entónces la perversa rebeldía,
Soltando el freno á su designio injusto,
La voz desoye del señor augusto.
No fué la plebe, no, modesta y parca,
La que negó servicios al monarca:
Los que activaron el impuro fómes,
Eran duques, marqueses, ricos-homes.

Que enardecido un pueblo se levante,
Porque llegó á su término el aguante
Con que sufrió diez siglos de injusticia;
Que abuse cautelosa la malicia
De aquel primer impulso, y que lo arrastre
Al homicidio, al robo y al desastre,
Y que de males oceano horrendo
La sociedad inunde;—ya lo entiendo ·
La nacion mas rendida, dulce y mansa,
De padecer y de gemir se causa.
Cuando llega el cansancio a cierto punto,
El sanguinario y bárbaro conjunto

De opresiones, y robos, y miserias,
Que secaron las lánguidas arterias
Del pueblo, con poética energía
Se ofrece á su exaltada fantasía.
Harto de humillacion y vilipendio,
Brota en sus masas el voraz incendio
De indignacion frenética y venganza,
Y con rabiosa ceguedad se lanza,
Cual onza hambrienta, al crímen y al destrozo.
Sus manos baña con impuro gozo
Quizá en sangre inocente; se recrea
Feroz en el suplicio, y la tarea
De despojo, de muerte y ostracismo
No es inhumanidad, que es patriotismo.
En la crísis fatal callan ó mueren
Razon, piedad, filosofía : hieren
El cielo los dolientes alaridos
De los sacrificados y oprimidos,
Miéntras que la sangrienta y cruda masa
Por recriminacion corta y escasa
Tiene aquella esplosion que la enajena,
Recordando la bárbara cadena,
Cuyas lívidas y hondas cicatrizes
Recientes aun están en sus cervizes.
El filósofo esplica fácilmente
La causa de este mal. La lei potente
De la incesante reaccion que agita
De los orbes la máquina infinita,
Comprende al ser humano; y quien recarga
Tanto sus fuerzas que su aliento embarga,

Su orgullo dobla y su esperanza ciega,
Ya sabe que el fatal término llega,
Donde en ferozes, aunque breves luchas,
Una generacion venga otras muchas.

Pero los que del trono participan
El banquete magnífico, y disipan
Debajo de su sombra y á su amparo
Sudor que al infeliz cuesta tan caro,
¿ Por qué dirigen su rebelde encono
A ese mismo poder, que desde el trono
Sus arcas hinche y su vigor sostiene ?
Que ! ¿ No tiene bastante, cuando tiene
Feliz magnate rentas abundosas,
Poder, lustre, dominio y otras cosas ?
Pues tal fué la nobleza en otros dias,
Cuando las encumbradas dinastías,
O compraban del noble el pupilaje,
O gemian en polvo y en ultraje.

No es mas precaria la abatida suerte
Del esclavo infeliz, victima inerte,
Sometida al capricho de un verdugo,
Que la de un soberano, puesto al yugo
De envanecida y fiera aristocracia.
Jamas de su ambicion el hueco sacia
La prodigalidad culpable y ciega
Del rei, que á su poder blando se entrega.
Piensan que el cetro es nada sin su apoyo,
Y como de un arroyo y otro arroyo

Forma el Niagara su potente espuma,
Ven en el trono y su poder la suma
Del poder que ellos deben al acaso.
Estorban entre el rei y el pueblo el paso,
Y á vezes uno solo los delitos
Paga de ancho tropel de parasitos.

V

Alfonso dijo un dia á Zafadola :
« No puedes ignorar la batahola
Que anda en Leon : ni juzgues que la plebe
Deja de comportarse como debe.
Del pobre no hai que hablar : lo sacrifico,
Y se calla la boca; pero el rico
Mas apetece, miéntras mas engorda.
Ya no es posible hacer la vista gorda :
Farfan con otros diez malas cabezas
Ocupan importantes fortalezas.
Yo mañana saldré contra Gonzalo,
Que es el mas poderoso y el mas malo :
Tú de Farfan te encarga, y dále un susto. »
El moro respondió : « Con mucho gusto. »
Y de hueste moruna y española
Forma una buena masa Zafadola,
Y sale á combatir á aquel perverso,
Que en torre colocada en el reverso
De peñascosa y alta serranía,
La cólera de Alfonso desafía.
Sanguinoso fué el sitio, pero breve;

Pues aunque exasperado aquel aleve,
Viendo al rival feliz batir su muro,
Sostuvo con teson el lance duro ;
El incansable sitiador lo estrecha,
Y á las pocas semanas por la brecha
Con su aguerrida tropa se introduce,
Y la humillada guarnicion reduce.
No fué ménos feliz en su campaña
Su gran amigo Alfonso, y, cosa estraña!
El mismo dia entraron en la corte,
Por el sur uno y otro por el norte.
Farfan encadenado y conducido
Por Zafadola, al rei besó el vestido.
El moro deja al rei con su vasallo,
Y va á dar una vuelta á su serrallo.
Pero á los cuatro dias de repente
Sale de su prision el delincuente,
No solo perdonado, sino amigo;
No solo sin rezelo de castigo,
Pero colmado de bondad y dones,
Y otra vez alistado en los pendones
Que su conducta vil cubrió de cieno.
Entónces dijo á Alfonso el agareno :
« No me meto en camisa de once varas ;
Pero estói viendo aquí cosas mui raras.
¡ Con que al traidor que ofende tu corona,
Con generosidad se galardona,
Cubriéndolo de honores y riqueza,
En lugar de cortarle la cabeza !
Entre nosotros reina otra costumbre :

El Koran recomienda mansedumbre ;

Mas no que al delincuente el justo halague,

Pues dice : *Quien tal hizo, que tal pague :*

Precepto lleno de inmortal pericia.

Porque no nos cansémos, la justicia

No es mezquina invencion del ser humano :

Trazó sus leyes la potente mano,

Que separó la luz de la tiniebla

Y de esplendores los espacios puebla.

Quién eres tú para turbar sus leyes ?

Gusanos son ante su faz los reyes,

Como dice el Koran ; *ceniza el trono.*

No nacen mis consejos del encono,

Ni pienses que á Farfan odio ni envidio.

Pero tú ya bostezas del fastidio

Que ocasionan en ti tantas arengas :

Pues, hijo mio, allá te las avengas. »

VI

Es la locomocion una de aquellas

Cualidades, mui nobles y mui bellas,

Segun las circunstancias y personas.

Si al verso, por ejemplo, te aficionas,

¿ Cuál ha de ser el estro que te arrulle,

Convertido en perpetuo bulle-bulle ?

¿ Cómo será filósofo el que pasa

Todo el dia de Dios fuera de casa,

Evaporando el jugo de la mente

En giro vago y charla impertinente ?

Los filósofos pues y los poetas
Deben tener sus facultades quietas.
En los reyes la cosa es mui distinta :
La adulacion ó el interes les pinta
Lo que existe con pérfidos colores:
La espina cubre de agradables flores ;
El mal y el bien aumenta y disminuye,
Segun lo que á sus miras contribuye,
Y así de nuestra especie los separa,
Y su ruina y destruccion prepara.
Si el rei no ve la cosa por sus ojos,
Se espone á mil engaños y sonrojos.

Bien conocia Alfonso lo que vale
Rei que anda, y corre, y vuela, y entra, y sale.
Ver y creer — tal era su divisa.
Ni hubo rei que anduviera mas aprisa,
Ni quitase la vida á mas caballos.
En todas sus provincias los vasallos
Lo estaban aguardando por momentos ;
Y sus acelerados movimientos
(Cosa no vista en gentes de su clase)
No daban tiempo á que en el reino entrase
La desidia que infesta las regiones,
Donde son desidiosos los mandones.

« Sús, » dijo Alfonso; « la afligida España
Nuestra inaccion y negligencia estraña.
Vamos á libertarla de esos perros,
Que doblan su cerviz con duros hierros. »

Con esta elocuentísima proclama
De su gente los ánimos inflama ;
El estandarte vencedor tremola,
Y puesto á su derecha Zafadola,
Con paso acelerado y gran denuedo
Se aproxima á los muros de Toledo.

Torrentes, rayos, vientos, terremotos,
Que estáis desde los siglos mas remotos
Sirviendo á los poetas mazorrales,
Cuando pintan las furias y los males
De guerra, de invasion y de conquista,
Quitáos por ahora de mi vista.
Torrentes, vientos, terremotos, rayos,
¿ Qué serán sino débiles ensayos
Al lado del destrozo y la ruina,
Que vierte Alfonso por do quier camina ?
Su hueste pulveriza y desmorona
Los muros de Jaen, y de Carmona,
Y de Murcia, y de Córdova, y Sevilla.
De ferazes cosechas ni semilla
Ni rastro deja, ni aun inútil paja:
De la alta cima á la llanura baja
La sangre cunde y el incendio vuela,
Y de la muerte el soplo frio hiela
Los resortes vitales, en la anchura
Donde sus bienes prodigó natura.
El mohabita que con vida escapa,
En sierra escabrosísima que tapa
Selvática espesura, se guarece ;

Miéntras que en negros humos desparece

El alcázar, la torre y la mezquita.

No á Zafadola el zelo debilita,

Para ayudar á la horrorosa empresa,

Del Koran la doctrina que profesa.

De fiel al rito muselin blasona ;

Pero entre su creencia y la corona,

A la corona da la preferencia,

Y el segundo lugar á su creencia.

Lo mismo hizo el famoso Enrique cuarto ;

Y ¿ quién no está de sus elogios harto ?

Lo mismo! No : que anduvo mas aprisa—

Vendió su capital por una misa.

VII

Despues de estos destrozos inhumanos,

Alfonso refregándose las manos,

Dijo : « Ya despaché en Andalucía ;

Ahora le toca á Portugal; y el dia

Que allí tambien despache, daré un brinco.

Y sabrá el de Aragon cuántas son cinco.

Tú, Zafadola, aqui mandando queda :

Andalucía vale mas que Rueda.

Tropas te dejo moras y cristianas :

Miéntras someto yo tierras lejanas,

Tú de estas posesiones saca fruto.

Si te va bien, me pagarás tributo,

Y si no, tan amigos como ántes. »

Dijo Alfonso, y poniéndose los guantes.

El aguijon aplica al potro bayo,
Y desparece mas veloz que el rayo.

  Creyendo Zafadola estar en Rueda
(Porque no es dable que mudarse pueda
De temple natural activo brote),
La blanda oliva empuña, y no el azote;
Y el resultado fué, que en cuatro meses
Los males, los trastornos, los reveses
Que el desórden produce y la anarquía,
Inundaron su pobre monarquía.
Siguió á su yerro el escarmiento raudo.
No al despotismo aterrador aplaudo,
Cual la plebe servil, que ve en el trono
La imágen del Eterno; ni perdono
La corrupcion del pérfido sofista,
Alquilado al poder, para que vista
Con frases elegantes y sonoras
El horror de sus miras destructoras :
Pero tampoco apruebo la blandura
Criminal, que á los malos asegura
Paz y reposo en vez de hierro y palos.
Ai del que capitula con los malos !
Gran cosa es la piedad : mui santa y buena;
Mas no cuando á su sombra desenfrena
La impunidad al crímen y lo adula,
Y miéntras sus esfuerzos estimula,
Prepara al hombre honrado negro abismo.

  Y de la libertad digo lo mismo :

Llámese libertad, ó como quiera,

Se engaña quien la elogia ó vitupera,

Si ignora á quién se aplica y en qué caso. (9)

Supongo que frenético traspaso

La lei humana y la divina, y huello

Los derechos mas santos, y atropello

Justicia, honor, virtud, y los destrozo.

Me lleva un ministril al calabozo,

Y allí sin libertad y luz me tiene.

Supongo que á mi ausilio luego viene

Mano amiga, y me dicen : « Salte fuera :

Ya tienes libertad. »—Diga cualquiera

Si tal nombre en tal caso significa

La noble cualidad que dignifica,

Consolida y ensancha la ventura

Del fiero hijo del Támesis ; la pura,

Radiante antorcha que en Westmínster luce.

Una misma palabra se traduce

De cien modos segun la circunstancia :

Yo á las vozes prefiero la sustancia.

No importa que me clamen : « Eres libre ;

Constitucion ya tienes que equilibre

Los poderes. » Palabras, frases, humo.

Con todo ese aparato, yo me abrumo,

Y otros gozan : yo sufro, y ellos rien.

En escribir y en perorar se engríen

Los que entroniza la opinion por sabios.

Bien trabaja la pluma, y bien los labios ;

Pero en la vida oscura y retirada,

¿Qué bien se sigue de esta bulla?—Nada.

Una Constitucion es un folleto :
No es mas, si no me saca de un aprieto.
Y si me pone en otros, y si amarga
Mi mísera existencia, y si la carga
Que llevo á cuestas, dobla; y si perturba
La dicha de mi hogar, y si á la turba
Sucia, ignorante, descarada y ciega,
Mi honor, mi dicha y mi ventura entrega,
Y una nacion entera gime y llora ;—
No es folleto , es la caja de Pandora.

VIII

Creyendo pues el moro que podria
Con el perdon, la paz y la amnistía
Tranquilizar los pueblos de su mando,
Con caja y añafil publica un bando,
Que autoriza á rebeldes y malsines
A vivir sin temor en sus confines.
El manto del olvido, por supuesto,
Hacia gran papel en el contesto
De la pieza oficial (frase esquisita,
Que desde Galia nos llegó fresquita,
Y por venir de Galia y de su corte,
Le dió la Cobachuela pasaporte),
Y este manto cubrió con sus remiendos
Los delitos mas torpes y tremendos.
Vinieron en tropel los criminales,
Que ocultos en espesos matorrales
Estaban aguardando su esterminio.

Recobraron su añejo predominio
La corrupcion, la intriga, el desacato ;
Y sin disfraz, sin miedo y sin recato
Dejaron sus cavernas y garitas,
Preñados de ambicion los mohabitas.
Comenzaron en grande los trastornos :
Hoi en Benameji, mañana en Bornos
Se enarbola el pendon del descontento :
Los malos se reunen ciento á ciento,
Y despues mil á mil. El buen monarca
Vuela de una comarca a otra comarca,
Y cuando en una el daño se apacigua,
Retoña en otra la raiz antigua
Ya su tropa no puede darle abasto,
Y en vano corre de su imperio vasto,
Sin respirar, la estensa superficie.
Ya de sus indulgencias y molicie
Reconoce, aunque tarde, el agrio fruto
« Si yo la hubiera echado de absoluto,
Otro gallo sin duda me cantara, »
Solia repetir, y, cosa rara !
El que daba otra vez sabios consejos,
Cuando miraba al infortunio lejos,
Hora que el infortunio se avecina,
En el desliz que censuró, se obstina.
Zaladola, en conflicto tan amargo,
Al buen amigo Alfonso escribe largo,
Y la contestacion no fué tardia.
Alfonso un cuerpo formidable envia
De infantes y ginetes, todos bravos.

9

Pero los reyes son tambien esclavos
Del error, y un error cometió Alfonso,
Que no cometeria el mas intonso :
Ordena que Farfan el cuerpo mande.
Funesta distraccion de un hombre grande !

                            IX

Figúrese el sensato en tal contienda
Cómo estaria la real hacienda.
Ademas de que en tiempos tan infaustos
Estaban los bolsillos algo exhaustos,
Odiaba Zafadola los tributos
Directos é indirectos, pues « los frutos
De la industria,» decia, «son sagrados,
Y no quiero que giman mis estados
Bajo el yugo despótico del fisco.
Es forzoso tener pecho de risco,
Para gozarse en la desgracia ajena;
Y un trono es deleznable como arena,
Si en maldicion y en lágrimas se funda,
Y el odio de los pueblos lo circunda.»

Un sistema económico tan raro
Debia al fin y al postre salir caro.
Zafadola se hallaba en mil conflictos,
Tanto que su vasallos mas adictos
Decian entre sí: «Bueno es lo bueno;
Mas nadie sirve sin el pancho lleno,
Y no será posible que resistan

Nuestros brazos, quedándonos *per istam.*»
Y cuando los adictos dicen esto,
Qué otras cosazas no diria el resto!
Llegó en fin á tal cabo la penuria,
Que de la queja se pasó á la injuria;
De la injuria al motin y á la amenaza;
Y no encontrando Zafadola traza
De llenar, cual debia, tanto empeño,
Perdió la gana de comer y el sueño,
Y ganó la terciana y la ictericia.
Mas llega á la sazon á su noticia
Que de Farfan la hueste vencedora
Despojos opulentos atesora;
Que en Jaen, y Granada, y Antequera
Almacenó copiosa sementera
De oro, y plata, y brocados, y joyeles;
Y suponiendo á los caudillos fieles
A tan notorio y santo compromiso,
Da al perverso Farfan exacto aviso
Del estado infeliz en que se hallaba.
La mitad del botin le demandaba,
Como cosa debida al pacto estrecho
Que tiene con Alfonso. «En su provecho.»
Dice, «trabajo; justo es que me asista,
Si quiere asegurar esta conquista.»
A demanda tan simple y tan modesta
Pasan los dias sin llegar respuesta.
El moro determina ir en persona;
Y hallándose Farfan en Archidona,
Allí le sale Zafadola al paso.

Breve fué su discurso; pero al caso.

Y la contestacion aun fué mas breve,

Pues volviendo la espalda aquel aleve,

Ni aun se dignó decirle una palabra.

En un hombre de honor mas brecha labra

Que infortunio, desprecio. Zafadola,

Mas encendido ya que una amapola,

Por el brazo sañudo lo detiene,

Y con amarga voz le reconviene

Su falta de pudor y cortesía.

Semejante ocasion Farfan queria,

Para justificar negra venganza.

Entónces á la víctima se lanza,

Con un puñal el seno le destroza,

Y en sus dolores últimos se goza.

Cuando dieron á Alfonso la noticia,

Era mui de esperar que su justicia

Como trueno estallase, porque el more,

A mas de ser su amigo, fué un tesoro

De virtudes amables y sencillas.

Pero el dominador de las Castillas

Se jactaba de ser un buen cristiano.

La muerte de un infiel mahometano

Era cual la de un gato ó la de un perro,

«Poco habrá que gastar,» dijo, «en su entierro.» (10)

BATALLA DE FRAGA.

—⊶⊙⊷—

« Hast thou yet more blood to cast away? »

SHAKESPEARE.

I

Miéntras Alfonso sétimo inclemente
Las regiones aflige de poniente,
Otro Alfonso, no ménos arrogante,
Cubre de asolacion las de levante.
Es el Primero de Aragon tan fiero,
Tan audaz, tan activo, tan lijero,
Que solamente en una correría
Sale de Jaca y entra en Almería.
En un corral no puede haber dos gallos;

Y de los dos Alfonsos los vasallos,
Por seguir los caprichos de sus dueños,
Entraron en durísimos empeños.
Mas esta parte de su historia omito,
Porque no habiendo guerra sin delito,
O sinónimas siendo las dos vozes,
Las guerras mas impías, mas atrozes
Son las que mueven las sangrientas manos,
Cual aun se ve, de hermanos contra hermanos.
Duro es que el hombre se convierta en fiera;
Y solo por seguir otra bandera,
Al que nació cual él de padre y madre,
Con mano impía el corazon taladre.
Duro es que en el asedio ó la conquista
Los que no se conocen ni de vista,
En sangre ajena naden como en ola;
Mas que en acerba lid sangre española
Por española mano se derrame,
No solo es malo en sí, pero es infame
Borron que mancha gloria merecida.
No digo mas, que está fresca la herida.

II

De Alfonso á los esfuerzos y á la fama,
Como barrera sólida, Abengama,
Rei de Valencia y Murcia, que sustenta
Con honra los dos cargos, se presenta :
Moro de gran prudencia y cuerdo tino,
Pues ménos el acero damasquino,

Que la oliva pacifica, maneja.

Por él es dado á laboriosa reja

Surcar llanos desiertos, infecundos,

Ántes que de los cóncavos profundos

Saliese, por decreto de Abengama,

La corriente que de ellos se derrama,

Y forma de los páramos verjeles.

Más estimaba el moro los laureles,

A cuya sombra nace llena espiga

Y en cuya copa el ruiseñor se abriga,

Que los que al héroe ciñen cual culebra,

Y el ditirambo en torpe voz celebra;

Mas cosecha abundosa y ricos frutos,

Que de invadida raza los tributos;

Más, en fin, alquerías y telares,

Que himno de triunfo y pompas militares.

Lo saca empero Alfonso de su holgura

Con bárbara irrupcion, y aunque procura

Contrarestarlo el moro como puede,

Dos vezes derrotado el campo cede;

Dos vezes huye y se encastilla en Fraga,

Do vanamente el vencedor lo amaga

Con ballesta, y escala, y con ariete,

Y con tenaz impulso lo acomete.

Desde la escelsa torre y desde el muro

Con poca y brava hueste el rei seguro,

Su enojo burla y su furor rechaza.

Mas qué hace un rei metido en una plaza?

Si oficiosa amistad no lo socorre,

¿De qué pueden servirle muro y torre?

III

Ya en África circulan emisarios
Del estrechado moro ; y pueblos varios
De Tafilete, y Trípoli, y Marruécos
Hieren los aires con ruidosos ecos.
Congréganse en defensa del monarca
Los de Oran, los de Túnez, los de Barca ;
Hienden los puertos numerosas quillas,
Y cubren en tropeles las orillas
Cuarenta mil fogosos vengadores.
Allí los Tejufines y Almanzores,
Que ya mas de una vez con sus hazañas
Anegaron en lloro las Españas,
Las anchas cimitarras aperciben.
Suena la trompa bélica, y reciben
Las olas en su espalda turbulenta
La tropa que tan noble hazaña intenta.
Secreta fué en Valencia su llegada ;
Que Alfonso, cuya mente aletargada
Yace en descuido peligroso, olvida
Que no estaba la costa defendida.

IV

Sus reales adornan personajes
De varias lenguas y diversos trajes :
El obispo de Láscar, hombre fiero,
Devoto por demas, fiel consejero,

De dictámen resuelto y faz gazmoña;
Gaston el bearnes, que de Gascoña
Quiso, y no pudo defender la orilla
De tropa de Aragon y de Castilla;
Almerí de Narbona, á quien de Francia
Las puertas cierra inútil arrogancia
Con que del trono el ceño desafía;
Y Calvete de Sua, que confía
Mas en audaz impulso que en buen seso;
Y Fortunel de Fol, jóven travieso,
Y al par enamorado y libertino,
Que robó una princesa en el camino,
Y deshonrada la mandó á un convento,
Donde murió de rabia y sentimiento;
Raimundo del Talar, honor de Jaca;
Y Centul de Bigorra, que no saca
La espada, sin que invoquen sus deseos
A Eduvijis, la joya de Burdéos;
Y Miramon al fin, la flor mas pura
De la caballería, en hermosura
Sin rival, pues es fama que cautiva
Con su mirar la dama mas altiva;
Y sin rival en brio y en pujanza,
Ya en combate de estoque, ya de lanza:
Sus trovas ademas, de gracia llenas,
Repiten en sus márgenes amenas
El Duranza y el Júcar. Favorito
De Alfonso y otros reyes, y esquisito
Modelo de guerrero cortesano:
Caballero frances y héroe cristiano.

Con esta turba espléndida y florida,
Mui mas holgada entónces que aguerrida,
Prolonga Alfonso el obstinado asedio;
Y de tan larga operacion el tedio,
Cuyo próximo fin no se anticipa,
En banquetes espléndidos disipa.
Burlar quiere el empeño de los moros,
Incauto prodigando sus tesoros
En frutas raras y costosos vinos,
Y aves, y otros manjares peregrinos.
Solo sus gozes interrumpe á vezes,
Cuando dirige al cielo humildes preces,
De hinojos ante el arca misteriosa (11)
Que regaló el pontífice á su esposa.
Reliquia santa se custodia en ella,
Y con cada diamante como estrella,
Bien esculpida caja de oro fino
Guarda la alhaja que de Roma vino.
Ni basta á la piedad el rico adorno:
Tanto de noche cual de dia, en torno
De aquella sacra prenda, vela y canta,
Con grueso cirio en mano, turba santa
De arzobispos, de obispos y de abades,
Y clérigos, y monjes, y cofrades.
No rezela ya Alfonso que contrario,
Mientra en su campo tenga el relicario,
Se torne el hado en desfavor; su influjo
Mas fuerza tiene que el valor; y el lujo
Con que su devocion lo condecora,
Le asegura una mano protectora.

V

Tanto en estas ideas se encapricha,
Que a ellas debió la bárbara desdicha
Con que afligió á su reino, y el fracaso
Mas tremendo y mas lúgubre. Fue el caso
Que ya en los muros de la escelsa Fraga
La plaga mas horrible, aquella plaga
Que poco á poco el flojo y leve estambre
De la humana armazon deshila, — el hambre,
De crímen negro inspiracion maldita,
Los ánimos y fuerzas debilita.
De mulas, y de gatos, y ratones
(Comun estremo en tales ocasiones)
Ya en el mercado no se via resto.
Un término espantoso, más funesto
Que el morir con las armas en la mano,
Aguardan el guerrero y el paisano;
Y paisano y guerrero en lances tales
No son mas uno que otro : son mortales.
Conociendo Abengama que se afloja
La constancia, benigno se despoja
De su despensa bien henchida y vasta;
Sus repuestos agota, mas no basta.
Los dias pasan, y el asedio dura ;
Y si con vozes de piedad procura
Consolar la morisma en sus aprietos,
No ve en torno de sí mas que esqueletos.

VI

Una diputacion muerta de hambre,
Cuyos miembros con cuerpos como alambre,
Muestras son del rigor que los humilla,
Ante Alfonso temblando se arrodilla,
Sin que sepa Abengama su proyecto;
Y allí postrado como esclavo abyecto,
Inundando el estrado con su lloro,
El que llevaba la palabra, moro
De grave estilo y argénteas canas,
Vierte en frase doliente quejas vanas.
Con aquella eficazia y arduo empeño
Que inspira el hambre, bárbaro diseño
Traza el cuitado de la suerte impía
Que aflige á la ciudad, y ablandaria
(Tal es el hombre cuando el mal lo apura)
Con su elocuente voz la piedra dura.
« En fin, noble señor, » así concluye,
« Si tu benigna voz nos restituye
La vida que nos falta; nuestras penas
Si compadeces blando, las almenas
Se doblarán sumisas á tu fama,
Y hollarás, á despecho de Abengama,
El muro en que obstinado se encastilla
Para desgracia nuestra y su mancilla. »
Tras pausa breve : « No, » grita el monarca.
« Sufra el mal que apetece el que se embarca,
Que puesto en alta mar, ya no hai remedio.

Asedio quiso **Fraga**, y tendrá asedio :
Asedio ha de tener hasta que aplique
Mi ejército la escala, y sacrifique
Con duro acero y con sangrientas manos
Hombres, mujeres, jóvenes y ancianos. »

VII

Sonó apénas tan hórrida palabra,
Cuando en el domo escelso, donde labra
Santo y potente númen nuestra suerte,
Trazó irritado esta sentencia : MUERTE.
Pues si en aquel alcázar de grandeza
Suele hallar compasion nuestra flaqueza ;
Si cariñosa y plácida intercede,
Cuando á fugaz pasion el hombre cede,
Ferviente caridad; suspira y calla,
Cuando en el seno del humano estalla
Fallo de enemistad y de esterminio
Malévola ambicion, sed de dominio,
Que en sangre, asolacion y horror se funda,
Y en raudal destructor la tierra inunda.
Quien perdon no concede, no lo aguarde :
El que desprecia al hombre por cobarde,
Si al que pudiera aniquilar, da vida,
No hallará compasion, cuando la pida.
No, señores del mundo; sabéd esto :
Si quier deslumbre en elevado puesto,
Si quier estienda el ancho poderío
La feliz ambicion; potente río,

En su ruidoso tránsito derroque
Cuanto encuentre ; mas no cruel sofoque
La voz de humanidad, ni sus derechos
Ultraje, ni los vínculos deshechos
Que ligaron al hombre con su hermano,
Ciego en triunfo fugaz huelle inhumano.

VIII

Con cauteloso paso, tropa inmensa
Que el rei moro ha llamado á su defensa ,
Fiel instrumento de la adusta Parca,
Del Ebro en las orillas desembarca ;
Y al recibirla en su distrito el Ebro,
Los bosques, do el asilo y do el enebro
Dan á las aves placentero abrigo,
Anunciaron temblando al enemigo.
Tal en la cumbre altiva del Pirene,
Cuando sañudo el huracan previene,
Con mugidos tremendos y ecos vagos ,
A valle y selva fúnebres estragos ,
Como si oculto númen lo inspirase ;
Se estremece el granito en su honda base.
Marcha en bien concertados escuadrones,
Sin que de trompa ó de atabal los sones
Su paso anuncien, la aguerrida hueste ;
Y sin que sus designios contrareste
La de Alfonso, con mengua de su fama,
Por Aragon segura se derrama.
Ni el mas lijero aviso lo dispierta

De su funesta obstinacion, y abierta
Deja la entrada de su hermoso imperio,
Y le apercibe duro cautiverio.

IX

Era un amanecer del seco agosto,
Cuando del campamento el giro angosto
Grito de alarma turba repentino.
Por los montes cercanos y el camino
Que montes y llanuras atraviesa,
Descubren los cristianos nube espesa,
Que se mueve pomposa y se dilata;
Y al traves, el acero y la escarlata
De los jefes audazes, y mas léjos
De alfanjes y de lanzas los reflejos.
Do quier tiendan la vista los cuitados,
No ven mas que enemigos : los sitiados
Desde el muro, con pitos y tambores,
Saludan á sus bravos defensores,
Y al rei aragones burlan y ultrajan.
En silencio y en largas filas bajan
Infantes y ginetes el repecho;
Y al rededor del campo, el cerco estrecho
Mas y mas lo aprisiona, y se condensa.
Los de Aragon, que no en propia defensa
Pensaron esgrimir estoque y lanza,
Sus glorias recordando y su pujanza,
Sobre la empalizada se presentan.
Con secreto terror las armas cuentan :

9

Y aunque resueltos á morir matando,
Viendo las fuerzas del morisco bando
Cuán unidas el giro entero escudan,
De su seguridad ansiosos dudan.
Los caudillos con torvo sobrecejo,
Mudan á cada paso de consejo ;
Con vacilante paso distribuyen
Los tercios por el campo ; y ora arguyen
Entre sí, y ora corren do los llama
Próximo el riesgo, y ya no los inflama
Sed de triunfos gloriosos cual solia :
La sorpresa su ardiente zelo enfría.

X

Empero Alfonso mas que todos cede
Cuidoso á la inquietud, que ya no puede
Dentro el seno embotar la dura espina
De atroz remordimiento ; y la mezquina
Turbacion de su faz amarillenta
Los brios de sus tropas desalienta.
De su orgullo la fábrica pomposa
Húndese de repente, y vaporosa,
Fúnebre perspectiva, terminada
Por hondo abismo, ofusca su mirada.
Entónces sí los míseros lamentos
De los sitiados moros, los tormentos
Del hambre, y de la muerte los despojos
Con vivo rasgo píntanse á sus ojos.
Por vez primera entónces los quejidos

Del desgraciado hieren sus oidos.
Negándose la tierra á su esperanza,
Fijando su postrera confianza
Donde el hombre en estremo mal la fija,
Congrega al clero, y manda que se erija
Con pompa no comun el relicario;
Que en alba nube esparza el incensario
Grato aroma, y el arpa dulces sones;
Que en fervientes y puras oraciones,
Y en armónica estrofa de himno tierno
Se imploren las bondades del Eterno.

XI

Hai un ser en las auras celestiales, (12)
En quien hallan los míseros mortales
Benévolo y suave patrocinio;
Ser que penetra al celestial dominio
Donde su trono augusto Dios asienta,
Y con trémula mano le presenta,
Lloroso, sonrosado y compasivo,
Los ruegos del enfermo y del cautivo,
Los de la tierna madre y de la esposa.
Mas Gabriel de la mano poderosa
Los fallos justos reverente acata,
Y miéntras por la esfera se dilata
Del afligido aragones la queja,
Torna su rostro el númen y se aleja.
Ni el ministro veloz de la venganza
Del Eterno, que rápido se lanza

Con flameante acero de la altura,
Dócil á alto decreto, y asegura
Victoria al justo y pérdida al malvado,
Bajó entónces, de fuego y muerte armado,
Cual, fijando un espléndido destino,
Los ruegos escuchó de Constantino
Y arrolló las legiones de Maxencio.

XII

Como se anuncia en fúnebre silencio
Y en marmórea quietud la destructora
Tempestad, y á su furia bramadora
Mortal reposo en aire y mar precede,
Hasta que reprimirse mas no puede
La agitacion eléctrica, y estalla;
La gente así enemiga inmóvil calla,
Fijos hombre y caballo como roca,
Hasta que al arma el africano toca,
Y se cruzan aceros con aceros.
Al reventar los ímpetus primeros,
Fué al atacar igual la resistencia;
Los de Aragon reciben la violencia
Del empuje, cual mole dura y alta
De peña que la mar rugiendo asalta,
Sin turbar su cimiento y su reposo.
Por rebellin, empalizada y foso
Corre sangre á torrentes, pero en vano;
Que miéntras mas esfuerza el africano
Sus brios, y el circúito mas estrecha,

Mas destrozo en sus filas lanza y flecha
Del encerrado aragones propaga.
Viendo el moro con cuánta muerte paga
Su arrojo, da la seña, y de repente
Júntase la coluna en masa ingente,
Con la que osado Tejufin concierta
Finalizar de un golpe la reyerta.
Mas apénas las filas se separan,
Cual si á espontáneo impulso se prestaran
Los de Aragon unidos, á la anchura
Salen del campo, escena mas segura
Do luzca el brio en desigual refriega.
Cada magnate en torno á sí congrega
Los que han jurado fieles sus pendones:
Siguen los alaveses y vascones
De Gaston los preceptos, gente brava,
Que, como Alcides, la potente clava
Con cierto tino y gran vigor maneja:
Garzones de alba tez, negra guedeja.
Ágiles movimientos, faz adusta,
Vigilante, tenaz, sobria y robusta.
Manda Almerí la gente de Narbona,
La que con chozas frágiles corona
La cumbre del Pirene; la que habita
Su mas profundo valle, y se ejercita
En perseguir venado, gamo y oso,
Por risco desigual y resbaloso
A Raimundo obedecen los navarros,
Dóciles al deber como bizarros;
Duros en los trabajos, sobrios, llenos

De escelso honor, y frios, y serenos.
El grueso de la tropa aragonesa,
Que en invasion lejana y ardua empresa,
De Alfonso largos años ha seguido
La suerte, y á su lado combatido
En Leon, y en Castilla, y en Bayona,
Con noble fe circunda su persona.
A su acendrado zelo se confía
Todo en lo que cifró la monarquía
Su porvenir, su dicha y su decoro :
La reliquia, el archivo y el tesoro.
Miramon, sin unirse á ningun bando,
Toma quinientos nobles á su mando,
Que son la flor de Francia y de Castilla;
Jóvenes cuyas armas sin mancilla,
A las banderas del Sepulcro fieles,
Cogieron en Sion santos laureles.

XIII

Ocupan los diversos escuadrones
Del de Aragon los áridos crestones
Que circundan á Fraga, diestramente
Llamando la atencion por lado y frente
Del árabe, que incierto á dónde acuda,
La direccion de sus ataques muda.
Mas no tarda en mezclarse en varios puntos,
Rotas fracciones, móviles conjuntos
De parciales encuentros. De una parte
Se dirige la turba al estandarte

Que sobre el pabellon real ondea;

De otra Gaston en bárbara pelea

Se empeña con los fieros argelinos;

Y allí formando espesos remolinos

En torno á los vascones y alaveses,

Turba densa se forma, y en paveses

Y en yelmos golpetean cuchilladas,

Como cuando del cielo despeñadas

Masas espesas de granizo bajan,

Y los arbustos hunden y desgajan.

Miramon al peligro mas urgente

Vuelve zeloso; sigue diligente

Sus pasos Almerí, y en los reales

Sangre otra vez difúndese á raudales.

Y miéntras toda la morisma apura

Por allí sus esfuerzos, de una altura

Baja Raimundo con vigor la falda,

Y á los moros sorprende por la espalda.

Fue entónces indecible la fiereza

Del combate. Almerí, que á la cabeza

De los suyos, cual tigre se avalanza,

Pierde la vida : ponderosa lanza,

Que un gigantesco marroquí despide,

De parte á parte el seno le divide.

Jóven mísero! amable cuanto ilustre!

Perdió contigo Languedoc el lustre

De su nobleza, Alfonso un grande amigo :

Y de tu verso armónico testigo

Provenza, al rimador de las hermosas

Que pisan sus colinas deliciosas.

Viendo en sus ojos la celeste lumbre
Leve apagarse, intensa pesadumbre,
Que el labio sella y el cabello eriza,
Del cristiano el denuedo paraliza.
Mas de venganza y destruccion sedientos,
Unánimes se arrojan, y violentos
Choques y cargas hórridas repiten.
Ciegos Raimundo y Miramon compiten
En arrostrar de cerca la profunda
Masa que por do quiera los circunda;
Y no solo la arrostran, mas la hienden,
Y los pocos audazes que defienden
Sus jefes denodados, mas adentro
Los empujan á mas reñido encuentro.
Quién podrá ya salvarlos? La fatiga
Del lance temerario no mitiga
Sus arrojos; la sangre que derrama
Tanta herida, sus ímpetus inflama;
Mas en contra de sí vasto torrente
De moros se acumula, y prepotente
Su número, los hunde y los ahoga.
Con alto grito el vencedor desfoga
Su júbilo, mirando en polvo hundidos
Los dos héroes, en muerte y gloria unidos.
Aquel grito difunde negro espanto
Por la falange aragonesa; en llanto
Se inundan de cien bravos las mejillas;
Las filas se disuelven. En pandillas
Desordenadas mézclanse gimiendo
Los míseros, que aquel golpe tremendo

Consumacion mas negra vaticina.
Concedió á Miramon mano divina
Lo que, mas que valor, genio y riqueza,
Los ánimos seduce: gentileza
No afectada; modesta compostura
Que los públicos votos asegura;
La familiaridad del hombre grande,
Que ora suplique, ó reconvenga, ó mande,
De seductor halago se reviste,
Y ni el temor ni el odio le resiste,
Y las envidias frustra y los engaños.
Fué el ídolo de propios y de estraños,
Adorno de la corte y la milicia;
Fué en los reales de Aragon delicia
Del príncipe, del jefe y del soldado.
Y al verlo sin color, mustio y postrado,
Cunde en las tropas negro vaticinio
De confusion, derrota y esterminio.

XIV

Mas quedaba Gaston, que en los reveses,
Con sus incontrastables montañeses,
Ya en campo abierto, ya en sitiada torre,
Con oportuno amparo siempre acorre;
Y bien que lo aquejase mole espesa
De bárbaros, á mas loable empresa
Del grueso la ardua posicion lo escita,
Y á su ayuda veloz se precipita.
Los dislocados restos á su mando

Se reunen ; y enérgico alentando
Con elocuentes frases bien sentidas
Aquellas almas flojas y abatidas,
Corona con no débil muchedumbre
La parda cima de rugosa cumbre.
Sorprende la acertada maniobra
Al caudillo agareno, y miéntras cobra
Su brio Alfonso, que el real defiende,
Gaston su línea cauteloso estiende,
Y á recibir al moro se prepara.
Cual se acumula en la estension de Zara
Remolino de arena, que concita
Rugiendo el soplo de huracan, y agita
Sus colunas densísimas, torciendo
Su giro á guisa de gigante horrendo,
Que ebrio vacila en convulsion penosa ;
Así la hueste de África afanosa
Se revuelve, y se turba, y se reparte,
Viendo á Gaston que ufano el estandarte
Clava en la punta de elevada roca,
Y al último conflicto los provoca.
Tejufin se adelanta, y en troteros
Que la Arabia engendró, dos mil flecheros
Lo siguen, y á estos siguen las ballestas,
Las hondas y las picas, cual florestas
De espesos pinos. Forman los cristianos
Dos bien armadas filas, y en sus manos
Las lanzas brillan como fuerte muro,
Doble barrera y valladar seguro.
No alcanzarán del númen los pinceles

Á trazarte, lector, en cuadros fieles
El que fuera del Taso digno asunto ;
Ni el disputarse impávidos un punto,
Cien vezes recobrado y cien perdido ;
Ni aquel odio feroz y empedernido
Que impelia los pechos y los brazos ;
Ni el sembrarse la tierra de pedazos
Sangrientos, y cadáveres, y rios
De sangre. De los cóncavos sombríos
Desató allí el infierno sus legiones,
Y vomitando impías maldiciones,
Vagaban por los aires derramando
Del aborrecimiento el fuego infando.
Tres horas largas dura aquel empeño ;
Hasta que el moro vencedor y dueño
De la altura, confunde en recias olas
De turba infiel las filas españolas.
No hai entre ellos quien salve fugitivo
La mísera existencia, ni cautivo
Que á cadena pesada el cuello doble :
Muere escudero, infante, paje, noble;
Mueren Calvete y Fortunel, y al lado
De los dos infelizes, traspasado
Por la veloze flecha de un numida,
Centul el bigorres; y de una herida
Portentosa que abrió filo violento,
Despide el gran Gaston su último aliento.

XV

Desde el mal defendido parapeto
Contempla Alfonso el fin de aquel aprieto.
No hai esperanza ya que le sonría:
Y en vano la llorosa gritería
De monjes, y mujeres, y prelados,
A perdicion segura condenados,
Su proteccion en tanto riesgo implora.
Contra la inmensa muchedumbre mora,
Que ya del triunfo en daño suyo viene,
Solo un tercio escogido lo sostiene.
Aquellos fidelísimos vasallos
Apriétansele en torno; los caballos
Parten á un golpe; Alfonso ocupa el centro;
Y atravesando rápido por dentro
De la apiñada turba, en tiempo breve,
Bien que á cerrarle la salida mueve
Sus fuerzas Tejufin, del fiero lance
Se esquiva, y huye fuera de su alcanze.
Mas el abandonado campamento
Retumba con el mísero lamento
De aquella turba débil y afligida.
De ella uno solo conservó la vida:
El obispo de Láscar, que en Valencia
Prostituye despues la reverencia
De su exaltada dignidad, sumiso,
Vil apóstata, infame circunciso,
Al mentido profeta de la Arabia. (13)

XVI

Miéntras destroza el musulman con rabia
Codiciosa la rica y vasta tienda
Del monarca, sus arcas y la prenda ,
De su piedad objeto encarecido,
Guarécese el cuitado en lo escondido
De una selva intrincada, do la hiedra
Y la silvestre vid con roble y piedra
En espeso tejido se enmarañan.
Diez adalides fieles lo acompañan,
Únicos restos del poder que un dia
Dominó de Burdeos á Gandía
El cansancio y la sed postra estos bravos ;
Empero mas agudos son los clavos
Que despedazan del monarca el seno,
Pues miéntras mas pacible y mas sereno
El horizonte de la vida halaga
Las miradas del hombre, mas aciaga
La contraria fortuna lo atormenta,
Si santa abnegacion no lo sustenta.
Mas ¿cómo puede su benigno labio
Doblar el torpe orgullo y el resabio
De prepotencia que el mortal adquiere,
Cuando cegarlo en su ruina quiere
La suerte que lo eleva en alta cima?
Feliz el hombre a quien la propia estima
Mas satisface que el poder y el trono ;
Que si ruge en su daño el fiero encono

Del infortunio, plácido y modesto,
Sonriendo le dice : « Estói dipuesto. »

XVII

En el declive de una sierra oscura,
Que ciñe frondosísima espesura
De monte bajo y espinosa breña,
El santuario humilde de la Peña
Tímido oculta su pajizo techo.
Allí fruta sabrosa y pobre lecho
Encuentra el fatigado peregrino,
Consuelo el desdichado; y el mezquino,
Que del poder rezela la venganza,
Seguridad, consejo y esperanza.
De santa caridad la mano amiga
Con cariñoso afan al rei prodiga
Cuanto su triste condicion requiere;
Pero en vano, que el dardo que lo hiere
Mas y mas se encarniza y lo destroza.
Su mente fija tiéne en Zaragoza,
Desde cuyos altivos torreones
Oprimió reyes y asoló naciones;
En su raza estinguida, en la opulencia
De su corte que pronto la violencia
Del bárbaro africano, y su codicia
Convertirá en fragmentos é inmundicia.
Al formidable peso de sus males
Cede ya el corazon; ansias mortales
Con tormento indecible lo acongojan.

Sus pálidas mejillas no se mojan
En lágrimas; el pecho no despide
Suspiro de dolor; ni el labio pide
Favor, piedad, alivio ni consuelo.
Cubre el turbio mirar fúnebre velo
De desesperacion: lánguidamente
Se abate al polvo la arrugada frente;
Y en brazos de piadosos cenobitas,
Que imploran las bondades infinitas
Con salmo triste y con plegaria tierna,
Pasa el monarca á la region eterna.

DON LOPE.

⁂

« Jam venio moriturus et hæc tibi porto
Dona priùs. »

VIRG. Æn. X. 881.

I

Suena el clarin. *El moro,*
Gritan cien vozes fieras.
El rico peto de oro,
Las moradas banderas,
El atabal sonoro
Y las huestes guerreras,
Gloria ilustre de España,
Brillan en la campaña.

II

Luce al frente, escitando
Noble castaño al trote,
Jóven de aspecto blando,
Rubio el tufo y bigote.
Jamas tuvo Fernando
Lanza de cuyo bote
Repitiese mas lances
Castilla en sus romances.

III

Cubre altiva cimera
De pluma variada
La blonda cabellera,
Cual vid ensortijada.
El broquel una hoguera
Representa, y grabada
Letra que dice : *Luego*
Sera ceniza el fuego.

IV

De nuevo, *El moro*, grita
La turba, y en el llano
Muchedumbre infinita
De ejército africano
Parece. La concita
Con invencible mano,.
Con espantosos ecos,
Mustalí de Marruécos.

V

Cuyo aspecto atezado
Cubre en pliegues undosos
Gaban verde y morado.
Relámpagos fogosos
De furor concentrado
Vierte al mirar : rugosos
Los carrillos de heridas ,
Que costaron cien vidas.

VI

Las dos masas opuestas
Vacilan agitadas
De intenso afan ; apuestas
A morir ; impulsadas
Por pasiones funestas,
Las filas conturbadas
Ondean ; los troteros
Relinchan altaneros.

VII

Y en medio de esta escena
Confusa, en un instante
La mirada serena
Cambia en volcan tonante
Don Lope. La melena
Se le eriza : arrogante,
Da espuelas al castaño
Con desórden estraño.

VIII

Que Mustalí se ofrece
De repente á sus ojos,
Y el ánimo oscurece
Negra turba de enojos;
Y el pecho se estremece,
Y de vislumbres rojos
Se cubren las mejillas,
Y manchas amarillas.

IX

Ni aguarda ni medita;
Sanguinosa venganza
Sus pasos precipita
Y aguija su esperanza.
« Don Lope, » en vano grita
Voz de amistad. No alcanza
Su poder al que abriga
Sed de sangre enemiga.

X

Tal el milano hambriento,
Posado en alta roca,
Deja raudo el asiento,
Si su avidez provoca
La víctima. Violento
Ya el de la hoguera toca
Las musulmanas filas,
Pasmadas y tranquilas.

XI

« Malsin, » clama, « perverso,
Que con indigno ultraje
Mancillastes el terso
Lustre de mi linaje :
Follon, del universo
Vil escoria, salvaje
Marroquí, negro inmundo,
Que execra y odia el mundo : »

XII

« Muerte traigo, ó mi furia
Se estinguirá en la muerte.
Sangre pide mi injuria,
Derrámela el mas fuerte.
De tu brutal lujuria
Cayó víctima inerte,
Cayó en nefando dia
La que fué hermana mia. »

XIII

« La que fué puro centro
De virtud, y aunque hermosa,
Mayor belleza adentro
Guardaba pudorosa;
Hasta que en un encuentro,
De alhaja tan preciosa
Se hizo dueña tu mano
Con designio villano. »

XIV

« Y como sucio insecto,
Que el capullo deshoja ,
Tu labio en soplo infecto
Flor virgínea despoja
De su lustre , y abyecto
Desperdicio, se arroja
La infeliz á la huesa,
Que la aguardaba ilesa. »

XV

« Sal , forzador injusto,
Sal, cobarde maldito,
Si no lo impide el susto
Que acompaña al delito :
Sal, que el decreto justo
Del saber infinito
Señaló la barrera
De tu infame carrera. »

XVI

Dijo , y como la rama
Se estremece al silbido
De huracan que derrama
Bóreas aterido,
Mustalí, á quien inflama
Ya el furor, combatido
Por su rabia funesta ,
No atina á dar respuesta

XVII

Sale empero, y veloze
Lope la espuela agita,
Y al marroquí feroze
La bestia precipita,
Que el riesgo desconoce.
Su audaz empuje evita
Mustalí y se repara,
Y al triunfo se prepara.

XVIII

Mas en vano, que el ceño
Del español no afloja,
Y en el segundo empeño
Su punta en sangre moja;
Ya del contrario dueño,
Leve al suelo se arroja,
Y lo estrecha, y agarra,
Y el seno le desgarra.

XIX

Sin vida al moro viendo
La hueste musulmana,
Lanza bramido horrendo.
La juventud lozana
De Castilla, al estruendo
Corresponde, y ufana
Del triunfo de Don Lope,
Parte unida al galope.

XX

Chocan, cual dos torrentes
Que de montes lejanos
Descuelgan sus corrientes,
Árabes y cristianos.
Leones inclementes
Los héroes castellanos,
Voz de piedad no escuchan
Y frenéticos luchan.

XXI

Vencen, y el alarido
De la victoria suena,
Cual tremendo estampido
Que los aires atruena.
Mas lúgubre ruido
Pronto el júbilo enfrena,
Y repentino espanto
Cambia el júbilo en llanto.

XXII

Lívido, mustio, frio
Yace el joyel de España,
Sobre el césped que un rio
De sangre pura baña.
Jamas deber mas pio
Cumplió mas noble hazaña,
Que la que inmortaliza
Su hoguera y su ceniza.

EL BASTARDO.

‹⊙›

st-ce ma faute a moi, si mon père n'a pas épousé
ici e ? »

BEAUMARCHAIS.

I

Alfonso onceno, de infeliz memoria, (14)
Por haber dado á luz en su linaje
Gérmen en que se esplaye la oratoria,
Pintando cuanto insulto y cuanto ultraje
De un estado infeliz mancha la gloria;
Modelo de soez libertinaje,
Uno de aquellos reyes infinitos,
Célebres por sus faltas y delitos:

II

Uno de aquellos reyes que entronizan
La corrupcion con el ejemplo impuro
Que al mundo entero dan, cuando autorizan
La maldad, derrocando el santo muro
Del pudor; cuando ya no escandalizan
Los escesos, y plácido y seguro
Alza libertinaje la impia frente,
Y el poder lo acaricia y lo consiente;

III

Alfonso, ya agotada la clemencia
Del Padre universal, perdió la vida,
Víctima de horrorosa pestilencia,
Que no respeta dignidad erguida,
Ni del trono la rica prepotencia.
Leccion que tantas vezes repetida,
Tantas llorada en hórrido tormento,
No produce un minuto de escarmiento.

IV

Muere, y estalla en júbilo su esposa,
Y estalla el hijo, Pedro, en quien Castilla
Temió despues la imágen espantosa
De Claudio y de Neron. Blanda y sencilla
La pobre humanidad gime llorosa,
Cuando esgrime la muerte su cuchilla
Y hunde á un amigo en la mansion suprema;
Pero en palacio rige otro sistema.

V

Pedro, imberbe garzon, el cetro agarra,
Y tórnase en sus manos instrumento
De destruccion, como la aguda garra
Del sanguinario tigre, cuando hambriento
La víctima infeliz prende y desgarra.
Estremecióse España, y del sangriento
Doncel las gentes trémulas huian,
Y su execrable nombre maldecian.

VI

Digna madre de un hijo tal, María,
De una infeliz mujer juró venganza;
De Leonor de Guzman, que Alfonso un dia
Inmoló á su perversa destemplanza.
En retirada soledad vivia,
Segura en la engañosa confianza
De que disimulase sus errores
Quien supo cometer otros mayores.

VII

Vana ilusion ! pagados asesinos
Le destrozan el seno, y pavorosos
Sus hijos huyen, vástagos mezquinos,
Que baten huracanes espantosos.
En diversos lugares sus destinos
Ocultan, como ciervos que medrosos,
Del cazador oyendo las pisadas,
Se refugian en breñas apartadas.

VIII

Uno de ellos, Enrique, de altiveza
Dotado y de valor, en quien derrama
Mas de un amable don naturaleza,
Y cuyo seno en noble chispa inflama,
No intimidado al ver que la bajeza
De su cuna el odioso Pedro infama,
Dijo entre sí : « Veremos si Fortuna
Realza la bajeza de la cuna. »

IX

Era Villena su parcial : magnate
Poderoso, ante el cual en lances duros
El trono mismo su soberbia abate;
Porque en aquellos siglos tan oscuros
(Y nos parece enorme disparate)
Circundaban al trono espesos muros,
Que no alzaba un monton de proletarios
En tumultos ruidosos y precarios.

X

No de mendigos una imbécil horda,
Que suspende su rabia y sus escesos,
Cuando aquel que maldicen, los engorda,
O derrama en su grupo algunos pesos;
Sino raza feliz de gente gorda,
Señores entonados, graves, tiesos,
Que, dueños de vastísimas comarcas,
Ajustaban la cuenta á los monarcas.

XI

Entónces no se hablaba de derechos,
Ni de igualdad; ni sabios oradores
Daban en períodos contrahechos
La señal de bochinches destructores.
A la dificultad se iban derechos
Hombres llenos de títulos y honores:
Si obraba el rei indócil á sus fallos,
Lo dejaban al pobre sin vasallos.

XII

Mudan segun los tiempos las usanzas;
Mas nunca muda esta verdad suprema:
No hai órden, si en las fuerzas no hai balanzas;
Si lo es todo la turba ó la diadema.
Que enfrenen al poder cotas ó lanzas,
O en su lugar político sistema,
Importa cuatro bledos: lo que importa,
Es que tenga el poder la rienda corta.

XIII

Nada hai entre los hombres absoluto:
Nunca lo fué el poder, ó lo fué un dia.
O lo reprime un pueblo ciego y bruto,
O el temor de exaltada jerarquía,
O del saber el laborioso fruto
En profunda y metódica teoría,
O bien el confesor, ó el heredero
Que pone de su parte al cocinero.

XIV

Enrique en un difuso cartapacio
Cuenta sus cuitas á Villena, y este
Le responde : « Aquí tienes mi palacio
Con aguerrida y valerosa hueste.
Vente pues, y hablaremos mui despacio,
Sin miedo de que osado contrareste
Nuestros planes Don Pedro ; que este hidalgo
Ya sabe á la hora esta lo que valgo. »

XV

Manda ensillar Enrique, y parte, y llega
Donde combate el mar con fieras iras
Soberbia roca, fin de hermosa vega,
Que corona el castillo de Algeciras.
Allí su turba armada y fiel congrega
Villena, que prefiere á las mentiras
De la corte, y á cintas, y á colgajos,
Pingües rentas y fértiles trabajos.

XVI

Amor aguarda á Enrique en el regazo
De la amistad, cual sierpe que entre flores
Tiende al ave infeliz oculto lazo,
Y la encadena en nudos destructores.
Amor sirve á sus miras de embarazo,
Y prepara ancha senda á los rigores
Del hado ; pero en cambio le asegura
Largos años de paz y de ventura.

XVII

Entre las hijas de Villena, Juana
Sobresale gentil, graciosa, viva :
Como capullo virginal, lozana,
Como arroyuelo jugueton, festiva.
Su juventud esplendida y temprana,
Dentro de aquella soledad cautiva,
Despliega su vigor, callada y sola,
Cual bajo espesos ramos la viola.

XVIII

Miéntras mas la contempla, mas la admira
Turbado Enrique, y respetoso calla.
Fija en ella los ojos, y suspira,
Como si detuviera fuerte valla
La pasion ardorosa que lo inspira.
Al fin un dia aquel volcan estalla,
Y sin mas precaucion ni miramiento
Declara su atrevido pensamiento.

XIX

«Infeliz ! ¡ quó de males y tormentos»
(Así responde la beldad sencilla)
« Te anuncian tus fogosos sentimientos,
Si severa razon no los humilla !
Con sus enardecidos juramentos
Tu hermano, el rei Don Pedro de Castilla,
Mi mano solicita. Dime ahora
Si arrostrarás su saña vengadora.»

XX

Cual se desquicia de una cumbre el cedro,
Así del desgraciado cede el brio.
«El asesino de mi casa ¡ Pedro !»
Clama, y se queda como jaspe frio.
« No á su corona ni poder me arredro ;
No temo de su brazo el golpe impío :
Temo una mancha horrible y afrentosa —
Soi bastardo, y su madre ha sido esposa.»

XXI

« Temo un rival que no me vence en gloria,
No me vence en lo altivo y lo gallardo :
Me vence en prenda fútil e ilusoria.
Legitimo es Don Pedro, y yo bastardo :
Él ostenta su escelsa ejecutoria,
Y yo, oprimido bajo el torpe fardo
De un origen adúltero y perverso,
La escoria voi á ser del universo. »

XXII

«Sube á su trono : sé feliz, si puedes,
Y mi declaracion funesta olvida,
Miéntras que yo, dejando estas paredes,
Voi á buscar un término á mi vida.
Tejióme amor en tan pesadas redes
Desdicha inacabable, encrudecida
Por el recuerdo del mortal dichoso
Que ha turbado dos vezes mi reposo. »—

XXIII

«Generoso doncel,» le dice Juana,
Que por Enrique ya en amor se quema,
«No me seduce, no, la pompa vana,
No el frágil oropel de la diadema.
Señora quiero ser y soberana,
No de un pueblo infeliz que gima y tema,
Sino de un corazon como el de Enrique,
Con quien mi corazon se identifique.»

XXIV

«¿Qué me importa de padres, y de abuelos,
Y de linajes el confuso abismo?
Amor para dar giro á sus anhelos,
¿Se pone á examinar fees de bautismo?
Lei es amor dictada por los cielos :
Yo cedo á su potente despotismo,
Y desprecio el poder de un soberano :
Tuyo es mi corazon, y esta es mi mano.»

XXV

Híncase Enrique, y, al besarla ansioso
 Quiero decir, la mano), entra Villena.
Contempla el espectáculo amoroso,
Y esto dijo no mas : «Sea en hora buena.»
Enrique, entre turbado y orgulloso,
Quiere hablar, mas el padre lo refrena.
«No vengas con escusas y perdones :
Lo apruebo; mas con ciertas condiciones.» —

XXVI

«Cuáles son?» dice Enrique — «Que á tu hermano,»
Responde, «hagamos implacable guerra;
Que purguemos unidos de un tirano,
De un monstruo impuro de maldad, la tierra;
Que de su corazon, profundo arcano,
Do la perversidad su abismo encierra,
No quede gota sin verter; que al trono
Subas despues, — con esto te perdono.» —

XXVII

« Por hecho,» dijo Enrique : « desde ahora,
Juro emplear mi vida en esta hazaña :
Juro esgrimir la diestra vengadora,
Si el valor de los buenos me acompaña.
Pero ¿no juzgas tú que se desdora
La altivez en que luce nuestra España,
Si sus destinos y su cetro fía
A un hijo de...» — « Valiente tontería,»

XXVIII

Villena respondió; «¿no estás mirando
Cómo tratan los reyes esas cosas?
El trono de Aragon alzó Fernando
Para un hijo bastardo : las esposas
Son, en la escena del supremo mando.
Como alhajas brillantes y ostentosas,
Y sus hijos no quitan sus derechos
A los que nacen en furtivos lechos.

XXIX

No pienso entrar en grandes pormenores
Sobre las consecuencias de este trato
Fueron breves y dulces los amores
De Enrique; sin ruido ni aparato
Las nupcias, ni danzantes ni cantores
(Uso tan racional como barato),
Pues bastan los derechos parroquiales
Para chupar al novio los reales.

XXX

A las pocas semanas en Sevilla
Cundió la especie, y Pedro noticioso,
Cual la corte lo fué, de su mancilla,
Bramaba como tigre sanguinoso.
El garrote, el cadalso, la cuchilla,—
No hablaba mas que de esto, y presuroso
Despacha un instrumento de sus iras
Con órdenes secretas á Algecíras.

XXXI

Llegó tarde el buen hombre   prevenido
De la tormenta Enrique, no sin pena,
Resolvióse á dejar su bien querido
Y la mansion dichosa de Villena.
Era urgente tomar algun partido,
O esponerse al suplicio ó la cadena;
Y así, burlando del cruel las furias,
Se embarca en un lanchon, y llega á Astúrias.

XXXII

Por fortuna, en el pecho de su hermano
Puso natura un corazon de fiera;
Pero tan vagabundo y tan liviano,
Como la mariposa en primavera.
Un ímpetu feroz, cual soplo vano,
Pasaba raudo, y la beldad primera
Que cruzaba en aquel punto su vista,
Hacia de su pecho la conquista.

XXXIII

Entónces fué cuando en torrente impuro
Se desbocó el escándalo en Castilla,
Y de santo pudor deshecho el muro,
Tomó prostitucion la escelsa silla.
Descubre Pedro en un rincon oscuro
A una vil barragana, la Padilla,
Y en sus inmundos brazos soñoliento
Sirvió al mundo de bárbaro escarmiento.

XXXIV

Lodo y sangre brotaba por sus poros
La infeliz madre Iberia, prodigados
Terrenos, dignidades y tesoros,
A parasitos viles y malvados;
Cubierta de ignominia, y luto, y lloros
Una reina infeliz; menospreciados
Los fueros de aquel alma peregrina,
Por dar gusto   una torpe concubina.

XXXV

Hai quien llama á este monstruo *justiciero*...
Profanacion odiosa ! La justicia,
O llega á dominar al hombre entero,
O es venganza, impiedad, rabia, malicia.
Emanacion divina del venero
De toda perfeccion, de la inmundicia
De nuestras bajas liviandades huye :
Un soplo de flaqueza la destruye.

XXXVI

De su mirada, fallo de esterminio,
Favorosos huian los mortales,
Buscando en la mansion de otro dominio
Refugio á sus decretos infernales.
Despreciado el materno predominio,
Se guareció María en los umbrales
De Portugal, do el padre, inútil viejo,
Reinaba sin decoro ni consejo

XXXVII

Como la madre de Neron lasciva,
Empaña el resplandor de la corona,
Y en brazos de perversa comitiva
Al mas inmundo esceso se abandona.
Y aunque por su belleza no cautiva,
Siendo ya mui talluda la matrona,
A fuerza de finezas y de dones
Halló quien halagase sus pasiones.

XXXVIII

Fué ya su desverguenza tan notoria,
Que el buen padre salió de sus casillas.
Esto lo dice la veraz historia
(Veraz, no obstante ciertas mentirillas);
Y purgando de aquel borron su gloria,
Y la de Portugal y las Castillas,
Tomó el partido, entónces mui usado,
De quitarla de en medio en un bocado.

XXXIX

Enrique en tanto, al paso que acrecienta
Pedro de Iberia el odio y repugnancia,
El ancho giro á su ambicion aumenta,
Y da á su pretension mas arrogancia.
Escaso de hombres, y de influjo, y renta,
Con algunos amigos se va á Francia,
A probar de la suerte los estremos:
Y no le fué mui mal, como veremos.

XL

Entónces era Francia lo que ha sido
Por siglos largos, lo que entónces era
Toda la cristiandad; confuso nido
De vicio, de maldad, de saña fiera,
Donde triunfaba el adulterio erguido,
Ya en clase humilde, ya en augusta esfera;
Y el rapto, el homicidio y la ponzoña
Reinaban desde Mancha hasta Gascoña.

XLI

El opresor crüel de los Templarios
Dejó en tres herederos, tres maridos,
Cuyos vínculos fueron seminarios
De la infidelidad. Los dos sufridos:
No el otro, que sin muchos formularios,
Viendo su honor y lecho corrompidos,
Premió de Margarita la torpeza
Entregando al verdugo su cabeza.

XLII

Hija suya tambien era Isabela,
Que de Inglaterra el trono contamina.
Contra el débil esposo se rebela;
Lo engaña, lo traiciona y lo asesina.
Su corazon, que sangre y muerte anhela,
La patria envuelve en llantos y en ruina,
Promoviendo con pérfidos engaños
Encarnizada guerra de cien años.

XLIII

¿Son estos por ventura los anales
(Dirá alguno al leer estos horrores)
De hotentotes, caribes ó esquimales?
Se trata de cristianos? — Sí señores:
Eran cristianos firmes y leales,
Sumisos á sus padres confesores,
A cuyos piés, humildes como el polvo,
Lloraban al oir — *Ego te absolvo.*

XLIV

Pero el clero (dirán tambien) qué hacı
Dirigir de esta maquina los ejes ;
Someter toda clase y jerarquía
Con el arma terrible — *Per me reges;*
Pasar en dulce holganza todo el dia ;
Cazar venados y quemar herejes;
Dar á la poblacion grandes aumentos,
Y fundar catedrales y conventos.

XLV

Enrique llega á Francia en coyuntura
Crítica por demas, que á los franceses
De las armas la suerte adversa y dura
Prodigaba infortunios y reveses.
El rei Juan lo recibe con ternura.
« Ya tienen en tu brazo los ıngleses
Quien les apriete la corbata,» dıjo,
Y lo trató amoroso como a un hijo.

XLVI

Ya inundaban ıngleses batallones,
Con el nombre de Crecy envanecidos,
De occidente las fértiles regiones,
Y lloraban los pueblos oprimıdos.
La Francia entera acude á los pendones
Del rei Juan. Los magnates aguerridos,
Los príncıpes y duques, los primeros
Son que ofrecen al trono sus aceros.

XLVII

Horrible fué y tremenda la jornada
De Poitiers; no eran hombres, sino fieras.
De Francia la nobleza esterminada;
Prisionero el monarca; sus banderas
En polvo hundidas; al inglés doblada
La estension que fecundan las riberas
Del magnífico Loira; ni vislumbre
De esperanza en tan negra pesadumbre

XLVIII

Salvóse Enrique por milagro, y viendo
Que aquello no le ofrece gran ganancia,
Se quedó pensativo, discurriendo
Cómo salir y para qué de Francia.
Era la ociosidad un mal horrendo
Para sus ilusiones y arrogancia;
Para obtener el cetro á toda costa,
No podia vivir sino es en posta.

XLIX

¡Cuál su júbilo fué, cuando le avisa
El rei aragones que tiene guerra
Con Don Pedro; que allá se vaya aprisa,
Y que de lo contrario el golpe yerra!
Tornóse el mal humor en blanda risa:
Llega volando a la anhelada tierra;
Presenta al de Aragon fiel homenaje,
Y le jura perpetuo vasallaje.

L

¿Qué estaba haciendo Pedro, mientra hervia
En luchas sanguinosas su frontera?
Consumando una horrenda fechuría,
Que del mismo Neron no se creyera.
Aunque en el lazo criminal yacia
De la Padilla, hermosa cual artera,
Quiso á este drama dar un episodio,
Y escitar contra sí mas y mas odio.

LI

Como luce en remota altura un astro,
Y aparta su fulgor de humana vista,
Tal en honda quietud Juana de Castro,
A quien temprana viüdez contrista,
Espléndida beldad oculta. El rastro
Descubre Pedro, quiere que en la lista
Figure de sus víctimas; mas halla,
No un pecho mujeril, una muralla.

LII

Amenaza, suplica, llora, jura,
Se ablanda, se enfurece—todo en vano;
Juana se obstina como jaspe dura,
Y desprecia el poder del soberano.
En fin, aquel perverso se aventura,
Y de esposo le ofrece pecho y mano,
Protestando con labio fementido,
Que Blanca no es su esposa ni lo ha sido.

LIII

Y para no dejar la menor duda,
Llevando a cabo el criminal esceso,
Presenta al otro dia a la viuda
De nulidad el íntegro proceso,
Que formó en un instante con la ayuda
De un reverendo obispo algo travieso
El que entónces regia en Salamanca,
Hizo este gran servicio á Doña Blanca. (15)

LIV

Contenia el maligno cartapacio
Declaraciones, vistas, juramentos
De los hombres primeros de palacio;
Consultas y otros varios documentos;
Y sentencia, en que, al fin de un gran prefacio,
Atestado de impíos argumentos,
Todo fundado en falso testimonio,
Anulaba el obispo el matrimonio.

LV

A este golpe la hermosa no resiste.
A qué mujer no aturde una corona?
¿Cómo ha de sospechar el lance triste
Que de la Iglesia un príncipe sanciona?
El prelado de capa se reviste,
Y un crimen á otro crímen adiciona,
Autorizando con sagrado rito
Un execrable y bárbaro delito.

LVI

No trato de pintar las agonías
En que despues la mísera se lanza,
Cuando al cabo de tres ó cuatro dias
Pedro le dice : « Todo ha sido chanza .
Satisfechas están las ansias mias.
De tu orgullo pueril tomé venganza :
Con quien gustes de hoi mas puedes casarte :
Yo me voi con la música á otra parte. »

LVII

Ya viendo tan sacrilegos dislates
Y corrupcion tan despechada y fiera,
Muchos de aquellos tímidos magnates
De Castilla abandonan la frontera.
Parte quieren tomar en los combates
Que de Aragon ilustran la bandera,
Esperando ademas que el bravo Enrique
La causa que defienden, justifique.

LVIII

En la falda silvosa del Moncayo
Fué donde decretó la Providencia,
Que Enrique y Pedro hiciesen el ensayo
De aquella abominable competencia.
Como desciende el fragoroso rayo,
Y al mundo da terror con su violencia,
Tal Enrique en la lid destroza y mata,
Y en ciego ardor furioso se arrebata.

LIX

No á las eras futuras anticipo
Lo que otra lira mas sonora can te.
Estos, de odio fraterno horrendo tipo,
Que no hai pecho sensible á quien no espante,
Dejando atras la fama que de Edipo
La raza impía ennegreció, distante
Rejion presentan á la Musa mia,
Escelsa por demas á su osadía.

LX

Yo no siento interes, sino fastidio
En tanto horror, en siglo tan perverso
Otro, cuyos aplausos no le envidio,
Su maldad perpetúe en noble verso ;
Retraze aquel horrendo fratricidio
Que asombró en Montiel al universo,
Y absuelva al que inficiona tal mancilla,
Porque fundó en Toledo una capilla. (16)

LAS DOS CENAS.

« Look here, upon this picture, and on this. »
SHAKESPEARE

I

No sé qué impulso irresistible mueve
Mi inspiracion afuera del camino
Que á mi fortuna señaló el destino.
Fácil, sencilla, descuidada y leve
    Describió en rima breve,
Sin aspirar á ornato peregrino,
Las impresiones blandas y lijeras
    Que en bosques y praderas
Y en solitario estudio recibia ;

Huyendo de las frases altaneras,
De la sonora y alta gallardía,

    Con que ingenios noveles
    Ganaron sus laureles.

Huyó en el mundo de elevados puestos :

    En asilos modestos,
    Do virtud sin mancilla
    Y do amistad sencilla
    Fijaron su morada ;
    Allí donde no brilla
    La ambicion exaltada,
    Desató sus conceptos.
    Ni siguió mas preceptos

Que su espontánea inclinacion, guiada
Por benigna intencion y ánimo puro.

    Así , versista oscuro,

No fueron mis asuntos las contiendas,
En que al genio del mal impias ofrendas
Las naciones tributan, cuando aflojan

    A enemistad las riendas ,

Y con fraterna sangre el suelo mojan.
Ni sonó en los alcázares dorados

    Mi ritmo, ni ensalzados

Fueron por mí los dueños de la tierra,

    Felizes en la guerra,

O en magníficos ocios circundados

    De espléndidos prestigios.

Ni adusto pensador, en los vestigios

    De las eras remotas,

Diformes bustos y colunas rotas

Busqué grandes lecciones y escarmientos.
En leve estrofa, humildes sentimientos
Tímido preludié, como en las notas
Blandas que mayo inspira,
De amor el ave, y de placer suspira.

II

Mas un poder oculto,
Por senderos lejanos,
Me llevó al vasto templo donde el culto
De la naturaleza y sus arcanos
Se abrieron á mis ojos.
De su inmenso poder las maravillas,
De sus tremendas iras los despojos
Estático admiré. Vi las orillas
De inmensos rios, y subí á la cumbre
De portentosa cordillera. En mares,
Do vierte igual el sol ardiente lumbre,
Lo vi cubrir los anchos valladares
Del horizonte, ya de ricos velos
De púrpura y carmin, ó ya de fajas
De mil variados visos, que los cielos
Ceñian, y perdíanse en las bajas
Líneas de oeste en nubes estupendas.
Luego en pomposas tiendas
De estensas hojas y de espesas ramas,
La selva equinoccial me dió acogida,
Do las perenes llamas
Del sol respetan la mansion ceñida

De aromas y frescura ,
Y elevando su cúpula atrevida
Los palmeros, sostienen en la altura
Tallos ajenos y prestadas flores.
De mares interiores,
Que de los Andes la infinita nieve
Forma, en torrente undoso trasformada,
Surqué las ondas en barquilla leve ,
Por suaves alientos impulsada.
Vi en numerosas islas intrincada
Vegetacion cubriendo la ruina
De antiguo monumento,
Que elevado por gente peregrina,
De imperio vasto indica el fundamento
Misteriosos anales
De un poder, cuyas leyes paternales
Abrazaron magníficas regiones,
Del Ecuador al proceloso Estrecho,
Y no existe : deshecho
Bajo altivos pendones,
Simbolos de las glorias de Castilla.

III

Tanta belleza y tanta maravilla
Desataron de súbito en mi mente
De exaltacion potente
Vigorosos empujes, y olvidando
De inspiracion humilde el curso blando,
Busqué tipos grandiosos, como aquellos

Que admiraba en carrera vagabunda ·
Meditacion profunda,
Donde verdad sus cándidos destellos
A mis ojos lanzase; estrepitosas
Convulsiones de gentes y de estados:
Batallas sanguinosas,
Tronos pulverizados;
Estos vestigios tristes de ilusoria
Grandeza, y de poder flaco y mezquino,
Con que espanta á los hombres el Destino,
Y que guarda en sus páginas la historia.
Ya otra vez en incultas narraciones
Bosquejar emprendí con mano osada
La escena ensangrentada,
Negros crímenes, pérfidas traiciones;
Y aunque cual ántes la callada selva
Con antiguos recuerdos me convida,
A esfera mas subida
Quiere la inspiracion que dócil vuelva.

Sígueme, buen lector, si no te enoja
La variedad de tonos y de estilos
Que adopta el númen en su giro vago.
Y si de fama ilustre me despoja
Torva censura con acerbos filos,
Mas que el ruidoso halago
De públicos favores,
Leves guirnaldas de marchitas flores,
Me placerá indulgente simpatía
De una musa jovial, como la mia.

IV

Satisfecho de Enrique el fiero encono,
Miéntras espanta al pueblo su delito,
De su exasperacion acalla el grito
Y osado ocupa el vacilante trono.
Lo ayudó la ambicion de los magnates,
Sedientos de riqueza y despotismo;
Empero ante sus piés se abre un abismo
De discordias, intrigas y combates.
Sus vecinos conjúranse en su daño;
        La traicion y el engaño
Lo rodean; rebeldes poderosos
Su poder amenazan, y su vida
Va á ser una cadena entretejida
        De males horrorosos.
Activo y fuerte, acude adonde estalla
Mas cercano el peligro; y donde quiera
        Nuevos peligros halla.

V

        Castilla entónces era
        De la tribu altanera
De ricos-hombres víctima infelize;
Cuya ciega codicia y arrogancia
De los pueblos agota la sustancia,
Y el poder del monarca contradice.
Enrique los implora en su defensa;
Mas no sin generosa recompensa

Le prestan sus servicios : que no adulan
Al poder, sino cautos estipulan
  Inmensas donaciones
De estados, y de villas, y pensiones.
A tanto esceso sube aquel infausto
Tráfico, de arterías torpe feria,
  Que del tesoro exhausto
  Corrupcion y miseria
Brotando como fétidos raudales,
Llenan la anchura de la triste Iberia.
  De las pompas reales
Desnudo el trono, y del esterno brillo,
Se embotó de las leyes el cuchillo;
Y eludir y burlar el poder regio,
Era del grande noble privilegio.

VI

Tal vez por aliviar la grave pena
Que el corazon de Enrique despedaza,
En la espesura de la selva amena
  De la afanosa caza
Busca la agitacion. Dóciles perros
Lo siguen ; y por llanos y por cerros,
La astuta liebre y el lijero gamo
Con incansable obstinacion molesta :
O en las ardientes horas de la siesta
  Suelta el diestro reclamo,
Y con el arcabuz apercibido,
Bajo frondosas ramas guarecido,

Observa cuándo asoma
La tórtola, el faisan ó la paloma.

VII

Tan mal afortunado en cazería
  Fué Enrique como en mando;
Pues anheloso á vezes y sudando,
Por llanos y por rocas discurria,
  Y por bosque y maleza,
  Sin dar con una pieza.
En grave asunto y leve circunstancia
Se muestra de la suerte la constancia,
Cuando á un mortal sus tiros endereza.
Guerrero ó cazador, rei ó vasallo,
Todos penden rendidos de su fallo;
Y fuerza es renunciar, si ella se encona,
Lo mismo á la perdiz que a la corona.

VIII

Cierto dia, á principios del verano,
Durante largas horas corrió en vano,
  Sin dar al ocio treguas,
Por un áspero monte muchas leguas,
Siendo de sus esfuerzos infelizes
Único galardon seis codornizes.
Débil, rendido, macilento y lacio,
A mas de anochecer llegó á palacio;
Y arrojándose en un sillon mullido,
  Con acento abatido

Por improba faena,

Manda que traigan sin tardar la cena.

A este precepto acude el mayordomo

Con abatida faz, pasos de plomo,

Trémulo labio y espresion confusa,

Cual hace siempre el inferior que piensa

En su propia defensa,

Dando al agravio favorable escusa.

«Vuestra Alteza,» le dice cabizbajo,

«Solo puede cenar de lo que trajo,

Que no hai mas, ni en cocina ni en despensa.»—

«A ese estremo ha llegado mi penuria?»

Dice el rei, comprimiendo mal la furia

Que iba á estallar en voto y en blasfemia.

Pero el hambre lo apremia,

Y su yugo severo

Lo mismo al rei oprime que al pechero.

«Si no hai mas,» le responde, «como dices,

Pon en el asador las codornizes.»—

«Vuestra Alteza,» contesta el mayordomo,

«No sabe lo demas: ni un leve asomo,

Ni vestigio, ni seña

Hai en palacio de carbon ni leña,

Y ni un maravedí tengo en el arca.»—

«Empeña este gaban,» dice el monarca;

Y de la vestidura se despoja

Y de despecho en lágrimas la moja.

IX

Fué sin duda la cena poca y triste;
Y solo en ella el mayordomo asiste,
Sin que sirviese camarero ó paje,
Para que no cundiese aquel ultraje.
El leal mayordomo, hombre provecto,
            A quien por el afecto
Que desde su niñez al rei tenia,
Estrañas libertades concedia,
            Viendo con cuánto empeño
            Devoraba su dueño
            Aquella cena parca,
Esclama enternecido : «¡ Que un monarca,
Que ha vencido enemigos prepotentes,
A tan escasa cena se limite,
Miéntras que sus vasallos insolentes
Devoran en opíparo convite
Del oprimido pueblo la sustancia!
¡ Que sobrelleve Enrique la jactancia
            De esos vanos proceres,
Que nadan en delicias y placeres,
Mientras él, que postró fuertes naciones,
Como el mas infeliz de los villanos,
Adquiere lo que come, con sus manos!»
Agrian tan bien sentidas espresiones
De Enrique los rezelos, averigua
            Del hecho escandaloso

La verdad; y fiándose á la antigua
Fidelidad y al ánimo zeloso
     De aquel noble criado,
Sale en su compañía disfrazado

X

El diestro mayordomo facilita
La oculta entrada en la mansion que habita
     Lara, el tremendo Lara,
     El perpetuo caudillo
De abierta rebelion; el que prepara
     La tea y el cuchillo,
Para que triunfe su ambicion proterva
El rei en elevada galería,
Que el comedor magnífico ceña,
Desde oscuro rincon calla y observa.
Eran ciento, entre obispos y barones,
     Y abades ó infanzones
Y de rango inferior, los convidados.
De Persia los espléndidos brocados,
Sujetos con dorados medallones,
Pomposos ornan el altivo muro.
En grandes candelabros de oro puro
Cirios enormes de olorosa cera
     Perfume y luz derraman;
Y delicado lienzo, que recaman
     En guarnicion lijera
Seda, joya y metal, la mesa cubre.
Amontonan en ella los criados

Manjares delicados,
Como en las huertas el copioso octubre
Vierte profuso delicadas pomas.
Llenan el ancho ambiente los aromas
De vianda esquisita,
Y de plata bruñida en honda jarra
El néctar de Navarra
Charla ruidosa y confusion escita.
Aquel bárbaro lujo,
Que desde el Asia la Cruzada trujo,
Mezclando á la crudeza la molicie,
Y ornando con dorada superficie
Torpe ignorancia y condicion sangrienta,
Por donde quiera allí su gala ostenta.

XI

Da el rei apénas crédito á sus ojos,
Viendo cuán implacables los despojos
De España los magnates sacrifican ;
Pero crecen de punto sus enojos,
Oyendo cuán impavidos se esplican,
Y de sus mismos crímenes blasonan
Y su suprema majestad baldonan.
Uno pondera en narracion exacta
Sus olivares, sotos y cortijos :
Con mas necio impudor otro se jacta
De tener tres apoyos en tres hijos,
Que en armarse no tardan,
Si el rei no les concede lo que aguardan.

Un obispo (no sé si el de Siguenza)
Llevó algo mas allá la desverguenza.
«Si Enrique,» dijo, « quiere cercenarme
    El diezmo y la primicia,
No llegará á sus cofres un adarme;
Si tenaz permanece en su injusticia,
Contra su autoridad armaré al vulgo;
Y si se obstina mas, lo descomulgo. »
        Oyó Enrique estas cosas,
Y otras oyó no ménos afrentosas;
Y cuando ya turbados y beodos
A un mismo tiempo deliraban todos,
Y alto rumor, como huracan deshecho,
        Resonaba en el techo
        Del anchuroso espacio,
Con el criado fiel vuelve á palacio.

XII

        En penoso desvelo
Pasa la noche Enrique. De la altura
Donde lo colocó benigno el cielo,
Derrocado se vió por mano impura,
Cual vil usurpador; envilecida
Su augusta majestad, contra su vida
        Vió esgrimidos puñales,
        Y en infinitos males
Envuelta la nacion, debajo el peso
De aquellos opulentos opresores.
De pronto disipados sus temores,

Resuelve poner fin á tanto esceso,
Vindicando su afrenta
Y la gloria del trono en que se sienta.
Propio es del hombre que abatido cede,
Ignorar lo que puede·
Un mal paso á otro malo nos conduce;
Una debilidad tras otra llega,
Y así la voluntad dócil se entrega
Y á mecanismo ciego se reduce.
Mas si en choque de vario pensamiento
Súbito en lo interior la razon luce,
Cual resorte violento,
Desata el albedrío
Con fuerza estraña nuevo poderío.

XIII

El sol apénas en oriente brilla,
Cuando los reyes de armas de Castilla,
A quienes estas diligencias tocan,
Nobles y obispos ante el rei convocan.
« Su Alteza,» dice el ancho pergamino,
« Velando de contino
Por sus fieles vasallos,
Quiere de gran conflicto preservallos.
Nuevas le han remitido harto siniestras,
Con equívocas muestras
De aparatos hostiles
Y discordias civiles,
Triste anuncio de grave desconcierto.

Y para proceder con mas acierto,

Desea consultar en casos tales

Nobles, obispos y hombres principales. »

Todos ellos acuden á la cita,

Pues si el rei sus servicios necesita

En defensa del reino y su decoro,

Los tendrá que pagar a peso de oro.

Ya todos juntos, ábrese una puerta,

Y en un salon que admite luz incierta,

Observan que con pica y alabarda,

    Los circunda y los guarda

De adustos veteranos fila doble.

Salir entónces quiere obispo y noble;

Pero con gesto mudo y frente torva

La prevenida guardia se lo estorba.

Y luego su pavor de punto crece,

Cuando en el fondo del salon parece

Cierto desconocido personaje,

    Que á guisa de salvaje

(Tal su sañudo enojo lo demuestra),

Esgrime un hacha en la robusta diestra.

Con razon tembló al verlo su malicia ·

Era el ejecutor de la justicia.

XIV

Dos horas de rezelos y temblores

Allí pasan obispos y señores;

Sus miembros el pavor liga y embarga,

    Y del remordimiento

La pesadumbre amarga
Como estatua los fija al pavimento.
Cabizbajos, humildes, sin aliento,
Temblando aguardan que indignado Enrique
A su justo furor los sacrifique,
Y que en suplicio infame
Su sangre vierta y su baldon proclame.
Sale Enrique por fin, y frente á frente
Se coloca y los mira, cual valiente
Toro, que julio abrasador agita,
Y el ataque medita
Y mide con la vista a su contrario.
« De vuestro orgullo necio y temerario
Ya estáis, » les dice, « recogiendo el fruto.
¿ No habéis cubierto á la nacion de luto
Y al trono de ignominia ? ¿ No habéis hecho,
Con pérfida artería y vil cohecho,
Tráfico de mis dones ? ¿ No os maldice
España, por vosotros infelize ?
No habéis sacado á la cuitada el jugo ?
Pues bien, hora escuchád : este verdugo,
Que alza el hacha tremenda á vuestra vista,
La cerviz cortara del que resista.
O cedéis ó morís · ó esos estados,
Vilmente por vosotros usurpados,
Devolvéis sin demora á mi dominio,
O aquí se sellará vuestro esterminio »
Dijo, y volvió la espalda ; y los cuitados
Acuden presurosos al ministro
Con ruego ansioso y tímida plegaria ;

n que en el público registro
La cesion voluntaria
De aquel despojo insigne
ritos legales se consigne.

PEDRO NIÑO.

«Fallé un buen caballero, mereciente de honra é
fama, cerca de aquellos que pugnaron por llegar á
palma de victoria.»

CRÓNICA DE DON PEDRO NIÑO.

Suspende el curso audaz al pensamiento,
Filósofo sagaze, y un momento
Deja que se estravíen tus miradas
Fuera de las regiones apartadas,
En que fiel á tu empeño te sublimas.
En los móviles cuadros que en mis rimas
Con pobre adorno la verdad presenta,
La ardua fatiga de pensar ahuyenta.
Docta maestra es la razon, si cauta,

12.

Siguiendo humilde la severa pauta
Que una inefable autoridad le fija,
Lleva adelante su labor prolija.
Empero la razon débil y flaca
¿ De dónde el jugo que la nutre, saca ?
Cuál debe ser su estudio ?—El universo,
Ya en favorable curso, ya en adverso,
De los sucesos la corriente mane;
Ora de alegres flores se engalane,
Ora se cubra de ásperas espinas:
Sin hechos y sin datos no hai doctrinas.
Buscas la perfeccion ? ¿ Ese problema,
Que con aguda hipótesi y sistema
Grecia intentó solver, y nunca pudo?
¿ Quieres que el hombre, de pasion desnudo,
Pase incontaminado las inmensas
Penalidades de la vida ? ¿ Piensas
Darle en precepto sabio y esquisito
Fuerza con que lo apartes del delito,
Si del placer traidores embelesos
Lo envuelven en su lazo, ó los escesos
De sus fogosos ímpetus amanses?
En tan ardua faena no te canses
Siempre ha regido al mundo un gran resorte
De estímulo potente. La cohorte
Privilegiada, que el nivel desprecia,
Bajo el cual se resigna turba necia,
Siempre apartó sus pasos del camino,
Por donde el vulgo estóliodo y mezquino
Ciegamente transita ó vaga incierto.

El pórtico, y el claustro, y el desierto
Testigos fueron ya de esa energía
Que por diversas sendas se estravía,
De dignidad sedienta y de mejora :
Tal vez sublime en sus aciertos: y ora,
Juguete ciego de protervo encanto,
Cubriendo al mundo de ceniza y llanto
Si hoi se jacta severo el raciocinio
De regir con despótico dominio
Los adeptos del culto que proclama,
Sed afanosa de respeto y fama,
Fidelidad á santos juramentos
Asombraron al mundo con portentos;
Cuando no el raciocinio laborioso,
Sino conjunto vario y caprichoso
De usos y leyes duras y groseras,
Opuso a la maldad altas barreras.
Yo que el saber, humilde y fiel acato,
En intensa delicia me arrebato,
Cuando en épocas bárbaras y duras
Claros modelos de virtudes puras
Los anales del mundo me presentan ,
Cuando la fuerza y el poder ostentan,
Para imponer á la violencia susto,
Firme resolucion y empeño justo.

Tú, que doctrina mas profunda enseñas,
Si narracion humilde no desdeñas,
Oye la que del polvo de un archivo
Sacó de un español el zelo activo.

I.

I

Cuando Don Juan, el Infante
De Portugal, en quien brilla
Grande valor, fe constante,
Nombre y honor sin mancilla,
Con escuadron arrogante
Vino de paz á Castilla,
Donde con pompa esmerada
Don Enrique le dió entrada;

II

Consigo trajo una estrella
Que eclipsaba á la mas pura:
Doña Beatriz, su hija bella,
Flor de gracia y hermosura;
Mas tan rebelde doncella,
Que el padre en vano procura
Darle un ilustre marido,
De los mil que la han pedido.

III

Porque de Aragon y Francia,
Navarra y otras naciones,
A jurarle fe y constancia
Vienen potentes barones.
Mas ella con arrogancia
Contesta en breves razones,
Insensible y altanera,
Que en vano espera el que espera.

IV

En Valladolid convoca
Don Enrique á la grandeza,
A quien el empeño toca
De lucir gala y riqueza;
Y la emulacion provoca
Su vanidad, cuando empieza
A ostentarse en galanteos,
Y en saraos, y en torneos.

V

Pasan alegres los dias;
Gastan profusos tesoros
En ruidosas cazerias,
Bailes y fiestas de toros,
Y en valientes correrias
De cristianos y de moros,
Copiando al vivo los lances
De historias y de romances.

VI

Llega en tanto un caballero
Portugues, á quien la fama,
Como invencible guerrero,
Sin par en la lid proclama.
Fatal es siempre su acero
Al que en combate lo llama;
Y por brioso y robusto,
A un gigante diera susto.

VII

Y el renombre de Castilla
Su vanidad tanto hiere,
Que con toda la cuadrilla
Justar á caballo quiere.
Sin mal odio y sin rencilla,
Salga al campo el que saliere,
A los mas fuertes y altivos
Hará perder los estribos.

VIII

Admiten los castellanos,
Con venia de Enrique, el reto,
Y se aperciben ufanos
A salir de aquel aprieto;
Y reciben de albas manos,
Besándolas con respeto,
Bandas de varios colores,
Prendas de tiernos amores.

IX

Siéntase en la galería
Que ornan ricos tafetanes,
La vistosa compañía
De damas y de galanes.
Al resonar la armonía
Del clarín, los alazanes
Tascan briosos los frenos,
De ardor generoso llenos.

X

En un cordovés trotero,
Suelto, gallardo, atrevido,
Se presenta el caballero,
De fino acero ceñido.
Verde y blanco es el plumero;
Y en el escudo bruñido
Lleva grabado este mote:
Naon faz pouco quem me bote.

XI

Saluda al concurso atento
Con la cabeza y la mano;
Y sale cortando el viento
Un adalid castellano.
Empieza el choque violento;
Pero el esfuerzo era vano,
Que pronto dejó la silla
El guerrero de Castilla.

XII

Sale el segundo, y certero
Maneja la diestra lanza;
Mas cayó como el primero
Y no valió su pujanza.
Promete mas el tercero
Que vigoroso se avanza;
Y aunque tarda en ser vencido,
Mide el suelo confundido.

XIII

El que despues se presenta,
Maneja un caballo pio,
Y en su marcha grave y lenta,
Prudencia demuestra y brio.
Firme en la silla se asienta;
Tanto, que al verlo el gentio,
Fija atento la mirada
Y aguarda lucha empeñada.

XIV

Parten, y el primer envite
Una y otra lanza quiebra;
Y el castellano repite,
Y dobla al otro, cual hebra
Delicada, en otro quite.
Con grande aplauso celebra
La muchedumbre la hazaña
Que promete honor á España.

XV

De nuevo empiezan la justa
Portugues y castellano;
Y aquel, con la faz adusta,
Creyendo el triunfo cercano,
La apretada lanza ajusta.
Mas halla una diestra mano
Que intrépida le resiste,
Y con otro golpe embiste.

XVI

Sigue otro lance reñido,
Siguen ataque y defensa,
Y el portugues precavido
Ya solo en cobrarse piensa.
El castellano atrevido
Y animado por la inmensa
Gritería, el acicate
Con nuevo ardimiento bate.

XVII

Por dar fin á la pelea,
Gritando al caballo escita,
Que, dócil al que lo emplea,
La carrera precipita.
El portugues titubea,
Y otra vez el pueblo grita,
Viendo su caballo suelto
Y al ginete en polvo envuelto

II

I

Una dama portuguesa,
De aquella hazaña testigo,
Y á quien en el alma pesa
La derrota de su amigo,
Dijo : « No fué noble empresa ;
Mal procedió el enemigo :
Ni fué valor, sino maña,
Lo que ha dado el triunfo á España.» —

II

« Callád vos, » dijo la Infanta,
En alto enojo encendida ;
« Ginete de mejor planta
Nunca pareció en corrida.
¿ Quién vió gallardía tanta,
Ni accion tan bien sostenida ?
¿ Cuándo ha visto el mundo entero
Mas cumplido caballero ? »

III

Sale entónces recatado
Un paje que está presente,
Mucho en la corte estimado,
Y del vencedor pariente.
Lo encuentra ; lo aparta á un lado ,
Y le relata fielmente
Con voz que el afecto inflama,
Lo que dijo aquella dama.

IV

Y él responde : « Un caballero
No aspira á gloria mas pura,
Que la que el labio sincero
De una dama le asegura.
De hoi mas por la Infanta muero ;
Y mi fiel afecto jura
Por el cielo soberano,
Que será suya mi mano. »

V

A solas en su retrete,
Lleno de fuego amoroso,
Traza un discreto billete,
Comedido y respetuoso.
Mano y corazon promete ;
Y está de llamarse ansioso
(Si merece gloria tanta)
Caballero de la Infanta.

VI

« Lo que al alma aprisionada, »
Le dice, « ofreceros toca,
Lo sostendrá con la espada,
Con la pluma y con la boca :
Buena fama, bien ganada,
Pecho firme como roca.
Y honra pura como armiño
Vuestro esclavo — PEDRO NIÑO »

VII

Recibe la Infanta el pliego,
Que altamente su ira enoja.
« ¿ Quién es el que loco y ciego,
A tanto empeño se arroja ? »
Dice turbada ; mas luego
Siente enardecida y roja
La mejilla, y avasalla
Su ardor, y suspira y calla.

VIII

Pasó la noche dispierta,
Pensando que fuera ultraje
Tan inesperada oferta,
De su nombre y su linaje.
Por la mañana á la puerta
Viendo de servicio al paje,
Le diz : « Menino discreto,
Cúmpleme hablarte en secreto »

IX

Luego á preguntarle empieza,
Quién es el desacordado
Que con baldon de su alteza
Tal mensaje le ha enviado.
Dice el paje : « Vuestra Alteza
De este su humilde criado,
Que honra con tanto cariño,
Sabrá quién es Pedro Niño. »

X

« Pedro Niño es el guerrero
Mas audaz que vió Castilla,
Pues nunca emprendió su acero
Contienda sin decidilla.
A Enrique en combate fiero
Ganó su fuerte cuchilla;
Gloria que hoi al mundo espanta. »—
« Prosigue, » dijo la Infanta. —

XI

« Delante de Pontevedra ,
A un jayan que allí vivia,
Fuerte y duro como piedra,
Temerario desafia.
Mas nada su pecho arredra ;
Y aunque doncel todavía,
Con nunca vista fiereza
Le partió en dos la cabeza. »

XII

« En las ilustres arenas
Donde floreció Cartago,
Por las huestes agarenas
Sembró el terror y el estrago.
Las empinadas almenas
Se rendian al amago
De su espada, y la fortuna
Postró de la Media-luna. »

XIII

« Cuando las anchas riberas
Del Guadalquivir maltrata,
Y villas, y sementeras
El atrevido pirata ;
Niño con fuertes galeras
Lo acomete y desbarata,
Y el imperio de las olas
Dió á las armas españolas. »

XIV

« Hecha de Francia la liga,
Con una escuadra potente
Al Briton tenaz ostiga,
Y dobla su altiva frente.
Salta en la playa enemiga,
Y contra la turba ingente
Combate, la vence y doma,
Y dos grandes islas toma. »

XV

« La voz en Francia estendida
De hazañas tan superiores,
El rei francés lo convida,
Y bienes le da y honores. » —
« Buen menino, por tu vida,
Refiéreme sus amores, »
Así interrumpe la Infanta,
« Con la señora almiranta. »—

XVI

« En una noble alquería
Que adorna espeso follaje,
El almirante vivia : »
(Prosigue el cuento el buen paje)
« Mosen Arnao de Tria,
Hombre de pro y de linaje,
De alto brio y buen consejo;
Pero ya achacoso y viejo. »

XVII

« Janela, su tierna esposa
(Mejorando lo presente),
Linda, bien hecha y graciosa,
Vive allí penosamente.
Pero su alma candorosa,
Que liviandad no consiente,
Ni abriga intencion bastarda,
La fe sin mancilla guarda. »

XVIII

« Pedro allí bien acogido,
Sus altas dotes revela,
Bien visto por el marido
Y estimado de Janela.
Pero á buen tiempo advertido,
Grave peligro rezela,
De que en culpable embeleso
Pierda la razon y el seso. »

XIX

« De aquellos nobles franceses
Amistoso se despide;
Y en la capital dos meses
Bien obsequiado reside,
Do con señores corteses
Las armas y el valor mide,
Y halaga a las damiselas
Con danzas y cantinelas. »

XX

« Cuando en tan grato recreo
Pasaba el tiempo, recibe
De la almiranta un correo,
Que grandes nuevas le exhibe.
Con vivas ansias deseo,
Aquella dama le escribe,
Vengais á verme al instante,
Pues ha muerto el almirante. » —

XXI

« Y despues de ese mensaje,
¿ Vió á quien tanto lo enamora? »
Pregunta Beatriz; y el paje
Le contesta : « Sí señora :
Hízole tierno homenaje,
Pero lo demas se ignora. »
La Infanta con ceño oscuro
Dijo : « Ya me lo figuro. »—

XXII

« Mas ayer con gran respeto, »
Pronto el paje le replica,
« En un mensaje secreto,
Su intencion le significa,
Que á mas elevado objeto
Sus afectos sacrifica,
Y que perdone Janela,
Si por otra se desvela. »

XXIII

Entre risueña y airada,
Diz la Infanta : « Buen menino,
Tu platica bien fraguada
Muestra tu ingenio ladino.
Mas te aprovecha de nada ;
Que he de ser de acero fino
Contra amorosos estremos. »
Y el paje dice : « Veremos. »

III

I

Irritado el ardimiento
De Pedro Niño, procura
Declarar su pensamiento
A aquella ingrata hermosura.
Mas ella evita su intento;
Y á la humildad y ternura
De sus miradas altiva
Vuelve la faz, y se esquiva.

II

Mas tanto crece la fama
De Pedro, que su ruido
Donde quiera oye la dama,
Y su loor repetido.
Y miéntras mas se derrama
Prez que fué tan merecido,
Más la ocasion huye diestra;
Más obstinada se muestra.

III

Cabalga la Infanta un dia
Por la tupida alameda,
Que con bóveda sombría
La oscura noche remeda
Su galana compañía
Largo tramo atras se queda;
Y ella, de riesgo segura,
Entra sola en la espesura

IV

Sale un hombre de repente
De las ramas de la orilla,
Y ante Beatriz reverente
Pone en tierra la rodilla.
«No rechazes inclemente,»
Dice, «de un alma sencilla
Los rendidos homenajes;
No con desprecios ultrajes»

V

«Al que en mas de un duro encuentro,
Con no mezquinos varones,
Dió señal de tener dentro
Sublimes aspiraciones
De ellas tú, divino centro,
¿Será justo que baldones
Con invencibles desdenes
Al que ya sin vida tienes?»

VI

Y en frase mas estendida
Su vivo afecto pondera,
Con plegaria bien sentida
Que una roca enterneciera.
Y al notar algo movida
La mirada ántes severa,
Majestuoso se levanta,
Y se aproxima á la Infanta.

VII

La rienda toma en la mano,
Y al dócil caballo guia
Hasta un bosque allí cercano,
Donde una fuente corria.
Bajo un arbusto lozano
Que exhala grata ambrosía,
Se alzaba en mullido lecho
Verde y florido repecho.

VIII

Apéase allí la hermosa;
Niño el brazo le presenta,
Y turbada y ruborosa
Sobre las flores se sienta.
Con la plática amorosa,
Que Beatriz callada alienta,
Dando impulso á su osadía,
Pasa el tiempo y muere el dia.

IX

Dice al fin la Infanta : «Conde
De Buelna, ya me venciste,
Que en vano mi pecho esconde
La llama que en él prendiste.
Mi labio fiel te responde
De mi corazon · supiste
Triunfar de un orgullo vano ;
Dueño serás de mi mano. »

X

«Mi libertad ha sufrido
Mui mas de un combate recio.
Como piedra he resistido,
Pagando amor con desprecio ;
Mas ya que te he conocido,
Mi vida no tiene precio,
A menos que con la tuya
Cual mansa corriente fluya. »

XI

«En ti solo encuentro el brio,
En ti solo la altiveza,
Que plantó en el pecho mio
Benigna naturaleza.
No han doblado mi albedrío
El poder ni la riqueza ;
Mas á proceder tan noble
Fuerza será que se doble. »

XII

« Tu alma empero necesita
Temple duro cual diamante;
Que no es dable que permita
Nuestra amistad el Infante. » —
«Si el infierno se concita,»
Responde Pedro arrogante,
« Contra mi amoroso empeño,
No importa : serás mi dueño. »

XIII

Tras mutua y sincera oferta,
Y juramento amoroso,
Modo y dia se concierta
Para el enlaze dichoso.
Por una escusada puerta
Entrará el feliz esposo,
Y obispo fiel y discreto
Los bendecirá en secreto.

XIV

Tuvo la noche siguiente
Lugar la union deseada,
Callada y modestamente
En capilla retirada.
Consiguió el jóven valiente
La recompensa anhelada;
Y obtuvo la Infanta bella
Un esposo digno de ella.

IV

I

Cual seca y lánguida mata,
Despues que pasa el invierno
Y abril sonríe, desata
Frondosa el vigor interno
Y robusta se dilata
En hoja y capullo tierno,
Dando ensanches á la vida
Que ántes guardaba escondida;

II

Tal Beatriz, desde que siente
De amor la benigna llama,
Muestra en su mirar ardiente
Y el carmin que se derrama
Por su faz, que interiormente
Pasion activa la inflama,
Y sin temor que la oprima,
Todo su ser reanima.

III

El Infante, que la acecha
Y el grave suceso ignora,
No sin enojo sospecha
Que algun galan la enamora.
Una borrasca deshecha,
O mas bien devoradora
Sierpe, en su seno se abriga,
Que su existencia atosiga.

IV

Y mas viendo que afanados
Renuevan la antigua instancia
Opulentos potentados
De Aragon, Castilla y Francia,
Que se dan por agraviados
De la severa arrogancia,
Con que sus votos rendidos
Son por la Infanta acogidos.

V

Llamandola á su presencia,
Dicele · « El tiempo es venido,
En que elija tu prudencia
Entre tantos un marido.
Culpable es la resistencia,
Pues la clase en que has nacido,
Te impone el precepto justo
De sacrificar tu gusto »—

VI

«Mi clase, señor,» replica
Con entonada reserva,
«Si mi gusto sacrifica,
Me pone al nivel de sierva.»
El padre, á quien mortifica
Tanta obstinacion, y observa
Que ella firme se sostiene,
Su cólera no retiene.

VII

Miéntras mas del padre crece
La destemplada censura,
Mas resuelta ella parece
Y en no ceder mas segura.
Su pecho no se estremece
Cuando el Infante le jura,
Que ántes que nazca otro dia,
Postrara su rebeldía.

VIII

Responde Beatriz : « Ya es tarde,
Y ocultarlo no rezelo :
Esposo de que hago alarde,
Tengo, que me ha dado el cielo.
No penséis que me acobarde
Tímida en vil desconsuelo ;
Con él dolor y abandono
Prefiero al brillo del trono. »

15.

IX

Cuando su disco levanta
El sol al siguiente dia,
De Valladolid la Infanta
Bien custodiada salia.
En una torre que espanta
Por triste, fuerte y sombría,
Colocada en alta sierra,
Don Juan airado la encierra

X

Pedro enfurecido brama,
Tierno amante y fiel esposo ;
Mas Don Enrique lo llama,
Su protector generoso,
Y así le dice « Esa dama
A quien turbaste el reposo ,
Tiene un padre á quien estimo
Por aliado y por primo. »

XI

« Agraviado de tu arrojo,
Me ha dado sus justas quejas.
Puedes temer un sonrojo,
Si cauto no te manejas ;
Mas yo calmaré su enojo,
Si de estos muros te alejas
Hasta que el tiempo lo ablande,
Y vengas cuando yo mande »

XII

Al castillo de Zamora
Se va el pobre caballero,
Donde crece de hora en hora
Mas firme su ardor primero.
Doña Beatriz que lo adora,
Con seguro mensajero
Manda y recibe papeles,
De mutuo amor prendas fieles.

XIII

Un dia tras otro dia
Pasan así los amantes,
Y el afecto no se enfría
De sus ánimos constantes.
Pedro enfrenar no podia
Sus impulsos arrogantes;
Mas es fuerza sacrifique
Todo al precepto de Enrique.

XIV

Tambien le ruega su esposa
En una carta discreta,
Que á la suerte rigorosa
Resignado se someta,
Pues por su parte, animosa,
Mayor desventura reta,
Fiel al santo juramento,
Mientras le dure el aliento.

XV

Miéntras la vida cuitada
Pasan dama y caballero,
Una poderosa armada
Cruza en la boca del Duero.
A la orilla amenazada
Acuden noble y pechero,
Viendo cuánto se avecina
Destruccion, muerte y ruina.

XVI

Porque está mal defendida
La tierra contra los moros,
Y la corte empobrecida
Sin armas y sin tesoros.
Corre la gente afligida;
Suenan lamentos y lloros,
Viendo erizadas las popas
De armas, banderas y tropas.

XVII

Toma la morisma tierra;
Sembrado y villa recorre,
Porque en tan infausta guerra
Nadie al mísero socorre.
La gente armada se encierra
Dentro de castillo ó torre;
Y ya en Portugal no queda
Quien salir al campo pueda.

XVIII

Viendo el rei que se va á pique,
Vuelve al Infante los ojos,
Encargándole que á Enrique,
Con gran empeño y de hinojos
Ruegue, moleste y suplique,
Para evitar que en despojos
Caiga del vil mahometano
La herencia de un rei cristiano.

XIX

Tan inesperada y cruda
Noticia llega al Infante.
Ni en Castilla hai quien le acuda
En conflicto semejante.
Pide á Don Enrique ayuda
De caballero y de infante,
Y mas le insta a que le preste
Un buen caudillo de hueste.

XX

«El que mas puede ayudarte,»
Dice el rei, «aunque lo sienta
Tu orgullo, el que igual á Marte
Siempre en la lid se presenta,
Y el portugues estandarte
Lavara de toda afrenta,
Dándole renombre eterno,
Es Pedro Niño, tu yerno.»

XXI

Entónces Don Juan sañudo,
De irritacion gestos hace.
Dice el rei, diestro y agudo :
«Conozco que no te place.
Él pudiera ser tu escudo ;
Mas si no te satisface,
Deja que ese noble imperio
Caiga en triste cautiverio.»

XXII

«Con tal que una grave ofensa
Castigues como es debido,
¿Qué importa que sin defensa
Quede tu reino oprimido?
Y si el rei tu hermano piensa
Que así lo has desatendido,
Respóndele tú severo,
Que tu honor es lo primero.» —

XXIII

«Tiemblo al oir tu relato,»
Don Juan alterado dice;
«En seguir el arrebato
De mi cólera, mal hice.
Ya de corregirlo trato :
Venga Don Pedro, y felize,
En su amor premiado sea
Y triunfante en la pelea.»

XXIV

Y nadie estrañe que en gente
Poderosa y elevada
Se cambie tan fácilmente
Resolucion empeñada;
Pues la desgracia presente
Hace olvidar la pasada,
Y si fortuna se enoja,
El hombre mas fuerte afloja.

XXV

Sigue la historia diciendo
Que volvieron los amantes,
Que hubo un convite estupendo,
Que dieron fiestas brillantes;
Que luego en combate horrendo
Vencedoras y triunfantes
Las falanges portuguesas,
Hacen al moro pavesas

XXVI

Y sigue de aquel guerrero
Contando la ilustre vida,
De quien guarda el orbe entero
La fama bien merecida.
Mas yo aqui suspender quiero
La relacion mal tejida,
Para que en docto volumen
La emprenda mas diestro númen.

DON POLICARPO.

—◦—

«Sustine.» — MÁXIMA ESTOICA.
«Aguanta.» — TRADUCCION LIBRE

11

I

Figúrese el lector en una villa,
Triste y mal empedrada, como todas
Las de la parte interna de Castilla
(Region do nunca penetraron modas),
Un caseron estenso, que no brilla
Por fustes griegos, sí por armas godas;
Su cumbre una pirámide de tejas,
Y zelosías por adorno y rejas.

II

Jardin abandonado, mustio, seco,
En que nacieron hace un siglo flores;
Patio enclaustrado de estendido hueco
Con restos de antiquísimas labores;
Piezas vacías, donde el dócil eco
Arremeda los vientos triscadores;
Y algunos muebles de nogal antiguos
En los departamentos mas exiguos.

III

Tal era la mansion en que la vida,
Sin ambicion, ni miedo, ni esperanza,
Pasaba, no envidiada ni temida,
Don Policarpo Antúnez de Carranza.
Su inclinacion llevaban dividida
Moderna ilustracion y añeja usanza,
A guisa de las dos causas diversas,
Que idolatraban los antiguos persas.

IV

Por una parte, en bella ejecutoria
Sus abuelos ilustres consignados,
Traian de continuo á su memoria
Grandes servicios, hechos esforzados.
Por otra parte, no juzgó ilusoria,
Ni indigna de sus hechos elevados,
La dicha que disfrutan los mortales
Con las instituciones liberales.

V

Echaba ménos de su noble raza
Los timbres, el boato y el decoro,
Y conservaba ilesa una coraza,
Que hizo mas de una vez temblar al moro.
Mas al fijar las mientes en la traza
Con que hoi del pueblo se preserva el oro
Por medio de un fundado presupuesto,
Decia allá entre si. « Mejor es esto. »

VI

Solia comparar eras con eras
Y usos con usos. « Es verdad, » decia,
« Que en el siglo catorce á las banderas
De España la victoria fiel seguia.
Pero en cuanto á modales, qué groseras!
¡ Qué falta de elegancia y simetria
En muebles, en convites y en ropajes!
En estas cosas eramos salvajes »

VII

« La pujanza, es verdad, de daga y puño
Daba al ultraje énergicas respuestas,
Y nadie con Don Alvaro ó Don Nuño
Podia impunemente andarse en fiestas ;
Pero la ilustracion del nuevo cuño
Nos ahorra estas prácticas funestas,
Y desde que tenemos garantías,
No se ven en el mundo fechurias. »

VIII

« Eran nuestros abuelos mui formales,
Infatigables en cualquier empresa;
Y ántes faltara el polo á sus quiciales,
Que ellos en el cumplir una promesa.
Mas, sobrios ora, y ora mazorrales,
En los sociales gozes de la mesa,
No aclimataron nunca en nuestra España
Beef-steak, ni rabioles, ni Champaña. »

IX

« Tambien es cierto que en el grupo vasto
De la plebeya multitud se erguia
El noble, mas orondo que un canasto,
Y mil adoraciones recibia.
Mas para mantener el lujo y fasto
Que tan escelsa elevacion pedia,
Estaban los criados de hambre muertos,
Y á vezes se empeñaban los cubiertos. »

X

« Desde que á los trabajos dió la moda
Sobre honores y alcurnia preferencia,
El que trabaja, está siempre de boda,
Y el que no es mas que noble, en indigencia.
Ántes bastaba con la sangre goda
Para subir un hombre á la eminencia;
Y en nuestros dias el que no trabaja,
Pan seco y duro come, y duerme en paja. »

XI

«Qué es mejor? el progreso, ó la rutina?
Ir adelante, ó mantenerse quieto?
¿Sangre ilustre y doméstica ruina,
O vil linaje y el bolson repleto?
¿Quedarse un hombre atras, miéntras camina
La sociedad, y tímido y sujeto
Enfangarse en miserias y en errores,
No mas que porque *sic voluere priores?*»

XII

Entre un sistema así y otro sistema
Nadando en incesantes confusiones,
Se consumia el héroe del poema
En las mas complicadas reflexiones.
Quién ha de resolver este problema?
¿Quién dará norma fija á sus acciones
Y punto á un vacilar tan inconexo?
Quién habia de ser? El otro sexo.

XIII

Casóse, como noble, por poderes
Con mujer a quien nunca vió la cara
Como si en este mundo las mujeres
Fueran alguna mercancía rara.
Que así se liguen dos humanos seres,
Solo porque uno es Gómez y otro Lara,
Fiándose en ajeno testimonio,
Y que esta union se llame matrimonio;

XIV

Y que del corazon se den las llaves
A quien no se conoce, ni de vista,
Y permanezca en vínculos tan graves
Un infeliz mortal, miéntras exista;
Y que estas leyes han de ser suaves,
Porque así se le antoja al canonista;
Confieso con verdad que no lo entiendo.
Así esta el mundo : vamos prosiguiendo.

XV

De la novia un pariente mui cercano
Se la condujo al pueblo en que vivia,
Pues no habiéndola visto de antemano,
No era mucha la prisa que tenia.
Ella no era un prodigio soberano
De hermosura : tampoco era una arpía :
Una de estas mujeres infinitas
Que ni se llaman feas ni bonitas.

XVI

Pero tenia aquel anzuelo ó gancho,
Que mas que la beldad, liga y sujeta ;
Arte de dominar en campo ancho,
Que no hai dificultad que no someta.
Con esta nota su opinion no mancho ;
Ántes la califico de discreta.
Al mujeril dominio todo cede,
Y cada cual domina como puede.

XVII

Dueña de las potencias y sentidos
De quien no le oponia resistencia
(Por ser cosa frecuente entre maridos
Quedarse sin sentido ni potencia),
Criada de la corte en los ruidos,
Acostumbrada al brillo y concurrencia,
Vió con horror el nuevo alojamiento
A que la condenaba el casamiento.

XVIII

Y con aquel acento que avasalla
Y no deja lugar á la respuesta,
«Fuera,» dijo, «ridícula antigualla.
Fuera ese goticismo que me apesta.»
Y miéntras el marido observa y calla,
Ella al ataque y destruccion dispuesta,
A la cabeza de un tropel de mozos
Hace en los muebles bárbaros destrozos.

XIX

Bajan rotas al suelo colgaduras
De damasco, biombos, cenefillas,
Armarios con dorados y molduras,
Retablos, canapés, bancos y sillas;
Estampas, papeleras y pinturas,
Soperas, jarros, platos, escudillas;
Y aquella furia, con sus manos propias,
Hizo pedazos veinte cornucopias.

XX

Terminado el oficio de la escoba
En remover escombros y fragmentos,
Ricos muebles de mármol y caoba
Ornan los trasformados aposentos.
Pabellones chinescos en la alcoba;
En el salon magníficos asientos;
Al testero dos lunas colosales;
Por donde quiera, bronces y cristales.

XXI

En el estudio del querido esposo,
Que á ella le pareció de escuela rancia,
Se coloca un estante primoroso,
Lleno de libros que produjo Francia.
«Aquí,» ella dice, «puedes afanoso
Salir del hondo abismo de ignorancia,
En que la gente de Castilla inculta
Mas y mas cada dia se sepulta.»

XXII

El buen marido, dócil al mandato
De aquella irresistible criatura,
Pone esclusivamente su conato,
Y pasa todo el tiempo en la lectura.
No aspira á la opinion de literato;
Más modesto es su plan: solo procura
Revindicar la fama de Castilla
Y ponerse al nivel de su costilla.

XXIII

Para obtenerlo, impávido se arroja
A devorar sus libros impaciente :
No hai ciencia, no hai doctrina qué no escoja ;
Sin distincion en todas clava el diente.
En su cerebro infatigable aloja
Masa confusa, varia, incoherente
De opiniones contrarias y diversas :
Buenas las unas son, otras perversas.

XXIV

Da un salto de la historia á la novela ;
Del Derecho romano á la poesía :
Ora un economista lo desvela ,
Ya de un comentador la algarabía.
Hoi por fijar una ecuacion anhela ;
Mañana una cuestion de teología ;
Y de la descripcion de un raro anfibio
Pasa á las estrategias de Polibio.

XXV

Unas vezes la triste patologia
Con imágenes negras lo alucina ;
Otras, al estudiar la craneologia,
Llegar á ser profeta se imagina ;
Y luego el catecismo de la Logia
A la ciencia de Hiram su mente inclina.
De Víctor Hugo lo enajena el ritmo,
Y luego la invencion del logaritmo.

XXVI

Y miéntras él con tanto afan calcula,
Compara y piensa, inmóvil en su silla,
Su intrépida mujer cambia y anula
Las antiguas costumbres de la villa.
A las mozas y mozos inocula
En el vals, la mazurca y la cuadrilla.
Ya desprecian su honrada parsimonia,
Y se lavan con agua de Colonia.

XXVII

A las pocas semanas se apercibe
Una revolucion la mas completa.
Al Diario de modas se suscribe
La mujer del alcalde, gran coqueta.
El sofá en toda casa se recibe
En lugar del asiento de vaqueta;
Sillas inglesas en lugar de albardas,
Y levitas en vez de capas pardas.

XXVIII

La regeneracion que presta cunde
Y hace mudar de aspecto á cada cosa,
Grande entusiasmo en Policarpo infunde
Por el mérito raro de su esposa.
No echa de ver cuán rauda se difunde
La miseria con vida tan costosa,
Ni cuán desordenada está la villa,
Que era piedra de escándalo en Castilla.

XXIX

Ni la guerra civil que á los maridos
Suscitan conjuradas las mujeres,
A quienes ya parecen reducidos
Los gajes mensuales de alfileres ;
Y con esto los pobres, distraidos
De sus acostumbrados quehaceres,
En su interior envían al infierno
Estraña innovacion y uso moderno.

XXX

Bien dicen los filósofos : *In medio*
Consistit virtus,—máxima trillada,
Que del hombre infeliz fuera remedio,
A todas sus acciones aplicada.
En unos entusiasmo, en otros tedio ;
Aquí y alli pasion exagerada :
Asi juzgan los hombres, y así vemos
Que siempre se colocan en estremos.

XXXI

Esa cuestion ridícula y añeja
De modernos y antiguos, bien podria
Divertir, cual divierte una conseja,
Tal cual desocupada fantasía.
Lo que la ilustracion nos aconseja
Y apoya la esperiencia cada dia,
Es elegir las cosas mas sensatas
Sin exámen de tiempos ni de datas.

XXXII

Hoi con tenazidad luchan dos sectas,
Que no se dan cuartel, ni oyen razones.
Personas que blasonan de provectas,
Se casan con antiguas opiniones,
Como las mas seguras y perfectas.
Otras, en relumbrantes clausulones,
Solo llaman loable, justo y bello
Lo que del nuevo cuño lleva el sello.

XXXIII

O todo, ó nada,—tienen por divisa
Las dos contrarias huestes. Quien se muda
Una vez por semana de camisa,
Y dice : « Dios os guarde, » al que estornuda ;
Y cuando dan las doce va de prisa,
Porque el puchero aguarda ;—ese no duda
La secreta virtud del silogismo
Contra la irreligion y el ateismo.

XXXIV

Y al reves, el que anuda la corbata,
A los dibujos de Paris sujeto,
Y con frailes dominicos no trata,
Ni de un *en folio* penetró el secreto ;
Ese el vigor de su pulmon desata,
Describiendo el bismut y el sulfureto,
Y en el vapor las esperanzas fija
De que el género humano se corrija.

XXXV

Y lo peor del caso es que trasciende
La disputa á las leyes generales,
De que la dicha de los hombres pende,
Y en vez de dicha les resultan males.
Cada adversario su principio estiende
Fuera de sus barreras naturales,
Y al fin se encuentran en un punto mismo; —
Y este punto cuál es? Es un abismo.

XXXVI

Parten de dos principios encontrados
Servil y liberal. El que mas puede,
Aplica sus remedios ponderados
A la masa infeliz que calla y cede.
El otro con ataques esforzados,
Logrando destruirlo, le sucede,
Y en la contienda del vaiven infausto
Dejan al pueblo, como corcho, exhausto.

XXXVII

Tal vez, cuando frenético se encumbra
Mas el desórden, plácida y risueña,
Moderacion prudente nos deslumbra
Con las fáciles máximas que enseña:
Sabido es el manejo que acostumbra,
Cuando en gustar á cada cual se empeña.
Sus recíprocas pérdidas reparan,
Y á mas acerbas luchas se preparan.

XXXVIII

Que la moderacion tambien propende
(Siento decirlo) al mal. Cuando del vicio,
Que en todo estremo nota, se desprende,
Ella se arroja en otro precipicio;
Contrarias pretensiones desentiende;
Burlarse de uno y otro es su ejercicio.
Puesta en el hipomoclio, qué resulta?
En nulidad inerte se sepulta.

XXXIX

Responderá el filósofo optimista ·
« Esa es moderacion? ni por asomo
Es imposible que tal cosa exista
Sino en límites justos. » Pero cómo?
Todo hombre moderado es teorista.
Si lo conceden, á mi cargo tomo
Probar que en estos casos la teoría
Es una garrafal majadería.

XL

La de Don Policarpo llegó á punto
De perder la razon : púsose enfermo,
Cabizbajo, amarillo, cejijunto,
Parecia en verdad un estafermo
Con algunos ribetes de difunto;
O mas bien solitario, que en el yermo
Disipa crudo los vitales brotes
A fuerza de cilicios y de azotes.

XLI

En casos semejantes, cuando el tedio
De la vida nos cansa y nos oprime;
Cuando el mal nos suscita crudo asedio,
Y oprimida en su red el alma gime;
Solo queda un asilo y un remedio ·
La Religion—raudal puro y sublime,
De donde mana en perenal corriente
Solaz al corazon, luz a la mente.

XLII

Don Policarpo, en vez de la alta senda
Que allá conduce, desde el suelo bajo
Ceñida el alma con innoble venda,
Prefirió, como dicen, el atajo.
Dejando a la ilusion floja la rienda,
Creyó salir del mísero trabajo,
Lazándose en el torpe y hondo abismo
De la supersticion y el fanatismo

XLIII

Fué el atormentador de su conciencia...
No sé—clérigo ó fraile—poco importa.
Hombre de disciplina y abstinencia;
Mas su vista mental debió ser corta.
De estos que á la doctrina y á la ciencia
Llaman veneno que el infierno aborta,
Y ven en el estudio el solo orígen
De las desgracias que á la tierra afligen.

XLIV

« Libros franceses ! » esclamó, rugiendo
Cual hiena furiosa. « ¿ No se inflama
Rayo voraze y destructor ? Corriendo—
Perezcan todos en activa llama. »
Don Policarpo, á fallo tan tremendo,
Pensando en los arranques de ñadama,
Temblaba como tímido cordero;
Pero la salvacion es lo primero.

XLV

Va á su casa, y con calma torva y fria
Manda á un mozo llenar sendo canasto
De lo que acumuló su librería,
Despues de tanto esmero y tanto gasto.
En un pilon que en el corral habia
Formó de libros un recinto vasto.
Madama á la sazon en la tertulia
Le decia á un Saint-Preux : « Yo seré Julia. »

XLVI

Ya en su caletre la razon se apaga,
Mientra en su mano seco hachon se enciende :
La llama aplica, que lijera y vaga,
Donde quiera que toca, rauda prende.
Por el inmenso grupo se propaga
La destructora combustion, y asciende
Por todas partes el incendio infausto;
Al genio del error digno holocausto.

XLVII

Allí de Mably y su pesada escuela,
Propagadora de la gran doctrina
Que en la esfera social todo nivela,
Y no sabe crear, si no arruina;
Que en la feroz Esparta nos revela
El máximum del bien, y nos destina
Frugales mesas y desnudos lomos;—
Quedaron en cenizas dos mil tomos.

XLVIII

De D'Holbach los narcóticos escritos,
Donde el error en formas mazorrales
Conduce al hombre á bárbaros delitos,
Se tornan chicharrones infernales.
Allí mueren folletos infinitos
Del padre de los cultos liberales,
De Constant, que un humazo negro esconde
Junto al Conservador del gran Vizconde.

XLIX

Y tú, Corina! tú tambien! ¿ la gracia
De tu estilo no basta? No: en tus hojas
Tremenda chispa sus furores sacia;
Ya se chamuscan fetidas y rojas.
Pudiste merecer tanta desgracia?
Tú, que en la inspiracion la pluma mojas,
¿ Cedes, cuitada, al torbellino negro?
Pues, como soi cristiano, que me alegro.

L

¿ Para qué declaraste insana guerra,
Mujer, al hombre que deplora el mundo;
Al que, cual númen adoró la tierra,
Al que al malo inspiró terror profundo?
Las perlas ricas que tu pluma encierra,
No debieron ornar ídolo inmundo;
Ni te hizo el cielo dones esquisitos
Para adular hinchados parasitos.

LI

Allí cien escritores romanescos
De novelas, ensayos, melodramas,
Anglomanos, exóticos, tudescos,
Desparecieron en vorazes llamas :
Imitadores frios y grotescos;
Fabricantes de insípidas proclamas;
Que en vano escalar quieren la alta cima,
Donde el cantor de Ofelia se sublima.

LII

Ya consumado el horroroso incendio,
Entra la esposa, y en raudal henchido
Vierte la execracion y el vilipendio
Contra el devoto y mísero marido.
Él, de resignacion frio compendio,
Sin alterarse aguanta el estallido;
Ella en sangriento insulto se desboca,
Y él le contesta cual pelada roca.

LIII

« Separacion, » esclama furibunda,
Desgarrandose el chal y las polleras ;
Y él, inmutable en su quietud profunda,
Le responde : « Hija mia, como quieras. »
Dirá tal cual lector : « Qué buena tunda ! »
Policarpo seguia otras banderas.
Empalagado ya de aquel consorcio,
Vió el cielo abierto cuando oyó —*Divorcio.*

LIV

Oigan ustedes cómo acaba el cuento.
Muchos años despues, el buen Carranza
Murió siendo donado de un convento,
Y era de aquel convento la esperanza.
Su preciosa mitad, alto portento
De fino gusto y mujeril pujanza,
Segun refieren, terminó la vida
En la calle de Atocha recogida.

EL PRIMER
CONDE DE CASTILLA.

«*Octavio.* Quién así cambió su estrella?

Turpin.   Ella.

Octavio.   ¿Y quien fué su sosten
          En sus males?

Turpin.   Ella.

Octavio   ¿Y quién
          Rompió sus prisiones?

Turpin   Ella.

Octavio. Válgate Dios por doncella!
          No hai fiera mas arrojada
          Que doncella enamorada.»

UN INGENIO DE ESTA CORTE.

I

I

La corte de Navarra en Castro-fuerte (17)
Prision mas bien parece, que morada
De un soberano poderoso y fuerte,
Que ensanchó sus dominios con la espada :
Que Don García olvida ya la muerte
De su padre, y la oferta reiterada
De alzar contra el autor fiera cuchilla ;
Fernan González, conde de Castilla.

II

Mas que la edad, un frio aburrimiento,
Y mas que el desengaño, la fatiga
De un reinado cuidoso y turbulento
La ántes famosa actividad mitiga.
Pésale el curso de los años lento;
Su aletargado corazon no abriga
Deseo ni temor, pena ni goze;
Ni amor, ni envidia, ni ambicion conoce.

III

Mohosos yacen en mansion oscura,
Cual rotos muebles ó marchitas flores,
Broquel y espada, lanza y armadura,
En tanto fiero empeño vencedores.
Ni el alazan recorre la llanura
Tras gamo ó liebre: duermen los azores
Lánguidos en la percha: en el retrete
No resuena el bullicio del banquete.

IV

Sancha no léjos de su padre crece,
Sin recibir caricias de su mano,
Bien que de fresca juventud parece
Ya en sus mejillas el vigor lozano.
Pero en vano el retiro la oscurece,
Cual rica joya en tierra vil, y en vano
Triste y austera soledad limita
La inquietud generosa que la agita.

V

La condesa Matilde la acompaña,
Dama de ingenio agudo y gran respeto,
Que el rei condujo de region estraña,
De su cordura y razonar discreto
Prendándose en Tolosa. Y en España
Obispos é infanzones en secreto
Imploran reverentes sus avisos,
Y los adoptan fieles y sumisos.

VI

Ella de Sancha el corazon dirige
Con habla grave y amistoso zelo;
Y en aquel abandono que la aflige,
Matilde es su esperanza y su consuelo.
De su meditacion el curso rige,
Para evitar que tome osado vuelo,
Y en peligrosas fantasías halle
Deseo que la inquiete y la avasalle.

VII

Tal puede reprimir la débil rama
Del aliso la fuerza del torrente,
Que de la alta cerviz del Guadarrama
Se desploma espumoso y prepotente.
Ya en aquel seno juvenil la llama
Prendió de afecto puro; ya vehemente
Busca, sin encontrar quién se lo indique,
Objeto á que su ardor se comunique.

VIII

Ni otro objeto se ofrece á su mirada
Que el ajeno dolor, al cual ansiosa
Vuela, si llega el grito á su morada,
Socorriéndolo activa y afanosa.
Con Matilde á la choza retirada
Penetra, y deja traza generosa
De su piedad, y el huérfano infelize
Y la afligida madre la bendice.

IX

Más que infortunio ciego, la injusticia
Su ser conmueve y su pasion exalta.
Si triunfan la violencia y la malicia,
Si apoyo firme al oprimido falta,
Si la fortuna, al criminal propicia,
Doblega al inocente, — como salta
Raudal en tubo estrecho comprimido,
Así estalla aquel seno dolorido.

X

«Si alguna vez,» decia, «en alto trono
Me coloca el destino — yo lo juro —
De los grandes el fiero desentono
Comprimirá mi mano en fuerte muro;
Temblarán los tiranos á mi encono,
Y podrá el inocente, mas seguro
Que el poder, respirar sin que lo asombre
Proterva autoridad ó ilustre nombre. »

XI

En estas ilusiones se perdia
Su mente acalorada, cuando un paje
De Leon despachado a Don Garcia,
Le presenta de hinojos un mensaje.
Al anuncio su lenta fantasia
Se conmueve : el recuerdo de un ultraje
Se graba en su memoria vivamente.
Era la carta del tenor siguiente.

XII

« A vos, rei de Navarra, hermano mio,
Teresa, reina vieja y de mal hado,
Mi acatamiento y homenaje envio.
Si fuera como vos rei coronado,
Hora vengara aquel agravio impio
Que en la familia duelo ha derramado,
Puesto que la ocasion mas oportuna
Favorable os presenta la fortuna. »

XIII

« Acá llegó el mal conde el otro dia,
Recibido por Sancho nuestro hermano
Con grande reverencia y cortesía,
Puesto en olvido el crimen inhumano.
Yo, que tan concertados los veia,
Tomé al dicho mal conde por la mano,
Y con cauto designio y mira doble
Por esforzado lo alabé y por noble »

XIV

« Y á mis obsequios y amistad rendido
(Que así lo procuré sutil y diestra),
Díjele que aceptase agradecido
La que juzgo segura y cara muestra :
Que fuera mi placer verlo marido
De Sancha mi sobrina, la hija vuestra ;
Y él viendo su ventura en este enlaze,
Respondió conmovido : ' Qué me place ! ,—

XV

« Y esto añadió : ' No ignoro que es doncella
Galana, y entendida, y de buen porte ;
Con grande admiracion me ha hablado de ella
Cierto amigo que habita aquella corte.
Desde entónces juré, sin conocella,
Hacerla de mi amor y vida norte.
Miro pues tu favor como precepto,
Y el suspirado honor gozoso acepto. , —

XVI

«Hora, rei Don García, si la muerte
De Sancho Abarca á castigar te incita
Su vil perpetrador, tu buena suerte
La merecida pena facilita.
Baste tan grave empeño á conmoverte ;
Sal ya de esa inaccion que debilita
Tu buen nombre, y la sangre de un perverso
Tu amor filial publique al universo.»

XVII

Cauteloso reserva Don García
Nueva que halaga sus impulsos fieros;
Mas pronto cambia en bulla y alegría
Su retiro y sus hábitos austeros.
Mandato urgente presuroso envía
A los mas esforzados caballeros,
Diciendoles que tiene meditada
Grave empresa, gloriosa y reservada.

XVIII

Que se aperciban sin tardar, pues vale
Mucho la prontitud en el empeño,
Sin que aquella noticia se propale,
Porque nadie descubra su diseño.
Y en efecto, con turba armada sale,
Cuando en las alas de la noche el sueño
La silenciosa capital domina,
Y escaso albor los cielos ilumina.

XIX

Llegó despues á Sancha la noticia,
Y consternada la dejó, y llorosa;
Que aunque nunca del padre la caricia
Halagó su niñez, la fervorosa
Condicion de aquel alma sin malicia
No enfria de la suerte rigorosa
La aspereza, y amar es su destino,
Y no sabe seguir otro camino.

II

I

Ya en occidente la postrer vislumbre
Del dia se ocultaba, y en pos de ella
Derramaba torrentes de alba lumbre
La luna, remontando su faz bella
Con indecible majestad. La cumbre
Del monte y el raudal nacido en ella
Imitan los reflejos celestiales,
En dura nieve y móviles cristales.

II

Del regio alcázar á distancia breve
Se conserva postrada la ruina
De romana mansion : ni rastro leve
De su historia se guarda ni adivina.
Que el tiempo así con rauda accion conmueve
Los trabajos del hombre, y encamina
Todo á la destruccion, en cuyo abismo
Se habrá de sepultar el tiempo mismo.

III

Naturaleza disfrazó el ultraje
De los siglos, ciñendo cariñosa
Los mutilados restos del follaje
De verde aliso y de silvestre rosa.
Y en rededor magnífico paisaje
Dispuso, que termina en grandiosa
Perspectiva, do el albo Pirineo
Levanta su volúmen giganteo.

IV

Ansiando por la plácida frescura
Que allí en templada noche se respira,
Y aquel puro deleite y grata holgura
Que la frondosa soledad inspira,
Sancha abandona la mansion oscura
De su palacio, que con tedio mira;
Y al lado de Matilde, á paso lento
Se encamina al antiguo monumento.

V

Sentadas en el roto peristilo,
Antes á falso numen consagrado,
Atónitas contemplan el tranquilo
Reposo del ambiente perfumado;
Reposo que en el seno, cuando asilo
Presta á locas quimeras, arrastrado
Por el secreto impulso de ansia incierta,
Dolor profundo y turbacion dispierta.

VI

Tal el seno de Sancha, que ya oprime
Viva pasion; y aquella escena grata
Mayor viveza á la pasion imprime,
Y en ella mas potente se dilata.
Matilde observa que apenada gime,
Que el llanto de sus ojos se desata;
Y viendo confirmada una sospecha
Que oculta abriga, al corazon la estrecha.

VII

Y le pregunta con amor : « Qué tienes?
Qué te aflige? qué penas son las tuyas?» —
«No enojosa,» responde, «me condenes,
Ni en mí imprudencia criminal arguyas.
Y si juzgas quiméricos los bienes
Que nutren mi esperanza, no destruyas
Con inútil razon una quimera,
Que ya es mi porvenir, mi vida entera.»

VIII

« Hai un hombre en el mundo que me adora,
Y él de mi corazon tambien es dueño.
Fuerza tiene y poder, y triunfadora
Fué cien vezes su mano en arduo empeño.
Desde lejana tierra me enamora....
Quizas presumes que deliro ó sueño?» —
No responde Matilde : largo rato
Quedó en silencio oyendo aquel relato.

IX

Prosigue Sancha : « Las heroicas prendas,
La generosidad, el fuego, el brio,
Que lucen tanto en bélicas contiendas,
Como en deber modesto, justo y pio;
Ese soltar al corazon las riendas
Sin mira interesada, mientra el frio
Cálculo de los hombres enmudece,
A vista de su hermano que padece ; »

X

« Esas dotes, favores celestiales,
Que con escasa mano el cielo envía,
Siempre en mis descontentos y en mis males
Llenaron de entusiasmo el alma mia.
Veneré estos modelos inmortales
En la historia, y pensé que no existia
Modelo igual en esta edad de hierro :
Feliz acaso disipó mi yerro. »

XI

« El nombre de *Fernan*, — ya lo conoces —
Está de ese gran nombre el mundo henchido;
De sus ilustres méritos las vozes
Llegaron (en buen hora) á mis oidos;
Y la mente en sus ímpetus velozes,
Que nunca la razon ha comprimido,
Se fijó tenazmente en una idea
Que sus aspiraciones lisonjea. »

XII

« Mi pasion comenzaba, cuando llega
De Burgos, á servir a Don García,
El noble castellano Lope Ortega,
Caballero de seso y bizarría.
En el estrado un dia se me allega,
Y con mui reservada cortesía
Breves palabras pronunció, mas tales
Que aumentaron el peso de mis males. »

XIII

« Estas fueron : ' El conde de Castilla
Muere por vos de amor sin conoceros; , —
«No dijo mas, y pronto mi mejilla
De fuego se cubrió, y aunque altaneros
Mis ojos procuraron desmentilla,
Como en castigo de agraviados fueros,
Fué empeño tan inútil como tardo,
Que ya en el corazon estaba el dardo »

XIV

« De entónces acaricio y alimento,
Cual si de mi existencia fuera parte,
Este.... llámalo ó goze, ó bien tormento,
Que ya no me es posible disfrazarte.
Contradecirlo es vano pensamiento,
Que ya es mi pecho sólido baluarte
Labrado por amor, y desafía
Amenaza, poder y tiranía. »—

XV

« Infeliz ! » la condesa le responde.

« No ves qué suerte el porvenir te marca ?

¿ No llegó á tus oidos que fué el conde

Quien muerte dió á tu abuelo Sancho Abarca ?

Quién de un padre colérico te esconde ?

¿ Quién detiene las iras de un monarca

Sediento de venganza, ó lo concilia

Con el perseguidor de su familia ? »

XVI

Esto dijo, y de pronto en la espesura

Suena un leve rumor que las sorprende,

Y desde el fondo de la selva oscura

Con acertado giro se desprende,

Cerrado con vistosa ligadura,

Pliego oloroso. Sancha bien entiende

Quién dirige, y á quién, aquel mensaje ;

Que de amor aprendió sola el lenguaje.

XVII

De vuelta en el alcázar, anhelante

Rompe la nema, y el papel devora :

« Dulce premio logró mi amor constante ;

Castilla ya os aclama por señora.

Quien se atrevió á decirse vuestro amante,

Vuestro esposo feliz se llama ahora.

En nombre de Navarra esta promesa

Acaba de afirmar Doña Teresa. »

XVIII

Con indecible turbacion se arroja
Sancha en el seno de la amiga cara,
Y en llanto de ternura su faz moja,
Ternura que el rezelo no acibara.
Matilde no lo estraña, ni se enoja,
Ni una cierta sospecha le declara
Que tan raro suceso le infundia,
Reservándose hacerlo al otro dia.

III

I

El cual rayaba de negrura densa
Reteñido y de lóbrego celaje,
Cual si anunciase la estension inmensa
Contra el Señor del mundo horrendo ultraje.
El Pirene cubrió su falda estensa
De amarillo vapor, como ropaje
De fantasma que el Érebo vomita
Y por la oscura atmósfera transita.

II

Los gritos de la plebe alborotada
Y del bronce los altos reverberos
De Don García anuncian la llegada,
Con el tropel de ilustres caballeros
Que salieron con él á la jornada.
En medio de gendarmes y lanzeros
Viene un hombre detras en mula parda,
De alta presencia, espléndida y gallarda.

III

Nadie conoce al triste personaje
(Triste como sujeto á suerte dura),
Pues si lleva magnífico ropaje
Y rico adorno borda su cintura,
Los brazos y los piés con duro herraje
Bien apretado vínculo asegura.
Ocúltasele el rostro en ancha venda
Y un gendarma lo guia por la rienda.

IV

Llega, y con doble guardia es conducido
Dentro de un torreon oscuro y fuerte,
Por rudos visigodos construido
Al tomar posesion de Castro-fuerte ;
Espantosa prision, donde es sabido
Que mas de un infeliz recibió muerte,
No en castigo, si en perfida venganza,
Por nociva pocion o aguda lanza.

V

Al saber que es llegado Don García,
Corre Sancha á estrecharlo contra el seno,
Con la inocente y plácida alegría
Que abriga un corazon de virtud lleno.
Mas ah ! que la cuitada no sabia
Lo que el destino le prepara ; ajeno
Su pecho noble de traicion bastarda,
Con ajena traicion no se acobarda.

VI

Severo el padre le negó la puerta,
Rasgo que de dolor la petrifica,
Y su dulce esperanza desconcierta.
Mas quién la causa del rigor le esplica?
A la condesa acude, la que incierta,
Miéntras en su temor se ratifica,
Piensa, vacila y suspirando calla;
Y Sancha en lloro y en gemido estalla

VII

Nuevo mal en su pecho se acumula,
Y á mas penosa turbacion se entrega,
Cuando un rumor, que rápido circula,
Timido y vago a sus oidos llega.
Ya Matilde su horror no disimula,
Ya su sospecha antigua no le niega:
« Fernan Gonzalez es el preso, » dice:
« Terrible suerte aguarda al infelize. » —

VIII

« Fernan González! el preciado objeto
De mi pasion' el dueño de mi mano! »
Dice Sancha; « ¿ qué bárbaro decreto
Sacrifica al potente soberano
De Castilla ?... Matilde,—lo prometo,—
No logrará su fin el inhumano
Que proyecta maldad tan afrentosa;
Yo los deberes cumpliré de esposa »

IX

No dijo mas, y desde entónces muda
Ya a la reconvencion y ya al afecto,
Secretamente aleja miedo y duda,
Y madura callada su proyecto.
Que el cielo blando a su favor acuda
Ferviente pide, y el designio recto
Que la anima, y al cual ciega se lanza,
Fomenta y consolida su esperanza.

X

Su inocencia sirviéndole de escudo,
Sola y en alta noche, del terrero
Desciende á la prision. Era hombre rudo,
Mas franco y generoso el carcelero.
No con sobornos, con plegarias pudo,
Con llanto de dolor, no con dinero
(Que de toda merced el precio borra)
Lograr entrada á la infernal mazmorra.

XI

Allí al guerrero, cuyo escelso brillo
La esfera vasta de la fama llena,
Mira oprimido el pié con fuerte grillo,
Y los brazos con barbara cadena.
El cuello le sujeta ferreo anillo,
Que á quietud dolorosa lo condena ;
Y toda su magnífica estatura
Se dobla y tuerce en aspera tortura.

XII

Tiembla la antorcha en la agitada mano
De la infeliz, y dando un alarido,
No menos fuerte que garzon lozano,
Pronto deja á su amante desprendido
Del grave peso que lo oprime. Ufano
Su pecho con el triunfo conseguido,
Se descubre al amante, y la noticia
Lo arrebata en consuelo y en delicia.

XIII

De dos almas fogosas, confundidas
En un digno y activo sentimiento,
Que liga en una sola sus dos vidas,
¿ Podré yo repetir el puro acento?
Vozes por el dolor interrumpidas,
Protestas firmes, alto juramento,
Tierna efusion, propósitos audazes,
¿ Caben en rimas toscas y fugazes?

XIV

Los dos se adoran, y á los dos impulsa
Sed de esfuerzo sublime y altos hechos;
No ya pasion frenética y convulsa
Que huella sin pudor santos derechos,
Sino potente móvil que compulsa
La energia vital, cuando en los pechos
Virtud que estéril galardon no sacia,
Valor infunde y fuerte pertinazia.

XV

Fernan á Sancha en relacion sencilla
De los pasados crímenes entera :
« De Navarra, ya sabes, y Castilla
La disputa reñida y duradera.
Abarca, que sus tropas acaudilla,
Las aproxima audaz á mi frontera;
La accion se empeña en memorable dia :
Cede Navarra, y la victoria es mia. »

XVI

« Navarra, llena de terror y luto,
Reclama mi amistad, que no merece.
De mi victoria así recojo el fruto,
Viendo que cede Abarca y me obedece.
Fijo por condicion leve tributo ;
Navarra sin obstáculo lo ofrece.
La paz se firma : en justas y funciones
La sellan á la par las dos naciones. »

XVII

« Pasa un año : reclamo la debida
Retribucion, y Abarca me la niega ;
Que Navarra, en la paz restablecida,
A su monarca en necio orgullo ciega.
Búrlase de embajada comedida ;
Y á fin de que en mortífera refriega
No corriese de sangre vasto rio,
En reto singular lo desafio. »

XVIII

«Cuerpo á cuerpo, y armados, y en presencia
De ambas cortes lidiamos, con el rito
Que la caballería reverencia,
Y evita el accidente y el delito.
Tenaz y cruda fué la resistencia,
Que era fuerte en las armas y perito
Sancho Abarca; mas tuvo mala suerte,
Y puso fin al lance con su muerte. »

XIX

« Pareció al mundo todo el vencimiento,
Justo castigo que falló mi lanza.
Tu familia me habló con sentimiento,
No con señas de cólera ó venganza.
Nuevo pacto y solemne juramento
Dieron á los dos pueblos la esperanza
De que una paz eterna me uniria
Con Sancho, con Teresa y con García. »

XX

« En Leon á Don Sancho una visita
Quise hacer de amistad; y él afanoso
Con pompa estraordinaria me acredita
Su afecto, y en convite suntuoso
Con vivo empeño mi cariño escita,
Con rica espada y con joyel precioso,
A fin que adormecido mi rezelo,
Fácil cumpliese el criminal anhelo. »

XXI

« Teresa en tanto su palabra empeña
De concederme el bien que apetecia,
Y ademas se convino que en Cirueña
Tu padre á recibirme pasaria.
Con el fin de evitar la menor seña
De los antiguos odios, él iria
De siete caballeros escoltado :
Siete tambien vendrian de mi lado. »

XXII

« Con siete ricos-hombres de Castilla
Llegué al punto aplazado. Se presenta
Tu padre, sin rubor de tal mancilla,
No con número igual, mas con cincuenta.
Alzábase allí cerca una capilla,
Donde por evitar riña violenta,
Que inútiles dejaba nuestros brios,
Me encerré cauteloso con los mios. »

XXIII

« Convidóme á salir; mas el engaño
Cerraba á sus ofertas mis oidos.
Resolvíme á lidiar ; mas era el daño
Seguro para pocos desvalidos.
Tarde me arrepentia : el desengaño
No nos deja esperanza. Reducidos
Fuimos por hambre ; y ya me dan la pena
De mi sinceridad; grillo y cadena. »

XXIV

Trémula escucha Sancha aquel relato,
Que en ternura y en cólera la enciende.
Hija fiel y amorosa, el desacato
De su padre la asombra y la sorprende.
Mas ya de aurora el apacible ornato
Por la celeste bóveda se estiende·
Sancha lo observa, y de la prenda cara
Con tierna despedida se separa.

IV

I

Pasan los dias, y la triste Infanta
No ve llegar el término á su cuita;
Y aunque en la noche, con lijera planta,
Renueva cuidadosa su visita,
La proyectada fuga no adelanta.
Muchedumbre de estorbos infinita,
Que combina en su mal suerte funesta,
Su amoroso designio contraresta.

II

Del monarca irritado la sañuda
Condicion, cada vez mas se exaspera.
Manda que la opresion, mas y mas cruda,
Debilite á Fernan hasta que muera.
Mas hai secreta mano que la eluda;
Hai quien penetre en la prision austera
Destinada á cumplir designio infame,
Y allí consuelo y bienestar derrame.

III

La vez postrera, vuelta de la torre,
Y apénas en su albergue retirada,
Cuando en su meditar triste recorre
Los males de su vida atormentada,
Siente un grito agudísimo que corre
Veloz por la almena dilatada,
Y se repite pavoroso luego :
Fuego! clama una voz; cien otras *Fuego!*

IV

No tarda en propagarse furibunda,
Con atroz rapidez, la intensa llama
Que ya los techos góticos inunda
Y por las galerias se derrama.
Refléjanse en la bóveda profunda
Tetricos resplandores, y se inflama
La silenciosa atmósfera y el monte
Mas lejano del cóncavo horizonte

V

Por el ya hundido techo y los balcones
Dilátanse anchas fajas de humo espeso,
O se aglomera en vastos nubarrones,
Que ennegrecen el aire en su progreso.
Abrense los robustos murallones,
Y la postrada viga con su peso
Las estendidas cuadras precipita,
Y el encumbrado mirador hesita

VI

Acuden afanados en tropeles
Gendarmas, escuderos, cortesanos,
Turba infinita de vasallos fieles,
Hidalgos, labradores y villanos.
Apercíbense escalas y cordeles;
Y en tan urgente riesgo tantas manos,
Que en ciego torbellino se presentan,
Mas la espantosa confusion fomentan.

VII

La cámara en que estaba Don García,
De una masa de incendio rodeada,
Que con voraze rapidez crecia,
Niega al ausilio por do quier la entrada.
Álzase entonce inmensa gritería,
Viendo que está su vida separada
Del sepulcro por un espacio breve,
Y nadie á darle proteccion se atreve.

VIII

Arde ya el destrozado pavimento;
Húndese la mitad; la otra vacila.
La vida de García es ya un momento,
Cual luz que se oscurece y aniquila.
Suspéndese en las turbas el aliento;
La desesperacion muda y tranquila
Que en los lances estremos de la suerte
Penetra el alma, en jaspe las convierte.

IX

Un hombre, cuyo rostro desfigura
Señal de grande esfuerzo y de trabajo,
Y restos de humo y polvo, se apresura.
Rompiendo el grupo que el suceso atrajo,
Con ademan intrépido procura,
Con fuerte puño y con agudo tajo,
Por tanto estorbo abrir senda espedita
Para la gran empresa que medita.

X

Ya esforzando los brazos y ya el hombro,
Por el humo y las llamas atropella,
Hasta un firme pilar, que entre el escombro
Y la quemada tablazon descuella.
En él la escala fija, y con asombro
General, sin temor sube por ella,
Y arriba donde mas el riesgo crece,
Cual astro en torvas nubes se oscurece.

XI

Atónita miró la muchedumbre,
Fijos en él los ojos, su osadía,
Que el crecimiento de la inmensa lumbre
Los mas vivos temores infundia.
Mas pronto los alienta una vislumbre
De esperanza : la voz de Don García
Suena, y tambien la voz del que ya viene
Seguro con la carga que sostiene.

XII

Desplómase de pronto el incendiado
Pavimento con hórrido estampido ,
Apénas Don García se ha salvado
En los hombros de aquel desconocido
Bajan los dos : el pueblo entusiasmado
Corre á su dueño que creyó perdido ;
Y mientra en torno de él la bulla crece,
Quien le salvó la vida, desparece.

XIII

Nueva inquietud los ánimos agita,
Cuando turba de fieles servidores :
« La Infanta no parece, » ansiosa grita ;
Y el sonido acrecienta los horrores
De la calamidad. Por la infinita
Llorosa multitud de espectadores,
Trémulos al oir pérdida tanta,
« La Infanta, » suena entre el gemir, «la Infanta.»

XIV

Cobrando su poder naturaleza,
El seno á Don García despedaza
Con nueva tan horrible, y su terneza
Se dispierta al dolor que lo amenaza.
Al ver que de las llamas la fiereza
Sepulta en una víctima una raza
Que de Navarra la esperanza funda,
Raudal de pena el corazon le inunda.

XV

Ni basta á consolarlo en su tormento
Otra nueva que pronto se derrama,
Y era que estaba hundido en su cimiento
El torreon antiguo, do la llama
Prendió tambien con raudo movimiento,
Cual en arista leve ó seca rama,
Quedando entre los míseros despojos
El objeto infeliz de sus enojos.

XVI

En esto, desgreñada y afligida,
Se presenta á sus ojos la condesa,
« Sancha, » esclamando, « no perdió la vida ;
Tu duelo calma, y de llorarla cesa.
Mas no gozoso aguardes su venida,
Ni iracundo te opongas á la espresa
Voluntad del que liga corazones.
Lo demas te dirán estos renglones · »

XVII

« Marcho donde me ofrece una corona
Quien me logró inspirar cariño tierno.
A su honor mi inocencia se abandona :
Pronto nos ligará vínculo eterno.
A mi padre decid, que la persona
Que lo salvó á mi súplica, es su yerno :
Ponga fin este caso á la rencilla.
Vuestra fiel LA CONDESA DE CASTILLA. »

XVIII

Lector, si laborioso y pensativo
La indagacion histórica te agrada,
Tenaz revuelve el polvoroso archivo,
Y en escritura añeja y mutilada
Si no encuentras un dato positivo
Que ilustre la aventura celebrada,
Fácil disculparás que la Leyenda
Fuera de aquellos límites se estienda

BOSQUEJO.

⋘⋙

«Who shall heal murder?   What is done is done.»
                                    BYRON.

I

¿ Es ese el mismo, en cuyas anchas venas
Sopló ambicion de gloria y sed de fama
Torrentes de vigor, en las arenas
Por do su linfa espléndida derrama
Nilo fecundo ? ¿ El que fijó en almenas
Altivas, arrostrando hierro y llama,
El pendon de la Cruz ? ¿ Es ese el mismo,
Cuyo acero aterraba al islamismo ?

II

¿ Es ese el mismo, que llevaba impresa,
De juventud la roja lozanía,
Cual flor primaveral, pomposa, ilesa,
Que el cáliz abre al resplandor del dia ?
¿ El que brillaba en belicosa empresa
Con ciega intrepidez y lozanía,
Cual si el peligro fuera su esperanza
Y centella de Júpiter su lanza ?

III

Dó el ornado broquel ? ¿ dó el noble casco,
Ceñido de albas plumas ? ¿ dó está el peto
Que rechazó, cual sólido peñasco
De hinchado rio inmóvil parapeto
Flecha de Libia y filo de Damasco ?
¿ Dónde el relinchador, dónde el inquieto
Y espumoso alazan, que raudo supo
Llevarlo en medio del contrario grupo ?

IV

¿ Son esos ojos, mustios y empañados
Por torva y melancólica vislumbre,
Los mismos que en sus orbes dilatados
Del cielo reflejaron la alta lumbre ?
¿ Que con un mirar solo á los soldados
Mostraron fin glorioso, cual la cumbre
Que adorna el sol con su esplendor divino,
Conduce al solitario peregrino ?

V

Hora vedlo, cual surca la honda traza
Su frente ajada, pálida, deshecha ;
Donde en horrible vínculo se enlaza
Con odio y con temor rabia y sospecha.
Alguna sierpe oculta despedaza
Su corazon, ó con lazada estrecha
Lo oprime, y seca, torpe y escondida,
Las fuentes del placer y de la vida.

VI

Cuál de profunda y lóbrega caverna
Lanza un mirar que hiela y petrifica
De horror al hombre justo ; no es la tierna
Señal de alto dolor, que santifica
Ruego encendido á la Piedad eterna :
No es la resignacion que sacrifica
Su padecer—es hórrido despecho,
Es designio feroz no satisfecho.

VII

Es misterio infernal, ó negro abismo,
Con cuyas vaporosas ilusiones
Se aletargan en mudo parasismo
Razon y sentimiento, y en prisiones,
Que en vano desacierto forjó el mismo,
Sin poder ya romper sus eslabones,
Gime, y no quiere mano compasiva
Que desvanezca el mal que lo cautiva.

VIII

Fué dichoso y amado, y noble objeto
De justa loa y reverente estima;
Y en lid ruidosa ó en privado reto
No hai en su nombre quien baldon imprima.
Benigno el hado en plácido decreto
Le abrió el sendero de encumbrada cima;
Sonrióle el poder, y dióle entrada
Y asiento en su magnífica morada.

IX

De joyel esplendente y rica gala
Ceñido amor, en corte bulliciosa,
Donde el suspiro inflamador exhala,
Mas eficaz que en selva silenciosa,
Sus sienes adornó. La noble sala,
Miéntras en la armonía estrepitosa
Retembló del sarao, fué la escena
Do amor lo ató con mágica cadena.—

X

Hoi desamor universal circunda,
Y lúgubre terror mora en su pecho.
Cubre los secos miembros ropa inmunda,
Mísera choza con hundido techo,
Que despiadado el aguacero inunda,
Sus pasos aprisiona en giro estrecho;
De su encuentro ominoso, en terror vano,
Huye despavorido el aldeano.

XI

Tuvo un amigo, en guerras y en amores
Socio fiel, y en el goze y en la hazaña
Jóvenes ambos, y ambos triunfadores;
Subita la sospecha vil empaña
La íntima union. Los hierros vengadores
Se cruzan. Ciega al misero la saña;
Y atónita lo ve la turba inmensa,
Herido, desarmado, sin defensa.

XII

El circo numeroso de guerreros
Y príncipes que miran el combate,
Celebran con aplausos lisonjeros
Al que su orgullo rencoroso abate.
No abriga el vencedor designios fieros;
Ni dentro el seno la ponzoña late
De rencor. Deponiendo el agrio encono,
« Toma tu acero, » dice, « te perdono. »

XIII

Cual infernal hechizo, que provoca
Conjuro infando de region maldita,
Y dócil al perverso que lo invoca,
Sus negras alas horroroso agita,
Y por las mudas auras se desboca,
Las plantas y los arboles marchita,
Los verdes tallos vuelve en hilos flojos
Y viste el prado de asperos abrojos;

XIV

Así en el alma del vencido labra
Funesta destruccion, total ruina
De virtud y nobleza, la palabra
Te perdono, y los jugos contamina
Del corazon, sin que sus senos abra
Ya mas á puro afecto. En honda mina
Sangrienta enemistad concentra el brío
De la venganza y del furor sombrío.

XV

Te perdono, retumba en sus oidos
Noche y dia, en el bosque y en la tienda:
Como cuando en ferozes alaridos
La fiera anuncia destruccion horrenda;
Como cuando en sonoros estampidos
Afloja el noto á su furor la rienda,
O la tierra sacude sus cimientos
Y convierte el alcázar en fragmentos.

XVI

« No mas, » dijo : « perezca; » y asegura
Con vil intento el acerado filo.
La noche vela con tiniebla oscura
Las retiradas márgenes del Nilo.
Allí espiar al vencedor procura,
Cuando vuelva feliz del grato asilo
De la que adora; allí vengar la ofensa,
Que dobló su altivez, iluso piensa.

XVII

Lo ve, lo asalta y le desgarra el seno.
Y .. no era su rival... era la hermosa
Cayó, y con rostro cándido y sereno,
« Tu mano, » dice, « ha sido generosa,
Si al que está de virtud y gloria lleno,
Cuanto tu de ignominia y de afrentosa
Protervia, salvo al recibir la muerte »
Dijo, y en resto inmóvil se convierte.

XVIII

Con la centella del siguiente dia
La nueva se propaga. El campamento
Hierve en indignacion y en griteria,
Que él oye oculto en peñascoso asiento
Cubre su nombre maldicion impia,
Que exhala el adalid con agrio acento;
Venganza pide el eco fulminante;
Venganza jura el infeliz amante.

XIX

¿Dónde ira que feroz no lo persiga
Su renombre execrable? Se desprende
Del manto, y talabarte, y la loriga,
Y el rostro desfigura. Incierto hiende
La maleza, y el hambre y la fatiga
Su fuerza antigua y su vigor suspende.
Do quier humana voz llegue á su oido,
Escucha el triste lance repetido.

XX

Mendiga el pan de choza en choza, huyendo
De las ciudades el rumor, do escita
Sangrientas iras el delito horrendo,
Y en plebe airada indignacion concita.
Por las regiones que ilustró venciendo
Del musulman la turba infiel, transita,
Cual insecto á quien da la luz asombro,
Y se oculta en ruinas y en escombro

XXI

Tras largo, y lento, y tormentoso giro,
Triste aldea que en áspera quebrada
Da al oscuro pastor pobre retiro,
Le sirve de sepulcro ó de morada :
Donde responde el languido suspiro
De la naturaleza amortiguada
Al bramar de huracanes inciementes
Y al rugido de horrísonos torrentes

XXII

Un mes fue un siglo de infernal tormento,
De terror, y de angustia, y de visiones,
Con que el devorador remordimiento
Espanta sus inciertas sensaciones.
Un siglo de agitado sufrimiento
Que, ora en calma terrible, ó contorsiones
De despecho, sus miembros despedaza
Y los vitales nudos desenlaza.

EL HALCON.

⁓☯⁓

> …fut un bon syre, qui onoques ne manqua aux
> …e chevalerie. Gens d'Église avaient cuydance de
> …ats. »
>
> VIEILLE CHRONIQUE.

I

La edad media del mundo, así llamada,
Porque la historia mal ó bien promedia,
Fué en vicio y en virtud tan variada,
Que se puede llamar tragi-comedia.
Mina por novelistas esplorada
Con teson incansable, la edad media
Guarda en sus abultados pergaminos
Grandes hechos y enormes desatinos.

II

Los nobles restos de la altiva Roma
Sirven de base á un nuevo poderío,
Que su vasto dominio huella y doma,
Y su orgullo convierte en polvo frio.
Con estrépito horrible se desploma
La obra de César, y álzase sombrío
Donde brilló, con bárbara arrogancia,
Un modelo de insigne estravagancia.

III

Conjunto singular de nobles prendas
Y torpes descarríos; mezcla impura
De locuras y hazañas estupendas,
De infancia leve y sensatez madura.
Siglo en que recibió santas ofrendas
La lei de honor sanguinolenta y dura,
Y en que virtud, cediéndole su trono,
Cayó en indigno olvido y abandono.

IV

Galantes y crueles, y tan fieros
Cual dóciles tal vez á un yugo vano,
Tocaron los audazes caballeros
Los dos estremos del afecto humano.
Zelosos de su cuna y de sus fueros,
Fueros y cuna con ardor insano
Rendian, sin despecho ni amargura,
Á la supersticion y á la hermosura.

V

La abnegacion del propio bien, que es cima
De perfeccion, y al hombre, capaz de ella,
Sobre su especie atónita sublima,
Fué joya de aquel siglo, clara y bella.
Riqueza y ambicion, fama y estima,
Dóciles se plegaban a la huella
De un ídolo, que á vezes existia
Solo en la acalorada fantasía.

VI

Placeme el recorrer en los anales
De aquellas eras hechos peregrinos,
Propios de gentes fieles y leales,
Rudas como groseros campesinos,
Juguetes de sus ímpetus brutales;
Pero atados con lazos diamantinos
A un deber que forjaban en su idea,
Como yo la ilusion que me recrea.

VII

No sé qué encanto tiene lo que pasa
Del limite formal de nuestra vida,
En donde la ventura es tan escasa
Y la anchura del mal tan desmedida :
Cuanto el aspecto físico traspasa,
Con placer mas intenso nos convida ;
Y lo que vemos mas allá, parece
Que mas nos dignifica y ennoblece.

VIII

Que á la ventura positiva y clara
Se opone este quimérico embeleso,
Si de lo que sentimos, nos separa,
Y nuestro ser ocupa; lo confieso.
Si uno con otro goze se compara,
La ventaja es del uno con esceso;
Mas la imaginacion rebelde y viva
De la impresion real la fuerza esquiva.

IX

¿Qué pensaban los hombres en las eras
De los Sanchos y Alfonsos? Las rodillas
Doblaban ante fútiles quimeras,
Y ellas les inspiraban maravillas.
Leyes atrozes y costumbres fieras
Se ligaban con máximas sencillas
De escrupulosa probidad; y en todo
Se mezclaba la perla con el lodo.

X

¿Veis ese débil y modesto anciano,
Que con ropas de oscuro peregrino,
Llevando un noble halcon sobre la mano,
Transita á pié por áspero camino?
No es monje, ni pechero, ni villano;
Gofredo es de Bretaña, que al destino
Debió un trono, y con él riqueza y fama,
Y por esposa, bella y rica dama.

XI

¿ Y á dónde se encamina el buen Gofredo,
Sin esposa, ni acémila, ni paje?
Va á la santa ciudad, que impone miedo
No menos al ruin que al personaje;
Donde reside Paulo, cuyo dedo
Distribuye la gloria y el ultraje:
Y de cuyas potentes bendiciones
Penden monarcas, heroes y naciones.

XII

Gozaba el duque en paz, y en paz regia
Pingües estados de ventura llenos;
Y entre el rezo y la caza trascurria
Sus años apacibles y serenos
Obispo era su hermano, que tenia
Cuanto a un prelado corresponde, ménos
Ideas santas y saber profundo,
Y abnegacion de cosas de este mundo.

XIII

Porque el era el factótum de Bretaña,
El móvil de palacio y sus proceres;
Y ora con viva fuerza, ora con maña,
Manejaba del duque los poderes.
Nadie miraba entónces como estraña
Tal confusion de cargos y deberes.
El baculo podia mas que el cetro,
Y mas que el *yo lo mando*, el *vade retró*.

XIV

Rara vez el obispo pisó el coro ;
Nadie oyó de su boca una homilía ;
Mas llevaba la cuenta del tesoro,
De lo que entraba en él, y de él salia.
El duque recitaba como un loro
Cuanto su astuto hermano le decia :
Este le presentaba todo hecho,
Y lo firmaba aquel como en barbecho.

XV

No era un hombre el obispo en malas artes
Versado, ni cruel, ni rencoroso ;
Ni de ambicion siguió los estandartes,
Ni del hombre de bien turbó el reposo.
Si su influjo estendia á todas partes,
Era porque su genio bullicioso,
Movido por un ímpetu secreto,
No le daba lugar de estarse quieto.

XVI

Y su hermano al reves : como suplicio
Miró el trabajo. En muelles almohadones,
Tras el almuerzo y santo sacrificio,
Pasaba el dia esento de pasiones.
No era pasion en él, porque era vicio,
La guerra de faisanes, perdigones,
Garzas y chochas : solo sacudia
Su floja languidez la cetrería.

XVII

Así en vez de procaces favoritos
Que circundan ansiosos los doseles,
Eran del duque grandes favoritos
Jerifaltes, halcones y lebreles.
Estos huéspedes eran infinitos,
Agiles todos, adiestrados, fieles;
Con lo que se gastaba en su sustento,
Podía mantenerse un regimiento.

XVIII

Uno entre todos los halcones era
Tan agil, tan veloz, tan entendido,
Su accion tan acertada y tan lijera,
Que mereció llamarse el *Preferido*.
Con él hablaba el duque, cual si fuera
Varon de mente grave y buen sentido.
El pajaro entendia sus mandatos,
Y daba a su señor mui buenos ratos

XIX

Era un prodigio el ave : la mirada
De su dueño entendia, y con anhelo
Respondia á la órden indicada,
Acelerando ó retardando el vuelo.
Era el puño del duque su morada;
Y en la mesa, á su lado, sin rezelo,
Tomaba de su plato con el pico
Lo mas bien sazonado y lo mas rico.

17

XX

Vida tan sosegada y tan serena
No debiera acabarse. Así decimos
Todos, cuando el placer nos enajena,
Y de léjos el mal no discernimos.
Mas la medida de la dicha llena,
Tornados en dolor gozes opimos,
Entónces se nos viene á la memoria
Cuánto es la dicha leve y transitoria.

XXI

Sonó para Gofredo aquella hora
Que todos han de oir tarde ó temprano ;
La hora del mal, horrible, destructora
Del corto bien que es lícito al humano.
De inesperado mal la voz sonora
Gofredo oyó; la oyó tambien su hermano,
Ambos de incertidumbre y temor llenos;
Y en verdad no era el caso para ménos.

XXII

Era vecino de Gofredo Udico,
Noble señor de la opulenta Nántes;
Emprendedor, osado, fiero, rico,
De grandes miras y humos arrogantes.
Por no sé qué reyerta, que no esplico,
Ni esplican las historias discordantes,
Diz que á Bretaña declaró la guerra,
Y entró de mano armada por su tierra.

XXIII

En manos de un obispo, á quien estraña
La prevision de aquellos casos era,
Sin defensa la mísera Bretaña,
Abria al enemigo su frontera.
Ni para defenderse de su saña,
Disposicion habia que pudiera
Dar armas al valor y al patriotismo :
En España otra vez hubo lo mismo.

XXIV

Y lo mismo habrá siempre que el que mande,
Sumido en vida grata y remolona,
Fuera de los senderos se desmande
En que el deber lo ciñe y aprisiona.
La seduccion del predominio es grande;
Grande hechizo circunda á la corona ;
Mas si el que lo probó, cede á su halago,
Prepara el suyo y el ajeno estrago.

XXV

Si difiere el peligro con, *Veremos ;*
No corre prisa; nadie nos apura ;
Se verá poco á poco en los estremos,
Y ha de llorar mui tarde su locura.
Los que estamos abajo, padecemos ;
El ágil enemigo se apresura ;
Y cuando á paso lento aquel camina,
Este ya ha consumado su ruina.

XXVI

Por la primera vez, en largos años,
Pensó en negocios públicos Gofredo;
Lo que no hicieron tristes desengaños,
Lo hizo un resorte mas terrible — el miedo.
Eran tan inminentes ya los daños,
Que morir era igual á estarse quedo.
Preciso era moverse de algun modo :
En la eleccion del medio estaba todo.

XXVII

Debió ser el obispo, por supuesto,
Quien cortase aquel nudo gordïano ;
Mas no estaba el buen hombre mui dispuesto
Para ganar á Udico por la mano.
Tras mucho meditar, convino en esto :
Que en peregrinacion fuese su hermano,
Y con ayuno, llanto y penitencia
Implorase del papa la clemencia.

XXVIII

Gofredo al escuchar tan duro fallo,
Iba ya á replicar en agrio tono :
« Por ventura de Roma soi vasallo ?
Es mas la escelsa silla que mi trono ? »
Con otras reflexiones que ahora callo,
Por miedo de escitar el duro encono
Del que quiere pillarme en un renuncio,
Para llevar corriendo el soplo al Nuncio.

XXIX

Reprimiose el buen duque sin embargo;
Bajó los ojos y quedóse frio,
Porque despues de un cautiverio largo
Ni aun para libertarse queda brio.
Aunque entónces salió de su letargo,
No siendo dueño ya de su albedrio,
Ni arbitro de romper vieja costumbre,
Tragó en silencio aquella pesadumbre.

XXX

Dohale el dejar su bella esposa,
Con quien pasaba ratos tan felizes,
Y emprender una marcha peligrosa,
Y alojarse sin guardias ni tapizes :
Mucho mas lo afligia la espantosa
Reflexion, que entre tanto las perdizes
¿ Que dirian al ver que les faltaba
Quien ni un momento libres las dejaba ?

XXXI

En seguida otra imágen mas horrenda
Cima puso á sus graves desazones :
«¿ Tan infeliz seré que me desprenda
De mis caros amigos, los halcones ? »
Por poco suelta al llanto libre rienda;
Mas súbito pronuncia estas razones,
Como de su flaqueza arrepentido :
« Vendrá conmigo á Roma el Preferido. »

XXXII

Entónce al Preferido á parte toma,
Y estas graves palabras le endereza :
« Conmigo, Preferido, vas á Roma ;
Mas no para lucir tu lijereza.
No pienses que ir á Roma es una broma ;
Allí no vamos á seguir la pieza,
Ni á que la trompa suene ni el can ladre.
Sino á besar los piés al Santo Padre. »

XXIII

« No mas en travesuras te deslizes,
Cual tienes de costumbre ; te lo advierto :
Aunque sientas volar cien condornizes,
O en verde matorral ó en campo abierto :
Y las veas pasar por tus narizes,
Has de quedarte inmóvil como un muerto
Que me desobedezcas no presumo ;
Si me desobedeces, te desplumo. »

XXXIV

El pajaro al sermon estuvo atento,
Y erizando de júbilo el plumaje,
Parece que espresaba su contento
Por ser socio del duque en el viaje
De la partida próximo el momento,
Gofredo se despide, muda el traje,
Y tomando el bordon y la esclavina,
Con el halcon á Roma se encamina.

XXXV

No contaré las penas y fatigas
De aquella infelizísima jornada;
Ni cómo un gran señor, matando hormigas,
Puso cima á la empresa comenzada.
Que atravesó regiones enemigas,
Que estuvo su existencia amenazada,
Que mendigaba el pan de puerta en puerta;
Es cosa inverosímil, pero cierta.

XXXVI

¿Y qué hai de inverosímil en la historia,
Cuando ha de ser historia lo que vemos?
¿Conserva algun dislate su memoria,
Mayor que los dislates que hoi hacemos?
Si todo lo pasado es hoi escoria,
Las razas que nosotros engendremos,
Al leer nuestra historia peregrina,
¿Nos llamarán escoria ó perla fina?

XXXVII

Ni hablaré del humilde acatamiento
De Gofredo (por no ser tan prolijo).
Suprimo el singular recibimiento
Que hizo el Padre comun al dócil hijo;
Ni diré que uno erguido en alto asiento,
Puesto el otro de hinojos, lo bendijo;
Ni la cuenta he de hacer de los doblones
Que costaron aquellas bendiciones.

XXXVIII

Si el lector es un hombre de provecho,
Tiene para saber lo necesario,
Que si el duque volvia satisfecho,
No lo quedaba ménos el Vicario.
Este, porque cobraba su derecho;
Aquel, por la indulgencia y relicario;
Con cuyas armas, de esperanzas rico,
Ni un momento dudó vencer á Udico.

XXXIX

Pero lo interesante del suceso
Es cómo se condujo el Preferido;
Y fué con tal mesura y tanto seso
Que el duque lo miraba enternecido.
No cometió en la marcha un solo esceso;
El puño de Gofredo era su nido:
Cual yedra fiel que el tronco firme agarra,
Tal adheria al puño con la garra.

XL

Más de una vez sintió temblar el suelo
Con la bulla de alegres cazadores;
Empero supo refrenar su anhelo
Y olvidar sus hazañas anteriores.
Lo insultaba el faisan con tardo vuelo,
Y el mirlo con sus giros triscadores;
Mas ni pudo el faisan, ni pudo el mirlo
A infringir sus deberes inducirlo.

XLI

Mas los halcones son como otra raza
De individuos, que al bien se muestran sordos.
Se recrea el halcon si despedaza
Palomas, oropéndolas y tordos;
Pero el otro individuo, cuando caza,
Los que caza, son pájaros mas gordos.
Chassez le naturel, dice un poeta,
Il revient au galop. Quién lo sujeta?

XLII

Preferido era halcon de carne y hueso;
Y en estos ingredientes se vincula
Enérgica aficion a todo esceso,
Que el apetito y la pasion adula.
Si un instante se cansa de su peso
La virtud, la pasion luego pulula:
De este comun principio no se escapa
Ni el monje mas austero de la Trapa.

XLIII

Volvióse el duque pues, como decia,
Libre ya de sus tétricos afanes,
Trazando en su vivaze fantasía,
De regreso a su corte, vastos planes.
Antes de todas cosas disponia
Gran batida de chochas y faisanes;
Despues de recrearse en esta empresa,
Pensó en su cara esposa, la duquesa.

XLIV.

Llegó ocupado en este pensamiento,
Siempre temiendo á Preferido en mano,
A un mísero lugar cerca de Trento
En calorosa tarde de verano.
Cansado de la marcha, tomó asiento
En un poyo que estaba allí á la mano;
Y el halcon, cuando vió dormido al dueño,
Como el, se libra á delicioso sueño.

XLV

Quiso entónces la suerte, á quien es uso
Colgar cuanto nos daña y arruina
(Propension insensata que no escuso),
Que se hallase allí cerca una gallina.
Esta pobre gallina un huevo puso;
Y desembarazada la oficina
Que destinó natura á tal empleo,
Soltó, como es costumbre, un cacareo.

XLVI

Con ménos prontitud baja atraido
Por la eléctrica vara rayo ardiente,
Que dispierta y se lanza Preferido
Contra aquella infeliz ave inocente.
En un instante el cuello retorcido
Por la garra del pájaro inclemente,
Y el pavimento en sangre salpicado
Manifiestan el crimen perpetrado.

XLVII

Qué ve el duque al abrir los tristes ojos?
Oh espectáculo atroz! *Quis talia fando!*
Del caro Preferido los despojos
Semivivos aun y palpitando,
Una furia ó mujer, brotando enojos
Y el sacrificio horrible consumando
Con sendos golpes y asperas injurias,
Propias de las mujeres que son furias.

XLVIII

En aquel solemnísimo momento
El duque se acordó de que era duque
(Del hombre el repentino movimiento
Depende del sistema en que se eduque);
Salta con nunca visto atrevimiento,
Sin temor de que el salto lo desnuque,
Sobre la despiadada halconicida,
Que al verlo no da un cuarto por su vida.

XLIX

El cuello con las dos manos le estrecha,
Miéntras su rabia en lágrimas desfoga ;
La pobre, en coyuntura tan estrecha,
Hizo lo que cualquiera que se ahoga :
Luchando por izquierda y por derecha,
Retorciendo los brazos como soga
Y haciendo mil violentes contorsiones,
Procuraba salir de sus prisiones.

L

Al rumor de la lucha y de la soba
Se alarman los vecinos y vecinas,
Y con pincho, y con palo, y con escoba
Salen de sus corrales y cocinas.
Este con un peñon de mas de arroba;
El dómine con gruesas disciplinas;
El herrador armado del martillo;
Con un blandon de á vara el monacillo.

LI

¿Por qué será que en vasta muchedumbre
Siempre reinan los ímpetus malignos,
Cundiendo entre sus masas, como lumbre,
Pensamientos de un hombre sano indignos?
¿Cuál el orígen es de esa costumbre,
Por la cual se enarbolan negros signos
De destruccion, si, nobles ó villanos,
Se juntan mas de diez seres humanos?

LII

¿Quién ha visto acudir vastos tropeles
A socorrer el huérfano y mendigo?
¿Quien á recompensar servicios fieles,
O á dar viandas al hambriento amigo?
¿O á coronar con ínclitos laureles
Al hombre honrado, que en modesto abrigo
Desprecia la opinion del vulgo loco?
Lo han visto ustedes? No.—Ni yo tampoco.

LIII

Lo que he visto cien vezes, y habrán visto
Cuantos llevan de vida algunos años,
Es lo que llaman *pueblo*, siempre listo,
Si se trata de injurias y de daños
Jamas al pueblo vi, desde que existo,
Ya en mi suelo natal ó en los estraños,
Unirse en entusiasmo y alborozo,
Sino para ruinas y destrozo.

LIV

Concluyamos, que ya va largo el cuento :
Murió á manos de aquella gente ruda
Gofredo de Bretaña, y de su asiento
Fue arrojada la mísera viuda.
A solitario y áustero convento
Se retiró el obispo; — y aun se duda
Si allí aquietó su genio bullicioso
Que fué a su pobre hermano tan costoso.

LOS

NORMANDOS EN GALICIA.

« He deem'd himself mark'd out for others' hate,
And mock'd at ruin so they shar'd his fate.»

BYRON.

ADVERTENCIA.

Los normandos, mandados por su rei Gunderedo, aporta-
ron con cien naves en Galicia, por los años de 968, bajo el reinado de Don Ramiro III. Son increibles los estragos que hicieron en aquel pais, desde la costa hasta el monte Cerbero. El
conde Don Gonzalo Sánchez, que algunos colocan errada-
mente entre los condes de Castilla, les dió una sangrienta batalla, en que Gunderedo perdió la vida; venció completamente
á los invasores, y tuvo la dicha de libertar á su patria de tan
tremenda calamidad.

I

De la corriente tormentosa y rauda,
Por donde el mar de Bóreas recauda
Del agitado Báltico el tributo,
Y con sus aguas el copioso fruto
De mil borrascas; con audazes quillas,
Dura amenaza á plácidas orillas,
Sale, brotando destruccion y miedo,
Sanguinario y terrible, Gunderedo.

El formidable jefe del normando.
El mas horrendo azote, que bramando
De cólera el Destino, contra Iberia,
Para sumirla en llanto y en miseria,
Cual terremoto asolador d sata.
Por la espesa neblina se dilata
La vela henchida, y la alba mole hiende,
Cual horrible fantasma que desciende
De la etérea mansion, para que gima
Trémulo el hombre, y el terror lo oprima.

¿Quién del dominio de la eterna nieve
De esos audazes los impulsos mueve,
Y hácia las playas, do brillante luce
Con blanda llama el cielo, los conduce?
Sed de gozes impuros, de oro y vino,
Y de adulterio y rapto. No al Destino
Demandan cetros, lauros ni coronas;
Ni osados dejan las heladas zonas
Para inmortalizar con noble hazaña
Renombre ilustre en la nacion estraña,
Prez de valor en pueblos sometidos.
En sed rabiosa queman sus sentidos
Codicia infame, intrépida lujuria.
No es vicio, no es pasion, que es negra furia
La que sus rudos pechos atormenta,
Y en inquietud impávida y violenta
Rige invisible el curso leve y vago,
Del Categat á Roma y á Cartago.
Ruge en vano del polo, conmoviendo

Olas y playas, estampido horrendo
De gigantea tempestad, y agita
Los abismos en vano; y precipita
Torbellinos y ráfagas en vano,
Por la hinchada estension del Oceano.
De los vientos el tétrico monarca.
Burla sus iras la lijera barca,
Meciéndose unas vezes en la cumbre
De las olas, que en vasta muchedumbre
La sacuden mugiendo, como paja
Que arrastra el euro; y otras vezes baja,
Cual flecha rapidísima á la hondura,
Do preparan la móvil sepultura
Del nauta temerario; pero en breve
Sobre la espalda líquida se mueve.
Cortándola veloz, y proclamando
La invencible destreza del normando.

Ebrio, y terrible en su embriaguez, al brillo
Del rayo clama el bárbaro caudillo:
« Hijos del norte, sonreíd : ¿ no es esta
Para nosotros jubilosa fiesta?
¿ No son los huracanes el arrullo
Del setentrion? Hollád con noble orgullo
Los caprichos del mar; póngales freno
Vuestra invencible terquedad, y el seno
Recreád con la imágen seductora
Del bien que el porvenir nos atesora.
La rica Iberia con virgíneos brazos
Nos convida : fragmentos y pedazos

Fórnense catedrales y conventos :
Oro son sus pedazos y fragmentos.
En torbellinos humeantes rompa
Vuestra mano soberbia la alta pompa
Del monasterio y del castillo; brame
Voraz incendio, y su furor derrame
Por altos bosques y opulentas mieses.
¿Cruje el mástil? No importa. Que reveses
Os intimidan? Acudíd á popa.
Quien me quiera seguir, alze la copa »

    Dijo, y bebió, y bebieron los impíos,
Y arrostraron del mar con nuevos brios
La cólera ; y el sol, que desvanece
La contienda agitada, y resplandece,
Cual de los orbes soberano y dueño,
Los vió sumidos en profundo sueño.

                    II

Gonzalo Sánchez, ¿dónde estas? Acorre
Solícito á los muros de tu torre,
Que en vano opone al invasor su almena,
Si su recinto un pérfido envenena,
Y en el baldon á tu vejez prepara.

    Tierno capullo de belleza rara,
Lijera como el gamo, simple y pura,
Como jazmin recien abierto, Hermura,
Del buen Gonzalo única prenda, un dia,

Mientras el bravo conde recorria
Con no vencida hueste su frontera,
Triscaba vagabunda en la pradera.
Guardábala Sesmundo desde léjos,
Uno de aquellos servidores viejos,
Que al lado de Gonzalo en lid gloriosa
Propagaron su fama belicosa ;
Y el paje Ulrico, á quien Gonzalo estiende
Benigna proteccion, y en quien ya enciende
Pasion furiosa su voraz centella,
Acompaña al anciano y la doncella.

Ya aquellos dos incautos corazones,
Ligados en ocultos eslabones
Que ni de voz ni gesto necesitan,
A negra perdicion se precipitan.
Una ocasion les falta que acelere
Su ruina ; y amor, que de ambos hiere
Los pechos, y los turba, y acibara,
La ocasion azarosa les prepara.
A un grupo de madroños y taraje
Llega cansada Hermura, y llega el paje,
Y Hermura al césped languida se arroja,
Como pervinca solitaria y floja,
Si está lejos la rama que la apoye.
Y allí por vez primera mira y oye
Del amor que ha inspirado y ella siente,
La espresion vigorosa y elocuente.
Solos están : del indulgente anciano
Los oculta el asilo, en que lozano

Propaga el tronco ramazon espesa,

Y con blandos aromas embelesa,

Cual con sutil veneno, los sentidos.

Solos están ; y ciegos, y aturdidos,

Y aman los dos, y nadie los defiende

De la asechanza que el amor les tiende.

Cuando en rapto frenético la boca

Del fogoso doncel la mano toca

De la inocente vírgen, un guerrero

Rompe el tejido móvil y lijero

De las ramas, y alzando vigoroso

Robusto brazo, en ademan furioso

De hombre que no perdona á quien lo humilla,

Sella con vil afrenta la mejilla

Del osado garzon, quien se levanta

Vengativo, y al conde se adelanta,

Y el hierro empuña. Súbito contiene

Su audaz impulso amor, y le previene

Mas afrentoso porvenir. Al punto

De encontradas pasiones el conjunto

Que lo destrozan, sus miradas ciega.

Ponzoña activa el corazon le riega,

Voraz incendio por sus venas fluye ;

Alza al cielo los brazos, gime y huye.

III

Una pasion en alma ardiente basta

Para abrirle mil brechas. Si contrasta

Con otra, y no le cede en energía,

La vida se convierte en anarquía
De encarnizados sentimientos : rotos
De esperanza los límites remotos,
Fuera de ellos la víctima no alcanza
Vislumbre de temor ni de esperanza,
Que la arranque del torpe parasismo.
Y qué es entonce el porvenir? Abismo
Sin luz ni fondo, á cuyo borde vaga
Desatentado el reo, á quien halaga
De destruccion el misterioso instinto,
Hasta que al hondo y lóbrego recinto,
Cual mole de granito, se desploma.

Por intrincado valle y alta loma,
Y áspera falda y encumbrado pico,
Sin designio ni norte, corre Ulrico,
Roja aun la marca de baldon que impuso
Gonzalo á su soberbia : no confuso
De su desliz, sino brotando enojos,
Y bañados en lágrimas los ojos;
Llanto, no de ternura, de despecho
Ya la venganza y el amor su pecho
Punzan encrudecidos Sin venganza
No quiere el triunfo que el amor alcanza ;
Y es venganza á sus ojos incompleta,
Si el amor no corona su ansia inquieta.
El ofendido honor hace que huelle
La lei misma de honor, y que atropelle
Su ambicion, tan cruel como insensata,
Los fueros mismos que el honor acata.

La muerte jura á su ofensor   pedazos
Jura hacer de su pecho, y en los brazos
De la tierna beldad que lo esclaviza,
Insultar de su padre la ceniza.

Era entónces confuso laberinto
Galicia de desórden. Su recinto
Ramiro deja, ya por guerra estraña,
Ya por las vegas que del Ebro baña
La linfa bella, do en mansion frondosa
De encarnizado batallar reposa.
Sin rei, sin magistrados, sin el freno
De saludable autoridad, el seno
Destrozan de Galicia en mil facciones
Las ciudades, el clero y los barones.
Del pueblo agravan los pesados grillos
Mil bárbaros tiranos : los castillos
Encierran muchedumbre destructora,
Fatal á quien la ofende ó quien la implora.
Y en tanto las campiñas furibunda
De malhechores banda atroz inunda,
Sin que el mísero pueblo lo resista.
En su bandera criminal se alista
Desacordado Ulrico, cual desecho
De los hombres. No el sórdido provecho
Lo seduce : á mas alta empresa aspira,
Y el propósito bárbaro le inspira
Mas anhelo de crímen y de hazaña,
Que a la turba feroz que lo acompaña,
La sed del oro y del botin. En breve

Nadie a rivalizar con él se atreve,
Ya en sangriento designio, ya en arrojo:
Como huracan asolador, su enojo,
Nuncio de muerte y destruccion, estalla
Su nombre espanta al mundo, y avasalla
La banda de ladrones y asesinos,
Criminales vulgares y mezquinos,
Que ceden al imperio de su fama
La voz de todos ellos lo proclama,
Como escelso en maldad, jefe y caudillo
De entonce á los estados y al castillo
De su ofendido bienhechor declara
Guerra de asolacion. Diestro prepara
Con estraño teson medios hostiles;
Y a la cabeza de sus socios viles,
A incendio, y esterminio, y muerte toca,
Y al enemigo á lucha igual provoca.

IV

Era el conde Gonzalo noble viejo,
Fuerte en la lid y próvido en consejo.
Nombrado por su brazo y su justicia,
Veneraban sus canas en Galicia
La plebe y los magnates Sus pendones
Seguian los potentes infanzones,
Dóciles a su influjo. Amigo y deudo,
Ligados con Gonzalo en noble feudo,
Reparaban cual propios sus ultrajes.
Vuelan de torre en torre los mensajes
De alarma: el desacato del bandido,

Ya con horrendo nombre conocido,
Fiera altivez dispierta en los señores.
Los ataques de seres inferiores
Son doble injuria á distinguidos seres.
Cuando luchan proceres con proceres,
Puede haber injusticia; mas no ofensa :
No así el orgullo de los hombres piensa,
Si parte el tiro de regiones bajas.
Al rumor de añafiles y de cajas
La nobleza injuriada de Galicia
Congrega sus vasallos y milicia,
Y como á caza de dañina fiera,
Terror y azote de comarca entera
Que cual precioso bien su muerte pide,
En bandas numerosas se divide.
De valle en valle, y de una en otra cumbre
Persigue á Ulrico vasta muchedumbre,
Segura de triunfar. Lo ve la aurora
Derramar su mirada indagadora
Por la estendida vega y la llanura,
Cubierto en vano en lóbrega espesura :
Lo ve la noche, trémulo y perdido
En ásperas cavernas guarecido,
Sin reposo y sin sueño. Noche y dia,
Ora el rumor del aire, ó la armonía
Del ave, ó paso de veloze ciervo
Llenan de susto el corazon protervo.
Con desprecio, y horror, y odio lo mira
La gavilla cobarde, á quien inspira
Miedo el cadalso ; y con traicion perversa,

Por falda y por quebrada se dispersa.
Solo en el mundo Ulrico, y execrado
Por el mundo, de mil muertes cercado,
En cada sombra viendo un enemigo,
Sin solaz, sin apoyo, sin abrigo,
El caballo y las armas abandona,
Y por la espesa breña que corona
Los profundos barrancos de una sierra,
Cual inmundo reptil, la odiosa tierra,
Que fuera un tiempo de sus dichas raya,
Deja, y se encuentra en arenosa playa.

V

En la ancha cuadra del castillo, llena
De noble turba, la algazara suena
Del banquete abundoso. Lo preside
Gonzalo Sánchez, cuya faz despide
La noble majestad de años provectos,
Consejos firmes y designios rectos.
Junto al sillon del padre muestra Hermura
Velado el resplandor de su hermosura,
Con visos de pesar y de tristeza.
No es ciego amor ni plácida terneza
Lo que su blando seno martiriza:
El recuerdo fatal la atemoriza
Del peligro horroroso á que la espuso
La ciega audazia de un garzon iluso.
Circula el vino en profusion : los ecos
Del canto rumoroso por los huecos
Del arteson dorado se repiten;

Y cuando en gozo y en beber compiten
Los huéspedes ilustres, con mensaje
De las bocas del Miño llega un paje,
Y pone en manos de Gonzalo un pliego.
« Sús, á las armas, infanzones, luego
Corréd, » esclama, « que el feroz normando
Con cien bajeles surca, amenazando
Nuestro poder, las costas de Galicia.
Sin rei estamos á quien dar noticia
Del urgente peligro. ¿ Esperaremos
Su tardío socorro ? ¿ No tenemos
Fieles vasallos y ardorosos brios?
Corramos al combate, amigos mios. »
De pronto allí la junta esclarecida
De la defensa el plan traza, y convida
Con el mando supremo al buen anciano.
« No eres jefe, » le dicen ; « soberano
Te aclama nuestro amor. Leyes y fueros,
Pontífices, magnates y guerreros,
Todo á tu mando y á tu voz se humille. »
Claman, y ántes que el sol fulgente brille
Y la alta sierra de esplendor corone,
Ya en sus estados cada cual dispone
El broquel, el trotero y la loriga,
Y se prepara á bélica fatiga.
Tales de lei feudal los beneficios
Eran, cuando en error, pereza y vicios,
Y en ignorancia tosca sepultados,
Juguetes del poder los magistrados,
Dejaban sin apoyo ni defensa

De plebe humilde la familia inmensa
Su defensa era el bravo, y en los muros
De un torreon, tal vez libres, seguros
Se refugiaron timidos derechos,
Debiendo su salud á nobles pechos.

VI

Era la noche, y en la arena fria
La mar su espuma placida movia,
Retrazando en sus móviles espejos
De los astros los candidos reflejos.
¡ Cuán suave espectáculo al que mira
Sin inquietud la soledad ! Suspira,
No de temor ; de afecto puro y tierno,
Que en la mar y en la noche, del Eterno
Siente un decreto misterioso y santo ;
Respira un leve y delicioso encanto,
Bálsamo que sus males suaviza
Cual manso soplo, el alma se desliza
Por las olas pacíficas ; se exalta
Y á la cupula sube, donde esmalta
Con ricas joyas la estension oscura
De Orion la magnífica cintura.

No así el que abriga un corazon perverso :
En la vasta region del universo
No hai mas que maldicion para su vida.
La noche con visiones lo intimida
De fantasmas horrendas, de gigantes

Espantosos, que en ojos fulminantes
Execracion vomitan á su raza.
El rugir de las olas lo amenaza,
Cual si escuchase en ellas al Eterno
Gritando en eco disfrazado : *Infierno*.
Védlo escuálido, triste, con la seña
De perdicion en seca faz. La breña
De la áspera retama, combatida
Por la espuma del mar, es su guarida.
Jóven es, y ya arruga la ancha frente
Decrepitud penosa : sed ardiente
Calcina el labio corrompido : brota
Frio sudor por la manchada y rota
Vestidura, y el hielo de la brisa
Mortal espasmo y destruccion avisa.
Ese espectro feroz, lívido, horrendo,
Que en abandono universal gimiendo,
Frenético recuerda todavía
Sangrientos planes de venganza impía ;
Ese que en senda honrosa, libre pudo
Grabar nobles hazañas en su escudo,
Y que pasó los dias de su infancia,
Caro á sus protectores, en la estancia
De intacto honor, en esperanzas rico,
Ese es un monstruo de maldad : Ulrico

Ceden los torpes miembros á un letargo
Convulsivo : no es sueño, es un amargo
Sopor, que el seno agita y despedaza.
Dispierta repentino, cuando enlaza

Sus manos fuerte nudo. Un estranjero
De erguido talle y de semblante fiero,
Seguir le manda al próximo arrecife.
Los dos se embarcan en lijero esquife:
Corta el remo velóze la resaca,
Y el frágil leño á la galera atraca,
Desde la cual bramando Gunderedo,
Cubre á Galicia de espantoso miedo.
«Quién eres?» le pregunta.— «Soi tu hermano,»
Responde Ulrico, en quien vigor lozano
Sopló de pronto el criminal instinto
De asolacion. «Si á ese fatal recinto
Tornar designas soledad horrenda,
Yo, cual tu hermano, mostraré la senda.
Soi hermano de aquel que esa morada
De execracion en huesa trasformada
Y en Etna frio y apagado deje;
Del que del duro corazon aleje
Voz de piedad y mujeril ternura,
Si su aniquilacion con sangre jura.» —
«Lo juro,» dice el bárbaro, á quien llena
De delicia la rabia que enajena
La fantasía atroze del malvado;
Y el pérfido doncel.... Del hombre honrado
Apartemos la escena que envilece
La razon, con que el hombre se envanece.
Ciña un velo piadoso el negro abismo,
Que abre con fiera mano el fanatismo
De la perversidad. Veloz desciende
Del cielo el rayo, y la ciudad enciende;

Pero al lóbrego seno que lo lanza,
La torpe vista del mortal no alcanza.

VII

Largos meses de llanto y de ruina
La region que á la costa se avecina,
Pasó doblada al afrentoso yugo.
Seco en tanta opresion el vital jugo
Del campo: trasformados en escombros
Templo y alcázar; en horror y asombros
La humana sociedad. Por todas partes,
En pos de los horrendos estandartes
Del sangriento invasor, cunden velozes,
Como suelto raudal, males atrozes.

En vano sigue su sendero vago,
Que el incendio denuncia y el estrago,
Del bravo conde la irritada hueste.
Sin hallar enemigo á quien aseste
Lanza ni dardo, ya los montes gira,
Ya al bosque, ya á la costa se retira,
Y solo del normando ve la huella,
Y destruccion y crimenes en ella.
Ulrico diestro su carrera guia,
No sumido en feroz melancolía,
Ni humillando sus brios altaneros
En un tropel de oscuros bandoleros;
Sino orgulloso en alto predominio,
Triunfando en la miseria y esterminio,

Que el lustre borran del nativo suelo :
Tales son sus delicias y consuelo.
Ceñido de armadura esplendorosa,
Sobre alazan intrepido, pomposa
La cimera, cubierto de oro el cinto,
Que enlaza agudo hierro, en sangre tinto
Bruñido escudo con atroz leyenda ·
Falta mas, fiero Ulrico á la tremenda
Turba precede, al lado del caudillo.
Llegan á un elevado bosquecillo,
Desde el cual se descubre la ancha vega,
Y los bordes del rio, que despliega
Por su llanura rápidos cristales ;
Y mas allá, en espesos matorrales,
Lejana tropa que Gonzalo rige.
Ulrico del normando allí dirige
La mirada. « Los ves? » le dice ; « en breve,
Si á mas cumplida empresa no se atreve
Nuestro valor, en lucha temeraria,
Pero inútil, espuestos á la varia
Fortuna del combate, tus guerreros
Cruzaran con el conde sus aceros.
Osemos mas : de un golpe destruyamos
Su altivez orgullosa. Cerca estamos
Del castillo opulento, donde encierra
Sus tesoros Termine allí la guerra;
Y miéntras arde el torreon altivo,
Luchemos en combate decisivo. »
Dijo, y cunde la voz. La tropa osada
Por senda tortuosa y retirada,

Sedienta de matanza y de ruina,
A la mansion ilustre se encamina.

VIII

Ocupa el torreon la lisa espalda
De una altura süave, y en la falda
Se dilata, cortando con su anchura
El encorvado cerro, una llanura.
Esta por todas partes se guarnece
De un enramado bosque, donde crece
Cipres, y aliso, y mirto, y roble, y haya;
Y cual pomposo cinturon, se esplaya
Con giro igual del murallon en torno,
Y de defensa sírvele y adorno.
Llega el normando al interior distrito
Del ancho anfiteatro, cuando el grito
De sus guardias, le anuncia la presencia
Del ibero á quien busca su insolencia.
Previó el conde el designio que amenaza
Su hogar querido, y por oculta traza
Que la jornada abrevia, se anticipa,
Y el negro plan del invasor disipa.
Las dos fuerzas iguales, frente á frente,
Se paran. El caudillo diligente
De una y otra calcula los azares
Del empeño, registra los lugares,
La opuesta masa cauteloso mide,
Y en firme voz las órdenes espide.
Así cuando prepara la tormenta

Trastorno universal, su faz ostenta
La mar inmóvil, como jaspe duro,
Miéntras suspenso el nubarron oscuro
La seña espera de la mano sabia,
Para soltar los diques á su rabia.
Mientra el destino á su valor prepara
Muerte y triunfo, del grupo se separa
Con unos pocos el garzon. La torre
De Gonzalo es el término á que corre
Con infernal anhelo. Mas apénas
Descubre entre las ramas sus almenas,
Vision mas grata su maldad provoca.

No léjos del camino, en alta roca,
Que domina el tajado precipicio,
Cual víctima dispuesta al sacrificio,
Hermura, en su inquietud aun mas hermosa,
El éxito terrible aguarda ansiosa.
La ve el indigno amante, y del trotero
Se arroja, y mas audaz que tigre fiero,
Sobre la presa mísera se lanza.
La vírgen, en devota confianza,
Previendo la catástrofe infelize,
Resigna el corazon, y á Ulrico dice :
« No lograrás, infame, el vil intento.
Antes destroze bárbaro tormento
Mi seno triste en míseros pedazos,
Que en el tuyo me estrechen esos brazos,
Que mueve el crímen con impulso atroze.
Sirva mi muerte de esquisito goze,

Sirva de premio á tu pasion maldita. »
Dijo, y, sin vacilar, se precipita,
Y de una en otra roca se desprende,
Y al hondo abismo exánime desciende.
Mudo queda y estático el perverso
De despecho y asombro. El universo
Se eclipsa de repente á sus miradas,
Con lagrimas ardientes inflamadas.
Allí, por vez primera, reconoce
La perdicion segura, á que veloce
Su protervia lo empuja. La rodilla
Dobla trémulo ; cubre la mejilla ;
Tormento agudo el seno le destroza,
Y agonizando de dolor, solloza.

IX

El rumor de la lucha lo dispierta ·
Llega á los suyos, y con mano yerta,
Toma la rienda, y á caballo sube

De denso polvo la agitada nube,
Que se levanta en moles colosales ;
El rumor de clarines y atabales,
Y el doliente clamor de los heridos,
Y del furor los altos alaridos
Sus ímpetus velozes estimulan ;
Imágenes horrendas se acumulan
En su desconcertada fantasía.
« No se oscurezca, » clama ansioso, « el dia,

Sin que el conde á los filos de mi daga
La pérdida de Hermura satisfaga. »
Cuando al teatro sanguinoso llega,
Ya estaba decidida la refriega.
Pagó el jefe normando con su vida
Tanta barbarie y destruccion : batida
Su muchedumbre, ó muere ó corre. Ardiendo
En furia Ulrico, al escuadron tremendo
Las riendas torna, y el acero esgrime.
Gonzalo, al conocerlo, no reprime
Su encendido rencor : las filas deja
Y con la enorme lanza que maneja,
Terrible golpe le dirige. Cruje
Roto el broquel, y el desgraciado ruge,
Y se desploma como roca inerte.
Ceñido con las sombras de la muerte,
« Vengado triunfas, » dice, « infame viejo.
Muero en deshonra y en baldon ; mas dejo
Don que por siempre tu existencia aflija.
Vengado estói tambien : busca á tu hija. »

DON ÓPAS.

EN CUATRO PARTES.

« La digresion os pide mil perdones,
Que yo suelo pecar en digresiones. »
FLORESTA DE RIMAS ANTIGUAS CASTELLANAS.

I.

1

Un infortunio atroz de nuestra España
Que al mas severo corazon lastima,
Bien que el lustre presente no le empaña,
Va á ser hoi el asunto de mi rima.
En vano el curso de la suerte estraña
De alli me aleja en apartado clima :
Siempre fija en España está mi mente,
Cual en tierno amador pasion ardiente.

II

Y pues de ella me aparta el hado adverso,
Buscaré cuidadoso en sus anales
Asunto propio de mi tosco verso
Y de mis sentimientos nacionales.
Y si sale un intérprete perverso,
Bien provisto de críticas parciales,
Seguro está que logre con su escrito
Disminuir mi sueño ó mi apetito.

III

Entraré en el espeso laberinto
De época añeja y por demas oscura.
Ménos que erudicion, será el instinto
Quien guiará mi mano en la pintura.
Y pues que no disputo, sino pinto,
Si resulta una infiel caricatura,
Sepa el lector que en graves escritores
Se suelen encontrar algo mayores.

IV

Grave infortunio cantaré; tremenda
Crísis de aquellas que la suerte amarga,
Soltando á sus rigores larga rienda.
Sobre inocente poblacion descarga.
Digna de España mi sencilla ofrenda
Tal vez seria, si con rienda larga
Benigna inspiracion, que humilde imploro,
Diera á mi lira fiel eco sonoro.

V

Que al héroe principal, al que sostiene
Todo el peso del drama que medito,
Grande estilo poético conviene,
Por su clase, su nombre y su delito.
De los puros raudales de Hipocrene,
Para tamaña empresa, necesito
Cántaros llenos, no mezquinas copas :
Canto las aventuras de Don Ópas.

VI

Nombre infausto á mi patria. A su sonido
El genio de la España oculta el rostro
Con funestos recuerdos ofendido ;
Mas yo, que á la virtud me humillo y postro,
Nunca á la faz del crímen me intimido :
Su torpe fealdad sereno arrostro,
Y al pintarlo con pelos y señales,
Pienso hacer un favor á los mortales.

VII

Hartos son los que cubren con empeño
Y disimulan con afan propicio
La torpe corrupcion ; y, en hondo sueño,
Dejan que cunda ponzoñoso el vicio.
El hombre justo opone torvo ceño,
Rígido á su poder, y el sacrificio
De la razon á un idolo perverso
Bastara á trastornar el universo.

VIII

Qué mas quieren los malos? Cariñosa
Los mece la Fortuna y los halaga;
Ni un deseo conciben, que afanosa
Su incansable avidez no satisfaga.
Si la censura fiel y rigorosa
Con futuro baldon no los amaga,
¿Qué punto habrá que su poder no infeste?
Conózcales el mundo, y los deteste.

IX

Ya se que no es valor luchar con muertos.
Mas ¿quién se atreve á pelear con vivos,
Que siempre al débil lanzan tiros ciertos,
Y son en hacer daño tan activos?
Los caminos del mal están abiertos;
Llenos estan de encantos y atractivos.
Sepa el ciego mortal que en ellos entra,
Lo que al llegar al término se encuentra.

X

Y mientras la justicia humana venga
La sociedad, si es débil quien la ultraja,
Para que en su desórden se contenga
La envilecida tribu, pobre y baja;
Alzada la opinion el brazo tenga
Sobre el que huele almizcle y cuelga alhaja,
Y, sumido en delicias y regalo,
Quiere, por ser mas fuerte, ser mas malo

XI

Mientras mas elevado es el objeto,
Debe ser mas enérgico el ataque.
Por el fraque dejemos al coleto,
Y por cetro, y capucha, y mitra, al fraque
Profano y criminal es el respeto,
Si impide que la crítica destaque
Sus tiros al que tanto los merece,
Solo porque en altura resplandece.

XII

„ Esento ha de quedar de agria censura
Quien enfangado en sórdido manejo,
„Quien dando manos á una intriga impura,
No deja á una nacion mas que el pellejo ?
Por mas que hundido en gozes y en holgura.
Lo ciñ el lujo de falaz reflejo,
Por mas que ella lo aguante y se resigne,
¿ Será otra cosa que un bribon insigne ?

XIII

Si una pandilla, un club, una academia
Se apodera del mando y lo vincula ;
Si en ella crímen y traicion se premia,
Y medra quien se postra y quien la adula ;
Si verdad en su código es blasfemia,
¿ Ha de sufrir el pueblo, dócil mula,
Que el orgullo de un grupo de insensatos
Se burle de sus ímprobos conatos ?

XIV

Por mas que con falaz nomenclatura,
Con dorado artificio y eficazia,
Cubrir de flores la maldad procura
Campanuda y sutil la diplomacia;
No tanto puede su elocuencia oscura,
Que se convierta en dicha la desgracia
De los que pagan pechos y tributos,
Miéntras otros engordan con sus frutos.

XV

¿Qué es un crímen oscuro al lado de esos
Atentados, que en alta jerarquía
Maquina la ambicion, cuyos escesos
No caben en un pueblo, ni en un dia?
Sangre, cenizas, insepultos huesos,
Incendio, estrupo, robo, alevosía;
El crímen da esos frutos, y aun peores,
Cuando son personajes sus autores.

XVI

Ejemplo grave y persuasivo encierra
De esta verdad mi canto, que no aspira
Falaz á ornar los males de la guerra
Con engañosa y pérfida mentira.
Veréis en odio hervir la hermosa tierra
Que el Tajo riega, y estallando en ira,
Bajar cien razas á la huesa oscura;
Solo por una moza y por un cura.

XVII

Veréis desparecer las tribus fieras
Que vinieron del norte al mediodía,
Y que á sus piés hollaron altaneras
Poder que á cien naciones oprimia:
Pasaron como ricas sementeras
Que la langosta, oscureciendo el dia,
Con apetito bárbaro destroza ;
Y todo por un cura y una moza.

XVIII

Hija la moza fué, y el cura tio
De un noble godo en Ceuta arrinconado,
No para que ostentase su alto brio
Contra los enemigos del Estado,
Sino para evitar que el poderío
De su influencia á un príncipe, cuitado,
Vicioso, débil, holgazan é injusto,
En la ocasion primera diese un susto.

XIX

Grande episodio en los anales nuestros
Forman las aventuras de la Cava:
Las refirió Leon en ritmos diestros
Y Ángel Saavedra en melodiosa octava.
Cosa estraña! los lances mas siniestros
Que á una nacion convierten en esclava
De la Discordia, y sus destinos rigen,
Tienen por lo comun el mismo orígen.

XX

Amor, que el hombre cual su vida aprecia,
Que vivifica al mundo con su llama,
Con la casta mirada de Lucrecia
Terrible incendio junto al Tibre inflama;
Torrentes de infortunio vierte en Grecia
De Helena el robo. Así cuando la fama
De una nacion refiere la grandeza,
Es un crímen de amor por donde empieza.

XXI

Los godos no eran ya lo que eran ántes,
Cuando tembló á su nombre el Capitolio,
Y el rumor de su armas arrogantes
De Constantino amenazaba el solio.
Adormidos en tronos vacilantes,
Hacian insolénte monopolio
De la riqueza nacional : el lujo
A este abismo de males los condujo.

XXII

Y mas que el lujo, el fanatismo, hermano
De esa ignorancia mazorral y espesa,
Que en errores de un órden sobrehumano,
Cual en grato prestigio se embelesa.
Por querer ser el godo buen cristiano,
No mas lució su espada en noble empresa :
Frailes lo dominaban y mujeres,
Y vivia entre ayunos y placeres.

XXIII

Don Julian empero el lustre añejo
De sus abuelos conservaba puro ;
Arrojado en la lid, sabio en consejo,
Íntegro en gobernar, aunque algo duro.
Mas al mirarse desterrado y viejo,
Sumido en un rincon triste y oscuro.
Bien que amase á su patria, á fuer de godo,
Amábase á sí mismo mas que todo.

XXIV

Pensando estaba siempre en Don Rodrigo.
Y manteniendo viva la esperanza
De lanzar contra aquel torpe enemigo
Dardo seguro de cruel venganza.
« Si alguna vez, » pensaba, « yo consigo
Herir su infame pecho con mi lanza,
Y lavar con su sangre mi ruina,
Me he de dar una buena disciplina »

XXV

En estos pensamientos embebido,
Salió á rondar de noche la muralla,
Que al moro, dueño ya de aquel partido,
Fué en todo tiempo prepotente valla.
Iba solo, agitado, distraido,
Con un tosco gaban sobre la malla;
Justillo, á goda usanza, de gamuza,
Corto broquel, estoque y caperuza.

XXVI

De pronto siente que una mano dura
Lo detiene invisible por el hombro.
Tórnase y ve gigántica estatura,
Que á un pecho como el suyo daba asombro.
«Quién eres? » dice el godo; y con dulzura
Le responde el jayan : « Tarif me nombro ;
Tarif soi; mas no vengo de enemigo:
Vengo á hablar de la Cava y de Rodrigo. » —

XXVII

«Pues qué tiene Rodrigo con la Cava?»
Dice Julian, en vano reprimiendo,
Cual reprime el volcan la ardiente lava,
De su furor el ímpetu tremendo.
« Bagatela ! » responde el moro; « esclava
De torpe vicio España la está viendo.
Folgando está con ella Don Rodrigo
A la orilla del Tajo sin testigo. »

XXVIII

Era lo natural que en aquel lance
Tiñese en sangre el conde el noble filo,
Porque segun se cuenta en el romance,
Tal era de los godos el estilo.
Mas el conde se hallaba en duro trance :
Era su pecho borrascoso asilo
De encontradas pasiones; y en tal caso
La accion no puede siempre abrirse paso.

XXIX

De aquel silencio aprovechando el moro,
«Conde,» le dice, «aguantas esta injuria?
¿Sufrirás que marchite tu decoro
De un príncipe insolente la lujuria?
Véngate del que roba tu tesoro :
Sangre pide el baldon. Del Miño al Turia
Bañen torrentes de rojiza espuma
La escena do tu infamia se consuma,»

XXX

«Tu ignominia y deshonra. Este lenguaje
No es para un godo placentero arrullo ;
Más atroz es empero el fiero ultraje
Con que un garzon audaz hiere tu orgullo.
Infiel soi á tus ojos : soi salvaje ;
Mas el que ajase impávido el capullo
De la virginidad de una hija mia,
Vive Alá! que á mis plantas moriria. »

XXXI

«Qué te falta? dinero! Amplios tesoros
Aguardan tu señal : habla, y los tienes.
Ejércitos te faltan? Cien mil moros
Sustentarán la causa que sostienes.
Cenizas, destruccion, miseria y lloros
Dispierten á Rodrigo : de sus sienes
La corona de España se desprenda :
Las tuyas son mas dignas de esta prenda.»

XXXII

«Si tu rezelo el alto don rehusa,
Porque mi voz humilde te parece,
Sabe que no es Tarif, es el gran Musa
Quien las armas del África te ofrece.
Él tu pasiva negligencia acusa :
Su alfanje, que invencible resplandece,
Cuando á contraria hueste se abalanza,
El trono te asegura y la venganza.»

XXXIII

Como el hombre que en grave pesadilla
Del mal y el bien los dos estremos toca,
Y ya á su mente la esperanza brilla,
Ya en horrible despecho se desboca;
Ora lo amaga bárbara cuchilla,
Ora lo besa perfumada boca,
Y no sabe qué juzgue, ni qué crea,
Y tiembla, y suda, y gime, y titubea;

XXXIV

O cual conspirador, que, ya dispuesto
Para el dia siguiente el estallido,
Ya se imagina alzado en alto puesto,
Ya, frustrada su empresa, perseguido;
Si retracta los planes que ha propuesto,
Víctima viene á ser de su partido,
Y si el plan que forjó le sale falso,
No tiene otro recurso que el cadalso;

XXXV

Tal el padre infeliz, que de repente
De tan gran novedad se desayuna,
No sabe en qué lugar fijar la mente
De los dos que le ofrece la fortuna.
Aquí ve hundida en deshonor la frente;
Allí ve la triunfante Media-luna,
Constante objeto de su ardiente saña,
Señorearse espléndida en España.

XXXVI

La flor de su nobleza ve marchita;
Se ve á sí mismo en triste cautiverio;
Pero recuerda que ha de ser mezquita
Parroquia, catedral y monasterio.
A un moro viejo que en Bagdad habita,
Se humillará servil cristiano imperio;
Y el que por indulgencias marcha a Roma,
Adorara el sepulcro de Mahoma

XXXVII

Escrúpulo y pasion, con igual brio,
Traban así en el conde lid funesta;
Pero le dice el otro : « Tengo frio,
Y no me voi de aquí sin la respuesta.» —
«Deja,» le dice el conde, «que á mi tio
Consulte sobre el caso y la propuesta.
Cuenta el dinero, y ten listas las tropas,
Y aguardaré el aviso de Don Ópas »

XXXVIII

Hora á un númen plebeyo, que su vida
Pasó en humilde puesto, respirando
La atmósfera de choza reducida,
O de modesto bosque el soplo blando,
Presta, oh Musa, potente voz, henchida
De estrepitoso acento, que imitando
La frase que en palacio hablarse suele,
De palacio los crímenes revele.

XXXIX

Llévame por la mano, sin que vicie
Su exhalacion un alma sana y pura,
A la cuadra do en plácida molicie
Reposan la opulencia y la impostura,
Donde en artificiosa superficie
Su dardo vela corrupcion impura;
Donde el poder con mágico embeleso
Ponzoña comunica en dulce beso.

XL

Siga el numen audaz, si tú lo guias,
De ambicion la intrincada y curva senda,
Y el curso de las negras arterías
Que sirven á su cólera tremenda.
Maquinaciones bárbaras é impías
Aparezcan al mundo, sin la venda
Con que lisonja vil las desfigura,
Para que adore y calle plebe oscura.

XLI

A la morada arzobispal, do abriga
Negra traicion sus miras incompletas,
Tú invisible me lleva, y de la intriga
Descúbreme las cábalas secretas.
No empuño en diestra mano pluma amiga;
No escribo boletines ni gazetas:
Mi gusto es arrostrar libre de miedo
Del magnate el rencor, hora que puedo.

XLII

Y ¡ ojalá en exaltada jerarquía
Se colocase siempre, noble y grave,
El que dócil y fiel de la poesía
Escucha y sigue inspiracion süave!
La humilde historia con venal falsía
Del delito, si quier, pierda la llave,
Para que los futuros eruditos
Confundan las virtudes con delitos.

XLIII

Mas el mortal que en inspirada rima
Puede hablar de los dioses el lenguaje,
¿ Por qué la dote escelsa desestima,
Cómplice ciego del comun ultraje?
Sello de execracion al vicio imprima:
Prodigue á la virtud puro homenaje;
Y cuando á la verdad pague tributo,
No espere de sus penas mejor fruto.

XLIV

Yo, á quien fortuna vacilante agita,
Cual hoja que huracan feroz menea,
Y ya con puntas ásperas me irrita,
Y ya mi faz en dulce soplo orea ;
Lo que el social comercio necesita,
Lo que es obligacion, lo que es tarea,
Pago sumiso en rutinera prosa ;
Pero escribir en verso es otra cosa.

XLV

Si de pronto en la mente conmovida
Inesperado rapto sobreviene,
Ya mi vida se cambia en otra vida,
Que en region mas sublime se mantiene.
Ni el poder con su fuerza me intimida,
Ni la opinion adusta me contiene ;
Y saboreo en esta altura un goze,
Que el vulgo de coplistas desconoce.

XLVI

Desparece la escena que circunda
Mi mirada ; la escena vergonzosa,
Donde soberbia audaz, protervia inmunda
La frente cubren de jazmin y rosa.
Inefable placer el pecho inunda,
Cual en la primavera deliciosa
De mi patria feliz ; benigno aliento
Vierte en el aura amor, paz y contento.

XLVII

No solo entónces libre se despoja
De traba y de pavor la fantasia,
Sino que la razon con rienda floja
Deja la senda en do marchar solia ;
Y esa armazon falaz que la sonroja
Con el nombre de ciencia y de teoría,
Obra que el mundo reverente acata,
Por sí misma se hunde y desbarata.

XLVIII

Desnudo y solo el crímen é indefenso
Se presenta, sin corte que lo siga,
Disipada la nube de impio incienso,
Con que la imbécil masa lo atosiga.
Lleno entónces de orgullo, digo « Pienso ;
Soi dueño de mi mente ; y no la intriga,
No ansia de lucro, ni temor del palo
Me harán decir que es bueno lo que es malo. »

XLIX

El que en sus venas lánguidas la fiebre
Calorosa no siente en que me inflamo,
A quien pagare mas, grato celebre,
Y orne su frente con pomposo ramo.
Despues, dócil cuadrúpedo, al pesebre
Acuda, y coma lo que diere el amo,
Y si se digna hacerle una caricia,
Reciba sus palmadas con delicia.

L

Que así viven millones de individuos,
Oficinas llenando y tribunales,
Y comiendo gustosos los residuos
Que arrojan sus patronos liberales.
Siempre do sopla la fortuna, asiduos,
Siempre al poder sumisos y leales,
Cuando de ser poder el poder cesa,
Se quitan de su vista á la francesa.

LI

No era Don Ópas de esta clase. Adicto
Por sangre y por cariño á noble raza
Que perdió el cetro, se mantuvo estricto
En el arduo deber que el honor traza.
Desafiando audaz todo conflicto,
En la primera coyuntura emplaza
La destruccion de un jóven, que envilece
Cetro que empuña y pueblo que obedece.

LII

De Witiza los hijos despojados
Del solio, sus parientes y pupilos
Vivian en abrigos retirados,
Seguros en verdad, mas no tranquilos.
Eclipsado esplendor, triunfos pasados
Hiriendo el pecho con agudos filos,
Mantenian constante el pensamiento
En un inesperado movimiento.

LIII

Tal prestigio en sí lleva la corona ·
Todo aquel que la ciñe, si la pierde,
La esperanza de asirla no abandona,
Que es arbol siempre vivo y siempre verde.
Yace Luís sumido en su poltrona;
No hai en Francia un mortal que de él se acuerde;
Mas quiere el trono, y nada le hace mella :
Y al fin y al cabo se salió con ella.

LIV

Mas de una vez Don Ópas, que á Witiza
Y á su ambicion guardaba fe sincera,
Con soplo astuto y recatado atiza
De la guerra civil la horrible hoguera.
Pero su zelo audaz halló ceniza
Donde encontrar creia llama fiera :
Sus hechuras, en lánguido egoismo,
Llamaban lealtad al servilismo.

LV

La *legitimidad* era su norte,
Llamando *usurpador* á su enemigo:
Porque no manejaban el resorte,
Y no les daba el sucesor abrigo,
Murmuraban del jefe y de su corte,
Hablaban de venganza y de castigo,
Y de librar á España de su mengua :
En fin eran mui bravos—con la lengua.

LVI

Uno decia : « No me meto en eso. »
Otro · « La Religion no lo permite. »
A este le agrada tanto el arduo peso,
Que no hai poder humano que lo escite :
Aquel aguarda que con torpe esceso
El mismo rei la empresa facilite.
Cuentan que dijo un godo mui sensato :
« Quien va á poner el cascabel al gato ? »

LVII

Respuestas son de molde, que en la crísis
De los pueblos repite un vasto coro,
Cuando yacen en torpe paralísis
El honor, el orgullo y el decoro.
Y si con filosófica analísis
Se busca el gérmen á tan gran desdoro,
Se encontrará en aquel *dolce far niente*,
Que es de la esclavitud rasgo eminente.

LVIII

Miéntras mas se espolea y sobrecarga
A eso que llaman pueblo, y mas se ofende,
Mas en honda modorra se aletarga,
Y mas de su baldon se desentiende.
Bien puede el opresor doblar la carga :
Todo le sale bien de cuanto emprende.
Como el camello, dobla la rodilla,
Porque no se moleste quien lo ensilla.

LIX

Sé que el pueblo se enfada algunas vezes;
Sé que suele tambien hacer justicia.
Mas si se agitan de un barril las hezes,
¿ No se mezcla al buen vino la inmundicia ?
Furia, pillaje, envidia son los juezes
De esta sangrienta causa. La malicia
De un necio grita, y luego siguen otros,
Como al manso las vacas y los potros.

LX

La victima cedio, y el candidato
Circundado de aplauso se presenta.
Hai *Te Deum*, cohetes y aparato ;
Do quiera el gozo público fermenta.
Pasan meses, y el pueblo mentecato
Dice con faz hundida y macilenta,
Despues de derramar llantos opimos ·
« ¿ No era mucho mejor el que perdimos ? »

LXI

La causa de este mal es un sofisma,
Que adopta ciegamente el hombre honrado :
Con la revolucion y con el cisma
Piensa que esta el achaque remediado.
La libertad es buena por sí misma ;
Mas no nace en terreno abandonado.
Si no la fertiliza diestro surco,
Tan libre sera el libre como el turco.

XLII

La libertad es cosa que se aprende,
Que cuesta siglos de esperiencia amarga :
Un pueblo no la estudia, y no la entiende,
Sino tras lucha sanguinosa y larga.
Lo bueno cuesta caro. ¿Qué pretende
La rebelion? Al suelo echar la carga?
Fácil es : con pandillas y alborotos
Los vínculos mas fuertes quedan rotos.

LXIII

Si tras el alboroto y la pandilla
Sale un disertador, ó muchos de ellos,
Con un plan especioso, donde brilla
Cúmulo vasto de principios bellos;
La gente al nuevo régimen se humilla;
Deslumbran á la masa sus destellos;
Se dan la enhorabuena los cofrades,
Y todos ven llover felizidades.

LXIV

Y llueven en verdad cargo y ascenso,
Y se crean empleos infinitos,
Y se embriagan en süave incienso,
Mui orondos, los nuevos favoritos;
Y el porvenir *ofrece un campo inmenso,*
Segun los periódicos, escritos
Con severa razon y estilo culto,
Y sin un galicismo ni un insulto.

LXV

Empero conservar esa conquista,
No es tan fácil. Los hábitos añejos
Pervierten la razon, turban la vista,
Dan color de verdad á errores viejos:
De aquí resulta una existencia mista,
Cambio incesante de hombres y consejos,
Favoritismo, tropelía, engaño;
Lo mismo exactamente que hubo antaño.

LXVI

Don Ópas no entendia nada de esto,
Porque en aquellas eras no existia
La doctrina política, repuesto
De la mas intrincada algarabía.
No ocupaba el saber el primer puesto:
Mucho se obraba y poco se sabia.
El furor de la masa turbulenta
Echaba al suelo un trono, no la imprenta.

LXVII

Viendo cuán vanos eran sus conatos,
Dijo Don Ópas entre sí : « Paciencia ;
Ya que lo quieren estos insensatos,
Consúmanse en brutal indiferencia.
Cubran mi mesa suculentos platos;
Brillen en casa el lujo y la opulencia ;
Manténganse los sacos de oro llenos,
Y haya buena salud : del mal el ménos. »

LXVIII

Es preciso saber que el buen prelado
De Sevilla y Toledo juntamente
Empuñaba feliz doble cayado,
Doble renta cobrando exactamente.
De la poligamía el atentado
Pierde ya su carácter delincuente
En las categorías religiosas :
Allí son permitidas dos esposas.

LXIX

De los ultramontanos la doctrina
Facilita esta práctica : bien hecho.
Los contrarios en charla peregrina
Los Cánones alegan y el Derecho;
Empero la razon el peso inclina
Do se inclinan el lucro y el provecho.
No tiene un mercader dos ó tres tiendas?
Pues tenga un Padre dos ó tres prebendas.

LXX

Con los ultramontanos me acomodo,
Tipos de singular condescendencia :
Ellos nos dan remedio para todo;
Todo cabe en su elástica indulgencia.
Mas como en tiempo del imperio godo
A sus anchas andaba la conciencia,
Y los *ultras* callaban y los *citras*,
El buen Don Ópas se ciñó dos mitras.

LXXI

Con sus productos en feliz holganza,
Y en muelle olvido y languida pereza,
Tal vez el aguijon de su venganza
De su filo embotaba la agudeza.
No lo acuso de torpe destemplanza,
Ni sé cómo gastaba su riqueza ;
Mas ningun escritor de aquellos dias
Cuenta sus fundaciones de obras pias.

LXXII

Súbito lo sacó de su letargo
Carta de Don Julian, larga y prolija,
Que era un comento tétrico y amargo
Sobre el concubinaje de su hija.
«Si quieres,» dice, «tomare á mi cargo
Que este fatal desórden se corrija :
Ya que cristianos manchan mis laureles,
Lavarán su inmundicia los infieles »

LXXIII

«Solo falta que ilustres mi ignorancia,
Y calmes los escrúpulos que abrigo.
¿ Es lícito tratar sin repugnancia
Al enemigo de la fe, de amigo?
¿ Habra quien luego absuelva mi arrogancia,
Si porque se le antoja á Don Rodrigo
Dar rienda a su apetito con la Cava,
En sangre goda mi baldon se lava ? » —

LXXIV

«¡Que tenga yo un sobrino tan salvaje!»
Clamó Don Ópas, dando un golpe recio;
«Se fija en un pueril concubinaje,
Y mira el honor patrio con desprecio.
De príncipes amigos el ultraje
El corazon no inflama de este necio;
Y se enfada por esas niñerías
Que estamos viendo acá todos los dias.»

LXXV

Toma la pluma, y fragua una respuesta
Digna de aquella singular consulta.
«¿Qué ignominia,» decia al conde, «es esta,
Que tu imaginacion crea y abulta?
Sea tu hija casta ó deshonesta,
¿Qué daño ó qué provecho te resulta?
¿En la prenda mas frágil de una hija
Un adalid valiente su honor fija?»

LXXVI

«Fija el tuyo mas bien en la alta empresa
Que á toda España el ánimo electriza.
De esclavitud infame yacen presa
Los claros herederos de Witiza:
Luz que brilló magnífica, es pavesa;
Fuego que ardió vehemente, es ya ceniza.
Bórrese de Witiza el vilipendio
Con espantoso y general incendio.»

LXXVII

« Una corona te seduce ! Tonto !
Una corona es un joyel liviano,
Que el aliento deslustra : no mas pronto
Disipa airado viento el humo vano.
Yo mas arriba mi ambicion remonto :
¿ Qué sirve un cetro en impotente mano,
Si vive el que lo empuña en ansia eterna ?
Mejor es gobernar al que gobierna. »

LXXVIII

« Con ese moro amable que te estrecha,
Toda dificultad la astucia zanje :
Sus ofertas benignas aprovecha ;
Liga tu agudo acero al corvo alfanje.
Renuncio á tu amistad, si en esta fecha,
Puesto al frente de intrépida falange,
Con ella á nuestra España no galopas.
Toledo y mayo veintitres. DON ÓPAS. »

LXXIX

Como en el liso prado la corriente
Tímida se resbala, lenta y floja,
Y mueve su cristal tan blandamente
Que apena el césped de la orilla moja ;
Mas si llega al declive, de repente
Con espumosos ímpetus se arroja,
Y en vez de susurrar, furiosa muge,
Y árbol y peña arrastra en fiero empuje ;

LXXX

Así el débil mortal, á quien concita
La pasion, y detiene la flaqueza,
De un impulso lijero necesita
Para estallar en hórrida fiereza.
Ya no calcula, teme ni medita;
Todo consiste en empezar. Si empieza,
Al cabo ha de seguir, sin que lo ataje
Temor de perecer en el viaje.

LXXXI

Así el conde, leyendo la misiva
De Don Ópas, de pronto se arrebata,
Y siente por las venas fuerza activa,
Que con vigor potente se desata.
Inmensa y deliciosa perspectiva
Se presenta á su mente, y solo trata
De enviar un amigo en diligencia,
A negociar nocturna conferencia.

LXXXII

Así juegan los grandes con los chicos;
Así, moviendo pérfido resorte,
Un pueblo entero se hace mil añicos,
Por dar gusto á un parásito de corte.
Débiles, fuertes, sabios, pobres, ricos,
No esperéis que el poder la rienda acorte
Al fatal infortunio que os decreta,
Para saciar el ansia que lo inquieta.

LXXXIII

Si atraviesa un filántropo regiones
Donde vivió la paz algunos meses,
Y ve colgar magníficos festones
De la vid, protectora de amplias mieses;
Y blanquear lanudos los vellones
Entre grupos de pinos y cipreses,
Y verdear frondosas las praderas
Al lado de amarillas sementeras;

LXXXIV

Y entrando en la ciudad, oye el ruido
De las activas maquinas, y el roze
Del incesante negociar, nutrido
Por calculo sutil y accion veloze,
Y el doméstico hogar ve guarnecido
De paz benigna y de inocente goze;
Y en esta perspectiva se recrea,
Y en grato porvenir fija la idea;

LXXXV

Piense que todo dura, lo que tarde
Loca ambicion en inspirar el seno
De un imbécil quizas, ó de un cobarde,
Mente de plomo y corazon de cieno.
Lanze un grito no mas, verá cuál arde
La escena hermosa, y cuál retumba el trueno,
Y cuál la muerte y el incendio cunden,
Y todo lo aniquilan y confunden.

LXXXVI

Siempre ha sido lo mismo, dicen todos.
Es verdad : el poder siempre es el mismo ;
Pero al ménos los árabes y godos
No cubrian de rosas el abismo.
Hoi con mil artificios y recodos
Quiere hacernos creer el despotismo
Que en nuestro bien trabaja y se desvela....
Es mui gorda la píldora y no cuela.

LXXXVII

Hasta la lei de Dios terrible y santa,
Para ocultar sus crímenes, implora ;
Y el que la huella con impura planta,
Con ella misma sus escesos dora.
Ántes la hipocresía no era tanta,
Ni con máscara vil y engañadora,
Cual diplomacia exótica y confusa ,
Disfrazaron su plan el conde y Musa.

LXXXVIII

No habia protocolos ni gazetas,
Máquinas de sofisma y de patraña,
Que con frases pomposas y discretas
Convierten en blandura lo que es saña ;
Ni en narcóticas rimas los poetas
Daban á la política artimaña
Barniz de convulsiva fraseologia,
Que desde media legua huele á Logia.

LXXXIX

El crímen era crímen, pero franco,
Y decia á las claras : *Esto quiero.*
No aspiraba á tornar lo negro en blanco,
Ni quitaba á su víctima el sombrero.
Ni al amarrar á un mísero en el banco,
Lo halagaba con tono lisonjero ;
Ni decia el poder al sacerdocio :
« Partiremos el lucro del negocio. »

XC

Juzgábase una causa en la palestra
Cuerpo á cuerpo : sistema aborrecido,
En que el fallo pendia de la diestra,
Y pagaba las costas el vencido.
Mas hoi la ilustracion ¿ cómo se muestra ?
En esto hemos ganado ó bien perdido ?
El influjo, cual ántes la pelea,
¿ No dicta los oráculos de Astrea ?

XCI

Llámese fuerza, ó bien llámese influjo,
¿ Qué importa lo que diga el Diccionario,
Si bajo el grave peso yo me estrujo,
Cuando estrujar debiera al adversario ?
Que ganen la belleza, el oro, el lujo,
Al favor de vascuence formulario,
O el tajo y el reves de estoque y daga,
¿ Al fin no es la justicia quien la paga ?

XCII

Y á propósito, ¡ qué ruin pobreza
La del célebre idioma castellano !
Justicia es la verdad y la pureza,
Y *justicia* es un juez y un escribano.
Y así cuando me oprima con fiereza
Fallo vendido por proterva mano,
Diré correctamente y sin malicia :
« ¡ Qué cosa tan injusta es la justicia ! »

XCIII

Y para ser *justicia* en el sentido
Metafórico absurdo, de que trato,
¿ Se requiere tal vez ser buen marido,
Ciudadano provecto, hombre sensato ?—
No señor : nada de eso se ha pedido.
¿ Filósofo tal vez, ó literato,
En quien profundo estudio deje impreso
Lo que es injusto ó justo ?—Nada de eso.

XCIV

¿ No se exige del juez cumplida ciencia
Del ser mental ? ¿ Del hondo mecanismo,
Cuya accion modifica la conciencia,
Y la convierte en templo ú en abismo ?
Qué ! ¿ no ha de conocer la íntima esencia
Del vicio y la virtud, para que él mismo
No quede entre los límites suspenso
De la virtud y el vicio ?—Ni por pienso.

XCV

Pues ¿ quién me va á juzgar? Un mozalvete,
Que en seis años de oscura algarabía
Logró cubrirse el cráneo de un bonete,
Símbolo de precoz sabiduría.
Con esta iniciacion y algun librete,
Que mas le ofusca el seso todavía,
No ha menester mas tiempo ni trabajo :
Bien puede echar sentencias á destajo.

XCVI

Si juzga solo, malo ; si con otros,
Peor mil vezes; que esta gente unida,
Como cuando en manada van los potros,
Marcha al daño compacta y decidida.
Por esperiencia lo sabéis vosotros,
Litigantes, que veis desvanecida
La esperanza que mas justa parece,
Si uno del sanhedrin os aborrece.

XCVII

En la primera instancia (qué pareja!)
Juez ignorante y escribano agudo.
Entre los dos la cosa se maneja ;
¿ Qué puede al infeliz servir de escudo?
No sirve allí razon, no sirve queja;
Su merced es un ente sordo-mudo,
Tieso, inflexible, inmóvil cual muralla,
Que instruye el pleito solo, y solo falla.

20

XCVIII

En la segunda, aunque diverso el modo,
No hai en el resultado diferencia.
Si son malas las partes, ¿qué es el todo?
Acaso cambia el número la esencia?
Y no hai quién nos arranque de este lodo?
¿No temen que se acabe la paciencia
Del que sufre, y un dia se amostaze,
Y togas y golillas despedaze?

XCIX

¿Seré yo solamente quien me quejo,
Con mordaz intencion, de estos desmanes?
No saben que el achaque es mui añejo?
No decia lo mismo Campománes?
¿Pues por qué contra todo lo que es viejo
De los nuevos se aplican los afanes,
Y contra todo esgrimen la cuchilla,
Ménos contra la toga y la golilla?

C

¿Así la espada de Damócles pende
Y amenaza invisible fama, vida,
Familia y bienestar! ¡Así se estiende
Do quiera la asechanza, apercibida
Por incógnita mano, que sorprende
En su sueño al honrado, y de la herida
Siente el dolor y atormentado muere,
Sin ver el filo agudo que lo hiere!

CI

Lejos del conde y de Tarif estamos,
Y dando sin querer enorme brinco,
Del año setecientos diez pasamos
Al de mil ochocientos treinta y cinco.
Con andar mas de prisa, ¿qué logramos?
¿Qué vamos á ganar, sí con ahinco
Proseguimos la historia paso á paso,
Para hallarnos al fin con un fracaso?

CII

Imitemos á ciertos oradores
Que han adquirido fama en la tribuna,
Y á fuer de mariposas entre flores,
Las liban todas sin fijarse en una.
Alguno conocí de estos señores,
Que para demostrar cuán oportuna
Seria una subida de aranceles,
Sacó á luz á Zenobia y Praxitéles.

CIII

Con todo, el interes que inspira el drama,
Lleva tras sí la ardiente fantasía;
En fuego activo el corazon se inflama;
Sube á escelsa region la mente mia.
Los campos miro ya do se derrama
La usurpacion, y do rugiendo impía
Fiera Discordia, su ponzoña vierte,
Y con ella terror, venganza y muerte.

CIV

Miro la fuga del feliz magnate,
Que viviendo en delicia y en grandeza,
Por vez primera la cerviz abate,
Sumergido en infamia y en pobreza.
La furia estrepitosa del combate
Hiere su femenil delicadeza,
Y, rota la ilusion de rango y nombre,
Se acuerda, aunque mui tarde, de que es hombre.

CV

Al arcediano respetable miro,
Muerto de miedo al ver que viene el moro,
Abandonar con lánguido suspiro
La silla de nogal del ancho coro,
Para olvidar en tétrico retiro
De los sochantres el cantar sonoro,
Y el diezmo con que henchian viles legos
La amplia concavidad de sus talegos.

CVI

Mas no es todo maldad ni todo ofensa ,
Ni son todos los dias tan fatales ,
Porque en la suerte del mortal compensa
La fortuna los bienes y los males.
Muere el dominio godo sin defensa ,
Perecen sus apoyos principales;
Mas la nacion no muere : sometida
Va á recobrar mas fuerza y nueva vida.

CVII

Se poblarán sus áridos desiertos
De cosechas, y bosques, y ganados.
Y en arenales lánguidos y yertos
Murmurarán arroyos plateados.
De dulce ritmo plácidos conciertos
Henchirán los alcázares dorados,
Donde el poder, depuesto el agrio encono,
En grave ciencia apoyará su trono.

CVIII

Ciencia desconocida que con ceño
Miró el hijo del norte, embrutecido
Con la prosperidad, cuando á su empeño
Cayó la gran ciudad en hondo olvido:
Ciencia, que de profundo y largo sueño
Dispertará al hispano, cuando unido
Con su dominador en lazo fuerte,
Hombre se torne de vasallo inerte.

CIX

Por vez primera la inmortal doctrina
Que en Grecia alzó la esplendorosa frente,
Y eleva al hombre á majestad divina,
Disipará las sombras de su mente;
Y se avergonzará de la mezquina
Fama que anheló un dia torpemente,
Cuando ciego vigor y fuerza bruta
Eran de su existir lei absoluta.

CX

Córdova ilustre en la frondosa orilla
Se elevará del Bétis, derramando
De su potente y majestosa silla
Proteccion y saber en soplo blando.
Dispondráse magnífica en Sevilla
La escena de los triunfos de Fernando,
Que aunque santo, fué un grande patriota:
Union que en estos dias no se nota

CXI

Y en la perla del árabe, Granada,
Mansion de encantos, y placer, y holgura,
De vegetal riqueza coronada,
El mismo adornará su sepultura,
Dejando en la colina celebrada,
Do Alhambra fija espléndida estructura,
Memoria eterna de los bellos dias
Que eclipsaron despues guerras impías

CXII

¿Por qué no es dado al númen que me anima,
Fiel trasladar á la espresion sonora
La imágen interior, y en dócil rima
Copiar las hermosuras que atesora?
¿Por qué falla la suerte que reprima,
Suspirando, la llama abrasadora
Que el seno abriga, mientra el labio inerte
De inspiracion los ímpetus pervierte?

CXIII

¡Felizes los poetas, que arrogantes
Se lanzan á las aguas de Hipocrene,
Provistos de cadencias retumbantes,
Barniz que á toda inspiracion conviene!
Y en cómodos y lisos asonantes
(Santa invencion!) su númen se mantiene
Sobre la altura del comun prosista,
Perdiéndose en los aires de su vista!

CXIV

¡Feliz el que maneja con holgura
Del verso blanco el fácil instrumento!
Sublime innovacion, que le asegura
Entre los inmortales noble asiento;
Y en elocuente epístola procura
Dar al lector, si no está soñoliento,
Narcótico eficaz y activo, con que
Abra la mano, caiga el libro, y ronque.

CXV

En venturoso dia el verso blanco
Renació para gloria de Castilla;
Con eso la poesía no es estanco,
Ni un poeta la octava maravilla.
Ya al Pindo se concede paso franco:
Todo el que quiere, su sendero trilla,
Si en darle la licencia estan conformes
Los escogidos que produjo el Tórmes.

CXVI

De estos santos varones el concilio,
Protector del anciano Anacreonte,
Quiso darle en España domicilio,
Con tal que al asonante se remonte.
Ademas decretaron que el idilio
Sonase en todo prado y todo monte,
Arrinconando décima y quintilla
A vivir en taberna y en guardilla.

CXVII

Hasta del consonante los principios
Se fijaron en reglas mas discretas;
Con adverbios en *ente* y participios
En *ido* y *ado* viven los poetas.
Se alzó la escomunion contra los ripios,
Para que estén las odas mas repletas;
Y para ennoblecer fiestas de damas,
Fueron las seguidillas epigramas.

CXVIII

Para dar cima á tan gloriosa empresa,
Se trajo á colacion el patriotismo,
Y salió de las sombras de la huesa
Lozano y vigoroso el arcaísmo.
La ilustracion así rauda progresa ;
Asaz, *sús* y *magüer* dan paroxismo
De gusto al que los nuevos dogmas sabe :
Ya no se dice *junto*, sino *cabe*.

CXIX

« Tronó la alzada cumbre de Pirene. »
Tronar es verbo activo, y mas en cumbre.
« El galo tembló un nombre, » porque tiene
De temblar nombres pésima costumbre.
« Chillante rueda arrulla al juez. »—« Perene
Cruje el Átlas su vasta pesadumbre. »
« Fragoroso rumor gira tremendo....»—
¿Entiendes, Fabio, lo que voi diciendo? (18)

CXX

Lo confieso : no alcanza á esas alturas,
Rústica y sin disfraz, la musa mia :
Se espresa en tosca frase y rimas duras,
Cual á orillas del Támesis solia.
Esas privilegiadas criaturas
Manténganse de néctar y ambrosía :
Yo comeré modesto humildes sopas.—
Vuelvo á tomar el hilo de Don Ópas.

II

« I have been abus'd, insulted, and betray'd.
My injur'd honour cries aloud for vengeance;
Her wounds will never close. »

EARL OF WARWICK.

I

De cuantos cuerpos en su giro abraza

Naturaleza y con su impulso mueve,

Un conjunto de gente en una plaza

(No hai exageracion) es el mas leve.

Quien el proyecto de moverlo traza,

Levante un solo grito, si se atreve,

Y sabrá de una vez, si no lo supo,

Lo que es la gravedad del sabio grupo.

II

Un hombre solo opone resistencia,
No digo al grito, a la oracion verbosa :
Si hai muchos, cada uno su conciencia
A la conciencia del vecino endosa ;
Abdica el individuo su prudencia,
Y en la prudencia pública reposa.
Y ¿qué es esta prudencia, si se apura?
Suma total de la total locura.

III

Como corrompe el aire el gran conjunto
De emanaciones que un concurso exhala,
Tal la opinion, cuando en el pueblo junto
El sentimiento y la razon se iguala.
Meditarás sensato un grave asunto,
Solo en tu gabinete ó en tu sala ;
Comunica tu asunto á los vecinos,
Y verás cómo ensartan desatinos.

IV

Buscas la mayoria ? Toma el pulso
A todo el que en la junta charla ó vota ;
Uno es un animal ; otro un insulso ;
El que es hombre de bien, no sabe jota.
A este siempre verás feroz, convulso ;
Aquel en vino y en placer se embota ;
Este es sangre, este almibar, este lodo :
Aquí tienes las partes de aquel todo.

V

Mas toda diferencia se destruye,
Si alguno lanza desatino enorme,
O inspiracion celeste se atribuye,
Sin que de la verdad nadie se informe.
Súbito en todos el audaz influye;
Éstasis repentino y uniforme
Cunde veloz en la convulsa masa,
Y á mas de lo que el otro dijo, pasa.

VI

El que en reunion pacífica y discreta
Por entusiasmo ó con malicia dijo :
«Dios es Dios y Mahoma su profeta,»
¿ Creyó quedarse en este punto fijo?
¿ O ya en su mente se agitaba inquieta
La destruccion universal, que al hijo
Del Bétis, y del Nilo, y del Eufrátes
Impuso leyes y ofreció combates?

VII

Arrójalo su patria como impío,
Y lanza execracion á sus preceptos;
Mas le dió la desgracia nuevo brio,
Y aumenta el entusiasmo sus adeptos.
De mar remoto y apartado rio,
Bandadas de ladrones y de ineptos
Acuden á alistarse á sus pendones,
Y á practicar ayunos y abluciones.

VIII

De nuevo grita á la sumisa Arabia :
« Dios es Dios y Mahoma es su profeta; »
Voz que torrentes de furor y rabia
A la aterrada humanidad decreta.
Potente Alejandría, Aténas sabia,
Y Ormuz lejano, y abundosa Creta,
Oyen pasmadas el furioso grito,
Y tiemblan en sus bases de granito.

IX

De la razon pacible no se cuenta
(Por mas que el siglo su poder alabe)
Que escitase jamas una tormenta,
Cual promoverlas la impostura sabe.
Si alguna vez osada se presenta ,
Ten por seguro que infeliz acabe,
O bien abandonada ó perseguida,
O pagando su arrojo con la vida.

X

Si la persecucion no se entroniza
De leyes duras y de hierro armada,
Ni convierte á la víctima en ceniza ,
Cual hizo en otro tiempo Torquemada,
Otras hogueras en secreto atiza
La calumnia, con zelo propagada;
Y esgrimiendo en secreto el torpe filo,
Es una Inquisicion por otro estilo.

XI

Si esta es ponderacion, ¿por qué no corre
Veloz la chispa que nació en oriente,
Y á la afligida humanidad socorre
Con mano compasiva? ¿De la mente
Por qué el espeso velo no descorre,
Y deja que domine impunemente
Cada vez mas pujante la mentira,
Y ella le deja el campo y se retira?

XII

Si cuenta con tan célebres apoyos,
Con Sócrates, y Néwton, y Descártes,
¿Por qué no manan límpidos arroyos
De razon y virtud por todas partes?
¿Por qué ocultan su luz profundos hoyos,
Miéntras sus victoriosos estandartes
Planta el error en los altivos muros,
Y allí ondean vistosos y seguros?

XIII

Si alguno del error niega el influjo,
Digalo yo, que aislado y sin testigo,
Contra su imperio embravecido rujo,
Y peso cada voz de las que digo.
Siempre su nombre en mí terror produjo;
He sido y seré siempre su enemigo;
Pero de cierto límite no paso,
Ni digo lo que siento sobre el caso.

XIV

Porque si dejo libre andar al estro,
Y traslado fielmente lo que dicta,
¿Quién me podrá evitar golpe siniestro
Que el vulgo lanze con su fuerza invicta?
El vulgo es el señor y es el maestro :
Ante su tribunal, siempre convicta
Resulta la verdad. Si el vulgo falla,
Triunfa el sofisma, y la justicia calla.

XV

Qué remedio? Paciencia; y el que fije
Las plantas fuera del comun lindero,
Si la prudencia su vigor no rige,
Dóblese humilde al esgrimido acero.
Quien al tropel comun la voz dirige,
O no espere guardar su honor entero,
O si en verdades duras se desmanda,
Podrá dejar la piel en la demanda.

XVI

Todo está compensado en este mundo ·
La razon no produce esos portentos,
Ni hace estallar resorte furibundo,
Que del orbe sacude los cimientos.
Mas cuando el hombre en meditar profundo
Sube á los encumbrados elementos
De su ser, y en su ser halla un arcano
Que se oculta á los ojos del profano;

XVII

Cuando de inspiracion la llama prende
Dentro del seno, y leve se levanta
La fantasía y los espacios hiende,
Y aun mas allá sus vuelos adelanta;
Y la mirada desde allí desprende,
Y al suelo mira, y ve locura tanta,
Laureles falsos, méritos postizos,
Sabios tan necios, necios tan rollizos:

XVIII

A este placer cuál otro se compara?
¿Mirará quien lo goza, con envidia
Poder, mando, riqueza, á quien prepara
Destruccion la calumnia ó la perfidia?
¿O al que su vida inútil acíbara
Con falsos gozes ó mortal desidia?
¿O al que viendo la caja de oro llena,
Clama en fiero terror : *Es sangre ajena?*

XIX

Larga ya es esta digresion : tornemos
Al oriente. Resuena en su distrito
Grito de asolacion : cien mil blasfemos
Se arman furiosos, y el horrendo grito
Propágase de Arabia á los estremos
Del mundo. Un genio destructor, maldito,
Rompe al oirlo su prision sombría,
Y se frota las manos de alegría.

XX

Su nombre es **Fanatismo**. Mis lectores
Conocen mui de cerca al personaje.
Yo, hablando francamente, mis colores
No gasto en describir su gesto y traje.
Hemos tenido ciertos sinsabores,
Y no quiero que nadie me aventaje
En imparcialidad ; y, á mas, la gente
Que lo circunda, es mucha y es potente.

XXI

A su imperiosa voz Caled el fiero,
Que sangre y destruccion deja en su rastro,
Jura estinguir bajo el terrible acero
La patria de Darío y Zoroastro :
Do el pastor á la sombra del palmero,
Y en templo de oro el sátrapa, del astro
Velan devotos el fulgor inmenso
Con nubes aromáticas de incienso.

XXII

De Cosróes los vástagos marchitos
Desparecieron en mansion lejana.
Cedió la Persia á los estraños ritos
Su culto, su esplendor, su pompa ufana.
Sus hermosos y espléndidos distritos,
Que reprimieron la ambicion romana,
Son hoi mansion de arenas y de espinas,
Do ni aun respetó el sable las ruinas.

20.

XXIII

Siria tambien, magnífica, opulenta,
Doblóse al yugo triunfador : la cuna,
Donde del mundo se lavó la afrenta,
Se humilló á la potente Media-luna.
Así la marcha de los siglos lenta,
Así en secretas vias la Fortuna
A los guerreros del Sepulcro fieles
Preparaba desgracias y laureles.

XXIV

Y el valle inmenso, donde el Nilo vierte
Fecundidad y dicha, á los pendones
Del musulman, desanimado, inerte,
Cede sus encumbrados torreones.
De una familia numerosa y fuerte
Sometieron los brios las lecciones
Del Koran ; la amenaza y la promesa
Con que intimida al hombre y lo embelesa.

XXV

Llegó el raudal furioso á la comarca,
Donde del mar al hórrido desierto
Traza en ancha region la estéril Barca
Límite calcinado, y donde yerto,
Cual al funesto golpe de la Parca,
Roto parece el general concierto
De la vegetacion en alba arena,
Donde el soplo de vida nunca suena.

XXVI

Y el caudillo invencible de la hueste (19)
(Su nombre es Abdalá) les grita «Hermanos.
¿Será que esa barrera contrareste
Vuestros brios? ¿Queréis que los cristianos,
Dueños altivos del soberbio oeste,
Alzen seguros sus impías manos
A una imágen de palo, y que la adoren,
Y que de Alá la prepotencia ignoren?»

XXVII

«¿Y que Trípoli, y Túnez, y Numidia,
Y el linde opuesto a la opulenta Gades,
A un culto de impiedad y de perfidia
Sometan sus espléndidas ciudades?
Corramos, musulmanes: el que lidia
Por nosotros, es Dios. De las maldades
Del infiel no dejemos ni memoria:
Fijemos en el Átlas la victoria.»

XXVIII

Cual anades ruidosos que en gavilla
La madre fiel conduce, se detienen
De algun arroyo en la escarpada orilla:
Fija en la madre la mirada tienen,
Y ella calcula un rato, y luego chilla,
Y ellos á su mandato se previenen
En un momento, y al raudal se lanzan,
Y tras su guia el otro borde alcanzan.

XXIX

Así á la arena aquel tropel devoto
Se arrojó al escuchar la arenga pia
Del jefe, y entra en el confin ignoto,
Entonando furiosa algarabía,
Y repitiendo el sanguinoso voto
Que impone *muerte ó fe.* Ya aparecia
En el fin del desierto bosque oscuro,
Y detras alza Trípoli su muro.

XXX

Verlo y partir de pronto, sable en mano,
Cual hambriento gloton se precipita
Sobre el amplio jamon, que del germano
La gravedad inalterable imita,
Fué un momento, y no mas. Pero el cristiano,
Desde alta almena y sólida garita,
Grita al caudillo : « Ven, y pónnos cerco :
Veremos de los dos cuál es mas terco. »

XXXI

Gregorio manda en la ciudad : prefecto
Del gran Heraclio, en quien Heraclio fija
Su esperanza : varon noble y provecto,
A quien no habrá reves que el seno aflija.
Tipo de gracias y beldad perfecto,
Y de viril ardor, Zoe, su hija,
De su vejez los años hermosea,
Y defiende su vida en la pelea.

XXXII

Con casco y peto de oro, que del seno
Fiel conserva el perfil voluptuoso;
Cima de plumas albas, cual ameno
Y ancho follaje de álamo pomposo;
Montada en yegua pia, que del freno
Sufre irritada el vínculo espumoso;
Cogida en pliegue airoso leve falda,
Rico manto de púrpura en la espalda;

XXXIII

Hierro español en mano, cual centella
Que aniquila y deslumbra, la africana,
Como entre arbustos el cipres, descuella,
Cuando en la hueste se presenta ufana
A combatir al sitiador: con ella
Sale Gregorio; y el pendon de grana
De Bizancio custodian cien guerreros.
Que ansian teñir en sangre los aceros.

XXXIV

Del sol en las corazas el reflejo
Da aviso al musulman, y al arma toca;
Y mientra en colocarse está perplejo,
Frente á frente el cristiano se coloca.
Era viejo Abdalá; pero aunque viejo,
Sus amorosos ímpetus provoca
La beldad, y al mirar de cerca á Zoe,
Fuerte apetito el corazon le roe.

XXXV

Quiere mandar; pero la voz no puede
Resonar detenida en la garganta ;
Mira otra vez á la amazona, y cede,
Y el moro, al verlo tímido, se espanta.
El cristiano escuadron, á quien precede
La intrépida doncella, se adelanta ;
Cuanto se opone á su vigor destruye ;
Confúndese Abdalá, palpita y huye.

XXXVI

No hai que decirlo : cuando el jefe corre,
Vuela el soldado, y se acabó el denuedo.
Por mas que el boletin la mancha borre,
Todos saben que el jefe tuvo miedo.
En dos minutos Abdalá recorre
Mas largo espacio que medir yo puedo ;
Persíguelo Gregorio, y con la lanza
Hacen los suyos bárbara matanza.

XXXVII

Puso fin á sus golpes vengativos
La noche, y Abdalá, muerta su fama,
Se acoge con sus restos fugitivos
A un bosque de laurel y de retama.
Allí los derrotados, pensativos,
Procuran aturdir sobre la grama
Su baldon : unos lloran, y otros rezan,
Otros callan, y ó roncan, ó bostezan.

XXXVIII

Pero al rayar el dia, furibunda
Se oye esta voz : «Indignos musulmanes ,
¿ Así cedéis á la canalla inmunda,
Cual palomas á fieros gavilanes?
¿ Qué pensarán, cuando la nueva cunda,
Los muftis, los ulemas, los imanes?
¿ Que dirán de vosotros en la Meca,
Sino que sois soldados de manteca?»

XXXIX

Era el que hablaba un jóven que traia
Para aquel escuadron refuerzo corto.
Mancebo de exaltada fantasía,
Siempre en raptos ascéticos absorto :
A la oracion mental de noche y dia
Consagrado; un frenético, un aborto
Del fanatismo : a mas, su raza tonra
Su orígen en la cuna de Mahoma.

XL

Miraba como asilo vil la tierra,
Y sus delicias cual raudal veloze.
Dos leyes tuvo . devocion y guerra ;
Y era al par de benéfico, feroze.
Decia : ¿ Qué adelanta aquel que encierra
Sus mujeres? qué sirven diez ó doce?
Setenta y dos destina el Paraíso
A todo fiel y bravo circunciso. »

XLI

Su nombre es Zobeir. Cuando su acento
Oyó Abdalá, que á un resto del serrallo
Consagraba la aurora, como el viento,
Ciñendo el alquicel, monta á caballo.
Lo alcanza, y al notar tanto ardimiento,
Sumiso, como tímido vasallo,
Le entrega el mando, y Zobeir lo admite,
Y nueva arenga al escuadron repite.

XLII

A la que el viejo, para hacer notorio
Su brio, añade por posdata: «Fieles,
El que consiga dar muerte á Gregorio,
Que vilmente manchó nuestros laureles,
Veinte leguas de fértil territorio
Gozará, con sembrados y planteles;
Y si esta oferta vuestro ardor no aguija,
Tendrá ademas la mano de su hija.»

XLIII

Ya estaba apercibida á la batalla
La gente fiel á Cristo, guarneciendo
Vasta llanura: cubre la muralla
Bravo presidio. En tanto recorriendo
Van las filas Gregorio y Zoe. Estalla
Simultáneo alarido, el cual oyendo
Zobeir, con los suyos acomete,
Haciendo con el sable el molinete.

XLIV

Aquel arrojo inesperado agita
La coluna africana; mas contiene
Su turbacion la hermosa. Precipita
Zobeir nuevo empuje, y se mantiene
La fila inalterable ; entónces grita,
Viendo que el moro cauto se detiene
«Creyentes, Dios es Dios : vengád su injuria.»
Y cargan en pos de él con ciega furia.

XLV

Tanto que rota en grupos y fracciones
La línea, y sin el alma que la rige,
Pelean en distintas direcciones,
Y cada cual do puede se dirige.
Rechazan personales agresiones
Los mas audazes, sin que nadie fije,
En muchedumbre tan confusa y densa,
Plan del ataque y órden de defensa

XLVI

No entraré á describir, porque no puedo,
Ni me alcanzan las frases ni las vozes,
Aquel horrible y sanguinario enredo
De hostilidades bárbaras y atrozes :
Furor, asesinato, injurias, miedo,
Golpes, heridas, gritos, fugas, cozes,
Hombres ya sin cabeza, ya sin brazos ,
Ya partidos en dos, ó hechos pedazos.

21

XLVII

En medio de la lid no desampara
Zoe á Gregorio, y á su lado puesta,
Con incansable prontitud repara
Los golpes que á los dos el moro asesta.
Zobeir, que lo busca, cara á cara
Se le presenta al fin, y manifiesta
Tenaz empeño en ilustrar su mano,
Arrancando la vida al noble anciano.

XLVIII

La espuela clava y desalmado embiste,
Y apunta al pecho la terrible lanza ;
Mas doble lanza encuentra que resiste,
Con varonil é intrépida pujanza.
Él despechado en el combate insiste,
Y cuando cuerpo á cuerpo al padre alcanza,
Y sacia en él su rabia vengativa,
Ya es de otro jefe la infeliz cautiva.

XLIX

Despójala el infame de las prendas
Que la adornan, y espada y armadura,
Miéntras ella da al llanto largas riendas,
Y con él mas realze á su hermosura.
Vencieron los profanos; á las tiendas
La gavilla triunfante se apresura,
Y Zobeir, que aplauso y premios huye,
Al viejo moro el mando restituye.

L

Cuenta la historia que Abdalá no supo
Quién dió muerte á Gregorio. Cosa estraña!
¡ Tánto desprendimiento en hombre cupo,
Tal siendo el galardon de tal hazaña!
Hasta que Zoe descubrió en un grupo
Al que vió tan de cerca en la campaña,
Y dando un grito, reveló el misterio,
Y se impuso á sí misma el cautiverio.

LI

Mas él, humilde, aunque declara el hecho,
Y rechazar el galardon no pudo,
Dicen que respetó puro el derecho
De virtud y de honor : mucho lo dudo.
Aunque, por otra parte, de su pecho
Era la devocion potente escudo,
Y una sola beldad trocar no quiso
Por las setenta y dos del Paraíso.

LII

Trípoli humilla la encumbrada almena,
Y abre la puerta á nuevos soberanos,
Y del Koran el culto impío suena
En el templo del Dios de los cristianos.
Tiembla el África toda, triste escena
De abandono y dolor, y alza las manos
Al trono que á los bordes del Euxino,
Puso como espantajo Constantino.

LIII

De cuantos tronos erigió el capricho
Del poder absoluto, no hubo un trono
Que llevase ventaja al susodicho
En vicios, en incuria y abandono.
Ya no era un trono en fin, sino era un nicho,
Delante el cual en eco monotono,
Y en disputas exóticas y oscuras
Chillaban frailes y bramaban curas.

LIV

Porque del fundador los favoritos,
Viéndose en alto puesto entronizados,
Ya sin rezelo de contrarios ritos,
Los talegos de escudos atestados,
No cual ante, abnegados y contritos,
Practicaron los dogmas venerados
Del que aterrando al malo con su ejemplo,
Purificó del tráfico su templo.

LV

No ministros de paz, sino instrumentos
Eran de esclavitud : el poderío
Dividian con príncipes violentos,
Cuyo nombre en la historia causa hastío.
Y en vez de los sublimes documentos
De un código de amor, süave y pio,
En necias y ridículas cuestiones
Malgastaban el tiempo y los pulmones.

LVI

A la sazon luchaban con denuedo, (20)
Y era terrible el erudito choque
Sobre innovar ó no innovar el Credo
Con la frase latina, *filioque*.
El César infeliz, muerto de miedo,
No sabe cómo el fuego se sofoque ;
Y en sus años cansados y caducos
Eran sus consejeros los eunucos.

LVII

Hierve Constantinopla en lid horrenda :
El *si procede* y *no procede* zumba
Por todas partes : en palacio y tienda
La jerigonza bárbara retumba.
Aunque no hai un mortal que lo comprenda,
Una faccion á otra faccion derrumba;
Hoi gana la batalla el *filioque*,
Y mañana anatema á quien lo invoque.

LVIII

En medio de estas circunstancias graves
Llega á la corte la fatal noticia,
Y en vez de apercibir tropas y naves,
Acusan á Gregorio de impericia.
No son por lo comun gentes suaves
Los señores eunucos : su justicia
Dictó este garrafal fallo absoluto .
« Pague el Africa doble su tributo. »

LIX

Con estos desatinos criminales,
Que inspiran al poder esos reptiles
De su escolta, circulan á raudales
Pobreza, confusion, guerras civiles.
África debe á un príncipe estos males.
Divídense los ánimos : serviles
Y liberales luchan como toros :
Unos quieren ser griegos y otros moros.

LX

Mas poco á poco el griego el cuello inclina,
Por miedo, por miseria ó por cansancio ;
Que á la nacion entera contamina
La peste de la corte de Bizancio :
Reclama el liberal nueva doctrina,
Que en su secta no es bueno lo que es rancio ;
Y por fin, desde Barca á Tafilete,
Al Koran Mauritania se somete.

LXI

Empieza entónces bárbara tarea
De destruccion. Los árabes adustos
Aplican ora el hacha, ora la tea
A palacios, estatuas, aras, bustos :
Reducida Cartago á vil aldea
Queda en un santiamen. (Seamos justos :
Quien trazas no dejó de su recinto,
Fué aquel monarca amable , Cárlos quinto.)

LXII

Tánjer sola conserva, en el desdoro (21)
General y en escena tan confusa,
Torres de mármol, cúpulas de oro,
Grande riqueza y poblacion difusa ;
Gracias á aquel benigno y sabio moro
Que la gobierna : el afamado Musa,
Quien no creia, en medio de su zelo,
Que la barbaridad es grata al cielo.

LXIII

Sobre lo cual hai varios pareceres,
Y no están mui de acuerdo los doctores.
Algunos hai que miran los placeres
Del alma, como sierpes bajo flores.
Dicen mas todavía : « Los enseres
Del aseo, jabon, pomada, olores,
Peine y esponja, son cosas de hereje ;
Son asechanzas que el demonio teje. »

LXIV

En mi tierra hubo un fraile franciscano,
Que era de esta opinion, y dabá ejemplo,
Pues siempre en su sermon, nariz en mano
Estaban los devotos en el templo.
Yo le oí predicar : « Pueblo cristiano,
Cuando un cristiano huele bien, contemplo
Que metido el demonio á perfumista,
Hizo por este medio su conquista. » (22)

LXV

Otros, por el contrario : « La infinita
Sabiduria, » esclaman, « que se plugo
En dar fragancia leve y esquisita
Del vegetal al delicado jugo;
Que con goze inefable nos escita,
Do quier se vuelva el hombre; que del yugo
Del existir alivia el grave peso
Con inocente y plácido embeleso; »

LXVI

« ¿ Será que en estas redes cautelosas
Muerte prepare al descuidado seno,
Como pérfida mano que de rosas
Cubre la copa henchida de veneno ?
¿ No veis de sus miradas cariñosas,
De su paterna risa el orbe lleno,
Cual si al rayar en el oriente el dia,
Nos gritase : *Gozád, que es obra mia ?* »

LXVII

« ¿ Para qué en lo interior del alma puso,
Cual potente aguijon, vivo deseo,
Si movido por él el hombre iluso
De imperdonable crímen se hace reo ?
A la lei de existir que nos impuso,
¿ Cómo obedece el hombre, si el recreo
Que á la existencia nuestro esfuerzo escita,
Del que la lei nos dió, la saña irrita ? »

LXVIII

«¿De qué sirve en el mundo la belleza,
Ese conjunto aéreo y misterioso,
Que con vivaz impulso en su pereza
Dispierta al alma, y en mirar ansioso
La fija, y derritiéndola en terneza,
O alzándola con vuelo presuroso
A incógnita region, le comunica
Vigor que la hermosea y santifica?»

LXIX

«Que! lo hermoso no es bueno! Al verlo gimo
De dolor? me horrorizo? se me hiela
La sangre? ¿El soplo del vivir reprimo,
Como cuando á mi vista se revela
Diforme la maldad? No: me sublimo
Mas bien a noble espacio, donde vuela
Feliz la mente, sin que el vicio infame
Con soplo ardiente y corruptor me inflame.»

LXX

Musa pensaba así Cuando un devoto
Censuraba su lujo y opulencia,
Decia. «¿No nos da placer sin coto
Allá en el porvenir la Providencia?
Pues yo miro ese término remoto,
Y tengo de gozar harta impaciencia.
Ala puede tener algun olvido·
No señor: lo seguro es lo comido.»

LXXI

Fiel al sistema que abrazó, modelo
De esplendor fué su alcázar, do no pudo
Del fanatismo el menazante zelo
Dar rienda suelta á su despecho rudo.
Oro, plata, cristal y terciopelo,
De que mas de un altar quedó desnudo,
Cuadros, estatuas, mármoles, jarrones
Ornaban sus magníficos salones.

LXXII

Y al saber por Tarif que al fin el conde
Clamaba por hacerle una visita,
Con el mas fino afecto le responde,
Y para aquella noche le da cita.
Como á tal personaje corresponde,
Le manda preparar cena esquisita,
Y decia entre sí: « Si él bebe y come,
Mucho será que al cabo no se dome. »

LXXIII

Entra el conde, se abrazan y se sientan ;
Se hacen saludos, cada cual al modo
De su pais. Los guisos se presentan ;
Come de todos ellos el buen godo.
Pregunta el musulman : « Qué tal te sientan ? »
Dice el conde · « Mui bien : rico está todo. »
Concluye el postre ; lávanse las manos,
Y quedan los dos solos como hermanos.

LXXIV

« Habla, » le dice el moro.—« No, primero, »
Dice el otro, «habla tú. » — « Tú, » dice Musa.—
« Yo ! » dice el otro, « no : soi forastero. » —
« Eso, » le dice el moro, «no te escusa. »
Insta el conde otra vez con mas esmero ;
Con mas empeño el otro se rehusa ;
Y en esta pesadísima comedia
Los dos héroes gastaron hora y media.

LXXV

En fin le dice el conde : « Vamos claros ;
Entre buenos amigos no hai secreto.
Escrúpulos qué sirven ni reparos?
Tú eres hombre de bien, yo soi discreto,
Y los hombres discretos son bien raros
En este mundo. Escucha : yo prometo....
Ya entiendes.... es decir.... yo te suplico....
Lo mismo viene á ser... pues... ya... me esplico? »—

LXXVI

« Por las barbas divinas de Mahoma, »
Le dice el musulman, «que no te entiendo. »
Dice el conde: « Pues bien : fuera de broma.
Las cosas no van bien : ya lo estás viendo.
Pues qué ! ¿ tú piensas que Rodrigo..... toma...
Buen pichon es Rodrigo ! Conociendo
Yo su carácter... y cuidado... he sido
Leal ; pero... tambien... me has entendido? » —

LXXVII

« Revienta de una vez, y dí si quieres, »
Dice el moro, « ó no quieres que deshaga
De un golpe el trono, á cuyas plantas eres
Siervo ofendido : no ya trono ; plaga
Que inficiona vasallos y proceres ;
Monstruo que el jugo de los pueblos traga ;
Simulacro pueril de fuerza inerme,
Do un jóven fatuo se arrellana y duerme. »

LXXVIII

« Qué ¡ ¿ No hai sangre en tus venas, ni en las venas
De esos que fueron godos y hoi muñecos,
Y no sienten sus grillos y cadenas,
Deslumbrados con galas y embelecos?
Están sin adalides las almenas,
Desierta la ciudad, los campos secos ;
Pobre y envilecida España toda,
¡ Y esta es la suerte de la raza goda ! »

LXXIX

« Tantos y tan intrépidos varones
¿ Cómo pueden doblarse á un mozalvete,
Que no encuentra barrera á sus pasiones,
Y no hai derecho alguno que respete?
Si él arranca continuas maldiciones,
¿ Por qué á sus injusticias os somete?
Quién convierte en blandura vuestro encono?
Es el respeto que tenéis al trono? »

LXXX

«Que es un trono? Un giron de terciopelo
Y unas tablas de pino; y los cristianos
Se figuran estupidos que el cielo
Esta armazon sostiene con sus manos.
Y al verlo, doblan la cerviz al suelo;
Y si sonríe el que lo ocupa, ufanos
Se envanecen, y tiemblan, si se enoja;
Miéntras él los estruja y los despoja.»

LXXXI

«Qué fuera España en otras manos, conde?
¿Que fuera esa region, bella, escogida,
A la que el Ser que en el zenit se esconde,
Pródigo vierte el gérmen de la vida?
¿De esas llanuras, de esos valles, donde
Fecundidad derrama sin medida
Tesoros de abundancia y de delicia,
Que vuestro orgullo fatuo desperdicia?»

LXXXII

«Naturaleza se apresura á daros
Con profusion la holgura y la riqueza:
Necios, ¿qué hacéis vosotros? Sepultaros
En inaccion, en ocio y en pereza.
Los ricos-homes, los varones claros
Consumen en la frívola grandeza
De la corte sus dias, y del trono
Sostienen la maldad con su abandono.»

LXXXIII

« Y ese rebaño embrutecido y necio
Que se llama nacion, ¿qué pito toca ?
A torpes paparruchas dar gran precio;
Pasar el dia inmóvil como roca;
Devorar la ignominia y el desprecio ;
Y si un mendrugo al fin lleva á la boca,
Decir : 'Gracias á Dios : gané el sustento,
Coscándome á la puerta de un convento. '

LXXXIV

«¿ Adónde están las fábricas, las lonjas,
Los caminos, los puentes, los canales?
No es eso lo que abunda : curas, monjas,
Duques, condes, priores, provinciales.
Esa es España : huecos como esponjas
Los que chupan los gérmenes vitales
Del pueblo, se arrellanan en la silla,
Diciendo : ' Esta es la octava maravilla. '

LXXXV

«¿ Cómo queréis que no os desprecie Roma,
Y el franco, y el german, y el mundo entero?
Cuidado con el franco : por Mahoma,
Que es de vuestros contrarios el primero.
Si alguna vez por el Pirene asoma,
Ya os oigo decir : « Piés, ¿ para qué os quiero?»
Ora de amigo se introduzca, ó vibre
Contra España el acero, Dios os libre. »

LXXXVI

Aquí, segun refiere un anticuario,
Detuvo Musa un poco el raudo acento;
Padecia un ataque pulmonario,
Y ya le precisó tomar aliento.
Miéntras, yo haré un lijero comentario
De sus últimas frases, y lo siento,
Pues (aunque sea confesion amarga)
El moro tuvo la nariz mui larga.

LXXXVII

Desde el dia en que holló los Pirineos
Aquel tan buen señor. Felipe **quinto**,
Conjunto de pueriles devaneos,
Masa impulsada por ajeno instinto;
De nuestros gloriosísimos trofeos
No guardó seña el español recinto :
Los españoles se volvieron trastos,
Teniendo á su cabeza un rei de bastos.

LXXXVIII

En pos de él nos llegaron por la posta
Miles de saltimbanquis matachines,
Que inundaron la España, cual langosta
Que se arroja á sembrados y jardines.
Ansiosos de medrar á toda costa,
Estos aventureros parlanchines
Empezaron por darnos su lenguaje,
Su gobierno, sus usos y ropaje.

LXXXIX

Ya no fuimos nacion, sino colonia;
Hombres no fuimos ya, que fuimos micos
De esos, que sin usar de ceremonia,
Nos trataban de necios y borricos.
Por cintas y por agua de Colonia
Les dimos el honor y los bolsicos :
Con sus *brochuras*, modas y embelecos
Nos dejaron de plata y virtud secos.

XC

Convirtióse Madrid en vasta feria
De insustancialidad y galicismo,
Y remachando el clavo á la miseria,
Ligóse el galicismo al fanatismo.
Los ricos-hombres de la noble Hesperia
Se sepultaron en el sucio abismo
De una corte inmoral, pueril, abyecta;
Del *tripot* de Luis copia imperfecta.

XCI

Ya de Luis los fieros estandartes
No daban leyes al vencido mundo,
Y el protector antiguo de las artes
Era un beato débil é iracundo.
Soplaba en torno de él por todas partes
La corrupcion su aliento nauseabundo :
Velado en negro eclípsis aquel astro,
De su antiguo esplendor no quedó rastro.

XCII

Y como el vicio en él era costumbre,
Dió rienda suelta en su vejez al vicio,
Cediendo en vergonzosa servidumbre
A una vieja, modelo de artificio.
Cayó en vil fango de exaltada cumbre,
Y juguete de infando maleficio,
Sujetó su conciencia y su palacio
Al astuto satélite de Ignacio.

XCIII

Retrato fué de este conjunto odioso
De flaquezas y vicios nuestra España,
Perdida del contagio ignominioso
Que dió á su suelo una familia estraña :
Helado ya el aliento vigoroso,
Padre de tanto honor y tanta hazaña ;
Postrados sacerdotes y próceres
Al pié de bailarines y mujeres.

XCIV

Como si la infeccion con largo alcanze
Tambien helase naturales brios,
De la fecunda Iberia en aquel trance
Quedaron los ingenios mudos, frios.
Cayó el pomposo espléndido romance,
Cubierto de estranjeros atavíos,
En manos de un tropel de mentecatos,
Que llamaban entónces literatos.

21.

XCV

Espurios hijos de una madre augusta,
Prostituyeron su vital pureza ;
Y la matrona fértil y robusta
Se amodorró en estólida pereza.
Declarando á su patria guerra injusta,
Llamando tosquedad su gentileza,
Daban una patente de salvaje
Al que no repetia su lenguaje.

XCVI

Ese cólera-mórbus, que aun domina,
De traducciones necias y triviales,
Escritas en idioma de cocina,
Llenas de solecismos garrafales,
Tuvo principio entónces. Contamina
Todavía las gracias nacionales
Esa jerga, ó cabala, ó logogrifo,
En que escribe P..., moderno Nifo.

XCVII

Ya Musa vuelve á hablar; pero comprende
Que es preciso mudar de batería,
Porque el estilo de su exordio ofende
Del conde la escusable altanería.
El curso de sus sátiras suspende,
Y observando que el godo reprimia
Su cólera con hórrido visaje,
Él cambia el suyo, y toma otro lenguaje.

XCVIII

«Pobre nacion! no es culpa suya. El cielo
Fué en adornarla generoso amigo;
Mas sometida á ese procaz mozuelo,
A ese jóven sin rienda, á ese Rodrigo,
¿Qué podra ser España? Roto el velo
Del pudor, trasformada en vil testigo
De la disolucion, inmunda escena,
Do un amor criminal se desenfrena...»

XCIX

Entónces lo interrumpe el godo : « Dáme
Tu acero vengador. Muerte y ruina
Descarga de una vez sobre el infame,
Que el lustre de mi sangre contamina.
Como voraz incendio se derrame
Tremenda asolacion. Ah! concubina
A la que es hija mia, el mundo llama!...
Muera, muera mil vezes quien la infama.»

C

«Su sangre pido y nada mas. Tu hueste
Triunfe, destruya, queme, robe, tale;
Nada me importa. España al yugo apreste
La cerviz; no me opongo. Lo que vale
Mas a mis ojos, es la sangre de este
Que arrostra impune mi furor. Exhale
Bajo mi planta el postrimer suspiro :
Ese es el triunfo á que en mi rabia aspiro. »

CI

« Quiero que pague cada goze impuro
De los que saborea á costa mia,
Con herida mortal; que el velo oscuro
De la muerte le robe el claro dia
Con lentitud penosa; que mas duro
Que bronce el cielo, alargue su agonía,
Llenando sin piedad cada momento
Con un siglo de angustia y de tormento. »

CII

« Y si para saciar mi justo enojo,
Fuerza es que del alfanje y de la tea
Tórnese España mísero despojo,
Y arda en discordias y en desdichas; sea.
Si como recompensa de tu arrojo,
Quieres que á España confundida vea
La Europa en fango y sumision profunda;
Como me vengue yo, que se confunda. »

CIII

« Piense si quier Don Ópas, cuya vida
Pasa en los artificios cortesanos,
En preparar de un trono la caida,
Para alzar nuevo trono con sus manos.
Hija no tiene (al ménos conocida),
Ni caben sentimientos mui humanos,
Como los que en mi alma abrigar puedo,
En quien es arzobispo de Toledo. »

CIV

« Musa, » prosigue el conde, « con fe ciega,
Te abrí mis recatadas intenciones ·
Esa region feliz que el Bétis riega,
Cubren tierras, castillos, posesiones
Sometidas á mí. Te las entrega
Mi amistad : no vaciles. Tus pendones
Las ilustren : caballos, armas, ropas,
Nada hará falta . cuenta con Don Ópas. »

CV

Dijo, y habiendo señalado el dia,
Para que con Tarif se contratase
Lo que tan grave empeño requeria,
Tomando siempre la traicion por base,
El conde dijo á Musa, que le urgia
Volver á Ceuta, donde en dulce frase
Daria cuenta a todos de sus planes,
Seduciendo la tropa y capitanes.

CVI

Todo depende de una coyuntura
Favorable. Hasta el crímen se despoja
De su horrenda y odiosa catadura,
Con tal que la ocasion feliz escoja.
El mismo crímen, que en la plebe oscura
Pierde al que lo comete, y lo sonroja,
En los que al pueblo con la fuerza oprimen,
Cualquier cosa sera ; pero no crímen.

CVII

¿ Qué dijeron los godos, comensales
Del conde, cuando el caso les propuso ?
« Magníficas ideas, liberales
Proyectos ; demos fin á tanto abuso:
Los moros son sugetos racionales. »—
« Yo, » dijo un personaje, « no rehuso
Mis servicios : los presto de contado ;
Bien entendido que me den un grado. »

CVIII

Lo que Ceuta fué entónces, fué Bayona
Muchos siglos despues : risueño oriente,
Donde empezo á brillar una corona,
Y todo el mundo le dobló la frente.
De personajes esplendente zona
Llamaron allí sabio y escelente
Al que despues del triunfo de Castáños
Recibió tan curiosos desengaños.

CIX

Ya lo he dado á entender : el sitio y hora
Mudan de aspecto el crímen y la hazaña,
O, como diz la gente innovadora,
La *moral* de los pueblos. En España,
Entregar la nacion á gente mora,
Detestacion escita, y odio, y saña ;
Mas darla al que apoyó servil sistema,
Cualquier que diga que es traicion, blasfema.

CX

Y yo, que sea moro ó buen cristiano,
Del que reinare en mi pais me quejo,
A ménos que no sea mi paisano :
Digo paisano ; castellano viejo.
No en la cuna me fijo, porque es vano
Capricho, y es acaso, no consejo,
Quien determina que uno nazca donde
Por órden natural le corresponde.

CXI

Mas del que reina en mi pais, aguardo
Temple español, castizo, puro, neto ;
No exótico, no misto, no bastardo,
Que hoi llaman el *non plus* de lo discreto ;
Temple español, que luce por gallardo,
Por recto y franco ; el que inspiró respeto
Y leyes dió á la Europa en otros dias,
Y sometió potentes monarquías.

CXII

No entra en mis planes referir ahora
Cómo degeneró gérmen tan puro ;
Pero que existe un mal que lo desdora,
Lo adultera y corrompe, es bien seguro.
Que una turba de gente charladora
Por camino mas recto y mas seguro
Tiene el que á estraños tipos nos doblega,
Es funesta verdad ; nadie la niega.

CXIII

Cual si la libertad fuera una cosa
Del otro juéves, rara, nunca vista,
Quiere esta gente, leve y vanidosa,
Que de ropa estranjera se revista.
En materia tan seria y gravedosa
Ha de ser la nacion tambien copista :
Ser libre á la española es cosa rancia :
Libres hemos de ser como lo es Francia.

CXIV

Oh desdoro ! oh vergüenza ! — Pero basta,
Pues si sigo atacando á esos infieles,
Fácil fuera llenar una canasta
De conceptos mordazes y crüeles.
La historia que refiero, es noble y vasta ;
Y para terminar con rasgos fieles
El cuadro interesante que medito,
Tomar aquí descanso necesito.

III

« Nave senza nocchiero in gran tempesta,
Non donna di provincie, ma bordello. »

DANTE.

I

Cuando la fantasía del poeta
Se traslada á la escena simple y pura
De la mansion rural, en su paleta
No faltan elementos de pintura.
La selva umbrosa con el aura inquieta,
La clara aurora con la noche oscura,
El monte, el rio, dan á sus pinceles
Imágenes tan nuevas como fieles.

II

Da gusto ver con qué apetito se echa
Vulgar poeta al prado, como suele
Cuadrúpedo infeliz que el hambre estrecha,
Si de la alfalfa el grato aroma huele ;
Cuán fácil de una endecha en otra endecha,
Gracias al estro noble que lo impele,
Las selvas mas espesas hoja á hoja
Y los jardines flor á flor despoja.

III

Este género tiene gran ventaja
Sobre todos. El hombre que lo emplea,
Dispone á su placer de cuanta paja
Dió á luz de veinte siglos la tarea.
El poeta la idea ajena encaja,
Sin sacar de lo suyo ni una idea,
Y, como ricos que hai entre nosotros,
Come los frutos que cultivan otros.

IV

Así en feliz edad se alivia el peso
De lecciones insípidas y amargas,
Y de lentos estudios; y por eso
¿ Quieres poetas ? Los tendrás á cargas.
Si te cae en las manos libro impreso,
Con unas líneas cortas y otras largas,
No tardes en comprarlo. Gran ancheta !
Solo en esto consiste ser poeta.

V

Imitatores, servum pecus, dice
El mismo Horacio Flaco: lo sabemos;
Pero siento que el hombre se deslize
Con estos fallos rígidos y estremos.
Servum huele á servil, y contradice
Tal opinion lo que en España vemos;
Es decir, eminentes liberales
Que son imitadores garrafales.

VI

Y si imitaran solamente en verso,
No pudiera quejarse el moralista,
Pues le importa mui poco al universo
Cómo ensucia el papel un mal coplista.
Mas sale un resultado mui diverso,
Cuando, en prosa jenízara, un sofista
Hace tragar á la nacion un plagio,
Que es de males sin número presagio.

VII

Eso de trasplantar instituciones,
Como si fueran nabos ó lechugas,
Es imponer á un niño obligaciones
Que exigen frente arada por arrugas.
Inovador fatal! con relumbrones
De elocuencia mi mente no subyugas;
Con buenos caldos curarás mi inedia;
Pero nunca con pasos de comedia.

VIII

No entiendo de política : confieso
Que es griego para mí, pero calculo
Los resultados, por los cuales peso
Lo que orígen les dió. No capitulo
Con el que anuncia inovacion, progreso,
Y al que no le da asenso, llama nulo,
Servil, bárbaro. Quiero cuentas claras,
No cáfila pueril de vozes raras.

IX

Las cuentas claras son en la materia
De que se trata, solo dos guarismos :
Justicia y bien–estar. Con esto Hesperia
Saldria de sus arduos embolismos.
Pero si la injusticia y la miseria,
Forradas en atrozes galicismos,
Cual fangoso raudal la patria inundan,
Reforma y libertad ¿ en qué se fundan?

X

A mí, que no soi prócer, diputado,
Ministro, embajador ni consejero,
Me interesa mui poco el resultado
De la cuestion del dia. Lo que quiero,
Es tener que comer, (por decontado)
Despues que esté seguro mi dinero;
Y, para si se ofrece, un buen alcalde,
Que juzgue con rigor, pronto y de balde.

XI

Mas nada sirven los sencillos votos
Que forma un pobre diablo en su retiro.
Por caminos ocultos y remotos
Traza la Providencia el lento giro
De las cosas. En vano los pilotos,
En quienes, mas que seso, arrojo admiro,
Observan la veleta ó bien la aguja,
Si una mano secreta los empuja.

XII

Como en el mundo físico se forma
Molécula invisible, que varía
Cien mil vezes de aspecto, y se trasforma
Ya en fuego, ya en vapor, ya en agua fria;
Y ora en modesta y recatada forma
Vaga apartada de la luz del dia,
O en borrascoso nubarron se inflama,
Y baja al suelo en destructora llama,

XIII

Sin que sepan los hombres qué camino
Siguió en sus metamórfosis secretas,
Ni cómo al suelo retumbando vino
Desde la alta region de los planetas;
Así cubre la mano del Destino
El arco de do parten las saetas
Que la aljaba política atesora,
Semejante á la caja de Pandora.

XIV

Viene esta reflexion de molde al punto,
Que ha de ser el objeto de este canto.
Quién á Rodrigo el trono dió? pregunto.
¿ Por qué acaso infeliz el regio manto
Las espaldas ornó de aquel conjunto
De flaqueza y maldad ? ¿ No causa espanto
Ver cuán voluble la fortuna ciega
Con la ventura de los hombres juega ?

XV

Doblaba España el cuello envilecido
A Witiza, conjunto monstruoso
De corrupcion, el cual enardecido
De sed impura, cual raudal furioso
Que el valladar derrumba embravecido,
Inmoló á su deseo impetüoso
Cuantas godas herian sus miradas,
Ora fuesen doncellas ó casadas.

XVI

En vasto alcázar, donde jaspe y oro
Deslumbraban, y alfombras damasquinas,
Le mantenia el público tesoro
Unas ciento y cincuenta concubinas.
Diz que un obispo al ver tanto desdoro,
Le echó en cara estas modas peregrinas
En un discurso sabio y erudito,
Que ha conservado intacto un manuscrito.

XVII

«Señor,» le dijo, «ved que ya el vasallo
Murmura contra vos y contra el fisco,
Y sobre todo dice que un serrallo
Ménos huele á cristiano que a morisco.» —
«No juegan otros príncipes al mallo?»
(Le respondió el monarca en tono arisco)
«A tanto murmurar causa no veo:
¿Es serrallo una casa de recreo?»

XVIII

Hizo mas: en solemne ordenamiento,
Del sello del estado revestido,
Le quitó el monopolio al casamiento
Y la ilusion al nombre de marido.
«Tener mujeres,» dijo, «dos ó ciento,
A todo ser humano es permitido.
Sea clérigo, fraile, obispo ó lego,
A hombre ninguno esta franquicia niego.»

XIX

Se acogieron los godos al decreto,
Como á la miel acude ansiosa abispa;
El clero secular fué mas discreto,
Y no pudo prender en él la chispa.
Don Ópas solo, en mengua del respeto
De su alta dignidad, tomó una obispa;
Y en vez de un lobo que le hiciese daño,
Dos lobos tuvo el infeliz rebaño. (23)

XX

No sé si por motivo ó por pretesto,
Tomaron infanzones y magnates
Tanta locura. «Sufriremos esto?»
Decian. «Tan enormes disparates
¿No habrán de producir un fin funesto?»
Se juntaron; tuvieron mil debates :
La ambicion, el cansancio y la ojeriza
Se ligaron en contra de Witiza.

XXI

Notábase en la corte de Toledo,
Por su moderacion y compostura,
Un hijo del famoso Teodofredo,
Jóven de bella y plácida figura.
Ya por afectacion, ó ya por miedo,
Pasaba el tiempo en soledad oscura,
Sin ambicion, sin lujo, sin amigo,
Sin amores : llamábase Rodrigo.

XXII

Su padre murió á manos de Witiza
(Sobre cómo y por qué no están de acuerdo),
Y cual ascua que oculta la ceniza,
Conservaba en el alma aquel recuerdo.
Viendo que poco á poco se organiza
La rebelion, el tal, que no era lerdo,
Despues de discurrir mucho y despacio,
Afila su puñal y va á palacio.

XXIII

Circundaba á Witiza en francachela
De cortesanos la festiva tropa,
Y, como de Rodrigo no rezela,
Dice, al verlo venir : « Dadle una copa. »
Él, llevando á su colmo la cautela,
Viendo al rei bostezar, hecho una sopa,
Mas rojo que la misma remolacha,
En un decir Jesus, va y lo despacha.

XXIV

En mas de una nacion, segun pregona
La ciencia de la historia en sus anales,
Todo el derecho al cetro y la corona
Se redujo al veneno y los puñales.
En el siglo presente, que blasona
De virtudes severas, y modales
Esquisitas, y sabias invenciones,
No faltan estas duras transiciones.

XXV

A nosotros, de humilde y pobre clase,
Nos espanta que la alta jerarquía
Pueda tener por código y por base
Tanta protervia y tanta sangre fria.
Que en odio, en crímen y en maldad se abrase
La raza á quien un pueblo entero fia
Toda su dicha, y su poder concentra,
Es cosa á la verdad que no nos entra.

XXVI

Como en el hondo llano el peregrino,
Mientra acaricia el zéfiro la tierra,
Goza el ambiente puro y cristalino
De mayo perfumado, y la alta sierra
Que alza su frente audaz junto al camino,
De nube horrible que al mortal aterra,
Se cubre, y lanza del oscuro seno
Huracan y granizo, rayo y trueno;

XXVII

Así en la condicion en que nacemos,
Por el respeto y el amor guardados,
Nos hacemos de cruzes cuando vemos
Mas arriba tan negros atentados;
Cuando en rangos augustos y supremos
Hijo, padre y mujer encarnizados,
Como perros se muerden y destrozan,
Y luego comen juntos y retozan.

XXVIII

Apénas cayó al suelo el rei beodo,
Gritaron los leales cortesanos :
« Rodrigo mande en el imperio godo,
A bien que lo ha adquirido por sus manos »
Cunde la nueva, y en el reino todo,
La plebe, el clero, nobles y villanos
Se felizitan viendo á la cabeza
De España á un jóven que tan bien empieza.

XXIX

Como empezó, siguió. Quitóse el velo
Que disfrazó hasta entónces sus maldades :
Mil familias de honor cubrió de duelo
Con sus incorregibles liviandades.
Llenó de horrores el hispano suelo;
Robó conventos, y quemó ciudades :
Por último, su ejemplo fertiliza
El grano infame que sembró Witiza.

XXX

Andaban sus espías como hurones
Buscando buenas mozas por España,
Olfateando todos los rincones,
Incluso el locutorio y la cabaña.
Segun cuentan antiguos cronicones,
Una entre cuatro mil se mostró uraña :
Codicia y vanidad (flaquezas godas)
Dieron al cabo fin de casi todas.

XXXI

A media milla del pomposo Tajo
Se estiende largamente una espesura
De antiguos robles y de monte bajo,
Que alta cerca de piedras asegura.
Allí en el borde de eminente tajo,
De tétrica y sencilla arquitectura,
Se alza un castillo, cuya mole inmensa
No es tanto habitacion como defensa.

XXXII

Quién habita el castillo, es un misterio
Que nadie puede penetrar. El uno
Habla de un personaje en cautiverio;
Otro de un mago, á guisa de Mambruno:
Hai quien dice que un santo monasterio,
Huyendo del monarca, que importuno
No perdona abadesa ni novicia,
Logra ocultarse allí de su noticia.

XXXIII

Un moscon de la infame policía,
A fuerza de artificio y de conato,
Logró colarse en la mansion umbría,
Siguiendo los impulsos de su olfato.
Vuelve á Rodrigo lleno de alegría.
«Qué noticias?» le dice el rei.—«*Boccato
Di cardinale,*» el bicho le responde:
«Una divinidad hija de un conde.»

XXXIV

De bellas frases en profuso acopio
Le retrata las gracias de Florinda
(Florinda ó Cava, viene á ser lo propio):
Talle esvelto, pié breve, mano linda;
Mirada que adormece como el opio:
Labio que á juegos amorosos brinda;
Pelo rubio, albo diente, seno erguido,
Andar airoso, gesto comedido.

XXXV

« Si guisas, » dice el rei, « como retratas,
Serás gran cocinero. » Ya le aguija
La pintura sus furias insensatas,
Y sus conatos en la Cava fija.
« Será, » pensó, « una de estas mojigatas
Que no valen la pena; pero es hija
De un enemigo, y basta. Al enemigo
Nunca jamas dara cuartel Rodrigo. »

XXXVI

No sé cómo (la historia no lo dice)
Pudo llegar al lado de la bella,
Sin asustarla, en traje de infelize
A quien persigue rigorosa estrella.
Al verla, su opinion no contradice
Lo que oyó. sus deseos solo en ella
Se cifran ; por saciarlos abandona
El placer y el afan de la corona.

XXXVII

Piensa el malvado conocer el giro
Que ha de tomar, para vencerla luego.
Florinda no es de mármol. el retiro
De su ternura alimentaba el fuego.
Por la primera vez oyó un suspiro,
Timido anuncio de amoroso ruego :
Sigue al suspiro enardecido lloro ;
Y tras el lloro viene el *Yo te adoro.*

XXXVIII

La larga historia del amor primero
En una jóven tierna y recogida,
Lo saben mis lectores. Yo no quiero
Molestarlos con cosa tan sabida.
Al idioma falaz y lisonjero
De la pasion cedió desprevenida
Florinda ; pero no con tanto esceso
Que cediese el honor. Cuenta con eso.

XXXIX

Cuando él calcula que llegó el momento
De aventurar un golpe decisivo,
Y emplea artificioso su talento
En lenguaje amoroso y persuasivo,
Halla en vez de blandura alejamiento,
Y en vez del *sí* anhelado, tono esquivo.
Rodrigo enfurecido se propasa,
Y ella le dice : «Fuera de mi casa. »

XL

Como el leon que al palo y la cadena
Poco á poco doblega su pujanza,
Y en férrea jaula adormecido pena,
Si álguien lo insulta en imprudente chanza,
Se pone en pié, y eriza la melena,
Ruge tremendo, incendio activo lanza
Por los ojos, con fiero ardor se agita,
Y reventando de furor palpita ;

XLI

Tal aquel ofendido personaje,
Viendo frustrado su nocivo empeño,
Por vil injuria y afrentoso ultraje,
Se anubla vengador en torvo ceño;
Y dando brida suelta á su coraje,
«Soi Rodrigo;» le dice, «soi tu dueño;
Florinda es sierva mia : es mi vasalla.
Te honro con mi capricho : cede y calla.»

XLII

«Callar! ceder! A un monstruo á quien maldigo!»
Dice con noble indignacion la Cava.
«¡A mi perseguidor, á mi enemigo,
Que con su astucia mi desdicha agrava!
¡Tú mi dueño.... mi dueño! De Rodrigo
La sangre de Witiza no es esclava.
Óyelo bien : la sangre de Witiza,
Que fresca aun en tus manos me horroriza.»

XLIII

Por mas que en pecho mujeril se encienda
Maléfica pasion, y estalle en ira,
Pronto la rabia á que soltó la rienda,
Cede el lugar al miedo, y se retira.
De esta verdad ejemplo fué en la tienda
De Aureliano la reina de Palmira :
Llora Zenobia heroica, fuerte y brava;
¿Por qué no ha de llorar tambien la Cava?

XLIV

Llora la Cava, y lánguida se arroja
Sobre un cojin, turbada y sin sentido,
Como era natural. Que el llanto afloja
El sistema nervioso, es bien sabido.
En esta situacion.... doblo la hoja.
El rei era un garzon alto y fornido,
Y en tal lance la moza mas membruda...
En fin, que la forzó no tiene duda.

XLV

Cuanto el amor ablanda y enternece,
Y en otro ser al que ama identifica,
Tanto exaspera al alma y la encrudece,
Quien á innoble pasion la sacrifica.
Solo con otro amor, amor florece :
Lo que él liberalmente comunica,
No se arrebata. Ni el poder ni el brio
Pueden decir entónces : « Esto es mio. »

XLVI

La ultrajada Florinda no se lanza,
Mujer vulgar, á pesadumbre inmensa.
Con llantos y con gritos qué se alcanza ?
No hai raudales que laven tanta ofensa.
Su pasion favorita es la venganza :
Solo en vengarse noche y dia piensa;
Y mas, cuando le anuncian que en Castilla
El rei hace notoria su mancilla.

XLVII

El mayor enemigo del reposo
Del hombre, el que persigue y atormenta
Con preferencia al hombre virtuoso,
Es la fama, que ya como tormenta,
Retumba con estrépito horroroso,
Ya con industria cautelosa y lenta,
Labrando en las tinieblas honda mina,
El crédito mas sólido arruina.

XLVIII

Siempre mira al traves de un microscopio
Que las cosas mas chicas engrandece;
Lo que es mas imposible y mas impropio,
Mas probable y mas fácil le parece.
Forman sus epítetos vasto acopio,
Que de una boca en otra boca crece
Dar la noticia cual se sabe es mengua :
No hai pintor mas fecundo que la lengua.

XLIX

Y lo que mas me ofende y mas me irrita,
Es que si en la anécdota que se cuenta,
Hai nombre de mujer, en nada hesita;
A la infeliz mujer cubre de afrenta.
El ser que mas amparo necesita,
El que nos da la vida y alimenta,
El ser que nos consuela y nos halaga,
Ese en toda ocasion es quien la paga.

L

El primero que oyó los pormenores
De aquella torpe y bárbara violencia,
La refirió añadiendo : « Pues, señores,
No hizo Florinda mucha resistencia. »
El tercero le agrega : « Son amores
Mui antiguos » El cuarto, en reticencia
Pérfida, dice : « Ayer cierto sugeto
Me contó...; pero no : guardo el secreto. »

LI

Así corrió y así pasó el Estrecho
Rápida la noticia trasformada,
Y así el moro la torna en su provecho,
Y al padre se la endosa en embajada ;
Y así del padre en el cuitado pecho
Se clava aquella flecha envenenada ;
Y así, con sus ribetes de oratoria,
Se escriben las gazetas y la historia.

LII

« La Cava fué manceba de Rodrigo. »
Levanta alguno el falso testimonio,
Y el escritor, amigo ú enemigo,
Mira ya este baldon cual patrimonio
De la historia. Si yo lo contradigo,
Responde un necio : « El cardenal Baronio
Lo dice claramente en sus *Anales.* »
Qué ! No saben mentir los cardenales ?

LIII

Por el honor de mi pais, me corro
De esta falta de critica. Confieso
Que á Florinda no vi ni por el forro,
Ni es mi raza la suya ; mas por eso
¿ Dejaré de acudir á su socorro,
Cuando de la calumnia sufre el peso?
Dirán, ¿ por qué me empeño en que fué casta ?—
No fué mujer Florinda ? Pues me basta.

LIV

Miéntras el conde discurria traza
De ejecutar el plan en que se fija,
Le entrega un ayudante de la plaza
Enorme cartapacio de su hija.
En él con grandes pormenores traza
Todo el hecho, rogándole que elija
Venganza pronta ; y ántes, que la lleve
Donde mas no la injurie aquel aleve.

LV

Produjo un doble efecto esta misiva
Dentro del seno paternal : de un lado,
Su pertinaz detestacion se aviva
Contra el autor del hórrido atentado :
Por otro ve en la triste narrativa,
Que Florinda las leyes no ha ultrajado
Del honor; pues ceder á la violencia,
Nada tiene que ver con la conciencia.

LVI

« En cuanto á retirarla, » pensó el viejo,
« De las garras del tigre, ya está claro
Que es preciso adoptar este consejo ;
Porque si huele el fin que le preparo,
Arrancará á su víctima el pellejo,
Y me puede costar el juego caro.
Teniendo estos rehenes en sus manos,
No hai que pensar en moros ni en cristianos. »

LVII

Con este justo rezelar suspende
Su plan, y comunica al moro amigo
Los nuevos lazos que á Rodrigo tiende,
Y cómo va á pegársela á Rodrigo.
Musa al diestro designio condesciende ;
Y el conde, meditando en el castigo
Que al rei destina con oculta saña,
Se embarca con buen viento, y llega á España.

LVIII

La sublime invencion del pasaporte
No era entonce en España conocida :
Medida paternal, digno resorte
De lei que en el amor se consolida.
Así Don Julïan llegó á la corte
Sin que nadie supiese su venida ;
Y ántes que nadie su venida sienta,
Disfrazado á Don Ópas se presenta.

LIX

En tres horas y media de entrevista
Quedan de acuerdo aquellos dos traidores;
Don Ópas, consumado tramoyista,
Pensó en los mas triviales pormenores.
Allí se trazó el plan de la conquista;
En fin, el largo cúmulo de horrores
Que salieron de aquel perverso foco,
El lector lo irá viendo poco á poco.

LX

La gran dificultad de todo el paso
Era arrostrar de buenas á primeras
La vista de Rodrigo. Para el caso
Ya estaban prevenidas las barreras
Que deben evitar cualquier fracaso.
No son tio y sobrino dos cualquieras.
Hombre que de engañar tiene el secreto,
Con la verdad engaña al mas discreto.

LXI

Al ver Rodrigo al conde, por supuesto
Sale de sus casillas y ya estalla,
Lanzando espuma, en tono descompuesto,
Tratándolo de perro y de canalla.
No cambia el conde ni actitud ni gesto:
Aguanta como sólida muralla
La descarga de aquella batería.
Tan estudiado su papel tenia

LXII

« Desacordado jóven, aquí tienes
Mi cabeza : con bárbara cuchilla
Divídela cruel. Qué te detienes?
Mas ántes que te cubra esta mancilla,
Viste de lauro mis cansadas sienes ;
Honra esta fuerte mano que á Castilla
Sirve de muro contra el mal horrendo,
Que ya le están los moros previniendo. »

LXIII

« Los moros te amenazan. Si no acudes
Pronto al remedio, servirá de nada
Que con tu religion y tus virtudes
Tengas á España toda edificada.
Ántes de cuatro meses (no lo dudes)
Cadiz, Sevilla, Córdova y Granada,
Si una fuerte medida no se toma,
Abrazarán el yugo de Mahoma. »

LXIV

« Centenares de bravos escuadrones,
Esgrimiendo la corva cimitarra,
De Ceuta sitian ya los torreones
Gritando furibundos : *Zarra, zarra.*
Ya de mis invencibles campeones
La audazia noble y condicion bizarra
Se aflojan : sus desgracias se acumulan,
Y si no los socorres, capitulan. »

LXV

« Si á tal estremo el infortunio pasa,
La morisma, que es gente de denuedo,
Se entrará como Pedro por su casa,
Desde el peñon de Calpe hasta Toledo.
Mayor designio su ambicion amasa
(No te lo digo porque tengas miedo) :
Han jurado cortarte la cabeza,
Y llevarla á las plantas de Su Alteza, »

LXVI

« Que es el califa de Bagdad. He dicho. »
Tal fué la arenga con que el conde astuto
Hirió á Rodrigo el seno, como el bicho
Clava su dardo en el dorado fruto
« Mi cabeza á Bagdad ! bravo capricho !
Mi cabeza á los piés de un moro bruto ! »
Dijo el rei . « esas son chanzas pesadas. »
Y se puso á reir á carcajadas.

LXVII

Pero los distinguidos personajes,
Testigos de esta escena escandalosa,
Empezaron á hacer sendos visajes,
Como quien dice : « Mala va la cosa. »
Despues de repetidos homenajes,
Y con voz abatida y respetosa,
Saltó uno de ellos : « Sabes lo que digo ?
Que no las tengo yo todas conmigo. »

LXVIII

Este rasgo de gótica elocuencia
Llamó al rei la atencion : paróse un rato,
Y dijo al fin : « El lance pide urgencia,
Y no quiero que compre tan barato
Mi cabeza el califa. A la prudencia
Del Consejo, que tiene buen olfato,
La decision de este negocio dejo.
A ver, un edecan : llama á Consejo. »

LXIX

Los miembros llegan y se sientan todos :
Ábrese la sesion, y el rei empieza :
« Señores, al imperio de los godos
Parece que le duele la cabeza.
Ya sabéis con qué tino y con qué modos,
Dignos de mi poder y mi grandeza,
Preservé á la nacion de todo ataque ;
Mas no estaba este golpe en mi almanaque. »

LXX

« No hai que temer : España floreciente
Prospera, gracias al cuidado mio.
La paga, á la verdad, no está corriente ;
El tesoro real está vacío ;
La escuadra sin raciones y sin gente ;
El soldado desnudo tiene frio ;
Pero en España sobran los recursos.
Ya acabé : pronunciád vuestros discursos. »

LXXI

« Al arzobispo mi pariente toca,
Segun fuero del reino, abrir dictámen. »—
« Ni tan siquiera puedo abrir la boca, »
Dijo el astuto clérigo. « El exámen
De tantos males á llorar provoca.
Dejád que hilo á hilo se derramen
Mis lágrimas... Dios mio!... vuestro culto...
A esta idea.... tenédme, que me insulto »

LXXII

« Ya me siento mejor: iba diciendo,
Que mis ocupaciones pastorales
Me alejan de este mundo: yo no entiendo,
Ni quiero, de negocios temporales.
A Dios continuamente me encomiendo·
Entre el coro y visitas de hospitales,
Y componer sermones y homilías,
Se me pasan las noches y los dias. »

LXXIII

« Pero se trata del altar y el trono,
Que un lazo indisoluble y santo liga,
Y á las llamas eternas abandono
A todo aquel que lo contrario diga.
Aquí me siento arder en pio encono:
El que con lengua torpe y enemiga,
A la Iglesia separe del monarca,
Digo que es un solemne heresïarca. »

LXXIV

« La crísis que amenaza , causa asombro.
Para que España al musulman no ceda,
Convertida en incendio y en escombro,
Diréis vosotros ¿ qué remedio queda?
No hai mas remedio que aplicar el hombro;
Que cada español haga lo que pueda :
No haya en esta ocasion mano remisa :
El que no tenga, venda la camisa. »

LXXV

« Yo siento que las rentas de mi silla
A una triste miseria hayan bajado ;
Pero la cosa es pública en Castilla:
Vivo, ya hace tres meses, de prestado,
Por supuesto, empeñando la vajilla.
Ya se ve.... los diezmeros han quebrado ....
Cosechas malas.... á no ser por eso,
Todo lo entregaria peso á peso. »

LXXVI

« Ni hai que tocar al clero : el que lo toque,
No de un hereje vil se diferencie ;
Y hará que en contra suya se derroque
Escomunion mayor *latœ sententiœ.*
Allí no tiene entrada rei ni roque :
Con tal de que se acate y reverencie
Lo que tiene guardado en los bolsicos,
Dejád que la nacion se vuelva añicos. »

LXXVII

« Mas hai un gran arbitrio, en un minuto
Puede entrar en la caja el oro á rios.
Despues de muerto el tonto Sisebuto,
¿ No han regresado á España los judíos?
Pues á ellos ; tributo y mas tributo :
Esprimamos el jugo á esos impios.
Queden en la miseria hasta los codos :
¿ Por qué han de ser mas ricos que los godos?»

LXXVIII

«Con estos fondos, sin perder instante,
Salga contra el ejército moruno
Todo el de acá ; ginete como infante :
Todos vayan con Dios, sin quedar uno.
El moro que en el África arrogante
Todo lo invade sin temor alguno,
Ya ven ustedes que se lleva chasco,
Viendo venir de pronto este chubasco. »

LXXIX

«Quien da primero, da dos veces maña
Que siempre adoptan los caudillos diestros.
Luego, para evitar que venga a España,
Deben pasar al África los nuestros. (24)
Pronto está concluida la campaña
Con capitanes bravos y maestros,
Como los que en España hai á docenas :
Así salimos una vez de penas »

LXXX

Dijo, y bajando todos la cabeza,
Siguen del arzobispo el sabio voto,
Ménos Rodrigo, que á temer empieza,
Dentro de España, guerra ó alboroto.
«Si conocen los moros mi flaqueza,
Viendo mis fuerzas en pais remoto,»
Decia, «¿ no podrán echarse encima?
Y á quién entónces la nacion se arrima?»

LXXXI

A esto el conde replica con razones
Tan claras y con datos tan cumplidos,
Que aquellos sapientísimos varones
Se dieron á una voz por convencidos.
Despues de la sesion los dos bribones,
Moviendo los resortes corrompidos
De la corte, con dones liberales
Activaron sus miras infernales.

LXXXII

La espedicion bien brava y bien apuesta
Ya de las playas de Hércules salia;
Mas la opinion, á todo mal dispuesta,
Estos rumores circular hacia:
«Qué! no es esta traicion? maldad no es esta?
¡Llevarlos á morir en lejanía,
Ora de enfermedad, ora al cuchillo!»
Lo mismo sucedió cuando Morillo.

LXXXIII

El conde queda atras con el pretesto
De ciertas prevenciones importantes :
Ahora vais á ver si el siglo sesto
No produjo grandísimos tunantes.
Viéndolo el rei tan fiel y tan dispuesto,
No ya con espresiones denigrantes,
Antes bien con cariño y con agrado
En público le hablaba y en privado.

LXXXIV

Él pasaba en la corte todo el dia
Con el rei, sus amigos y otros tales ;
Mas por la noche incógnito salia
A gozar las caricias filiales.
La Cava á su solaz le contaria
Lo ocurrido con pelos y señales;
Y entre los dos fraguaron el enredo,
Que fué piedra de escándalo en Toledo.

LXXXV

Ya próximo á partir, casi temblando,
Palido, en tierra la mirada fija,
Al monarca va á ver, y en tono blando
Le dice : « Gran señor, tengo una hija.
Como tan lejos de estos sitios ando,
No tengo quien la guarde ni dirija ;
Y aunque reside en apartada torre,
Aun allí su virtud peligro corre. »

LXXXVI

El seductor oyendo cómo empieza,
Dijo allá para sí : « Lo sabe todo. »
Mas no puede esplicarse su estrañeza,
Viendo que continúa de este modo :
« No carece Florinda de belleza ;
Empero la belleza es sucio lodo,
Si la pura virtud no la acompaña,
Y hai mucha corrupcion en nuestra España. »

LXXXVII

« Ya crecida, sin madre, el padre espuesto
A que un alfanje su existencia rinda,
Ved si debo temer golpe funesto,
Que arruine el pudor de mi Florinda.
De un porvenir tan lúgubre y molesto
No es dable que el paterno amor prescinda :
Miéntras yo marcho á climas tan lejanos,
No puede estar mejor que en vuestras manos. »

LXXXVIII

« Sed su tutor en esta dura ausencia :
Señaládle mansion donde resida.
Gracias á Dios, no estói en la indigencia ;
De oro la dejo bien abastecida.
Si obtengo este favor de tu indulgencia,
Por ti gustoso perderé la vida,
Bien persuadido que Florinda tiene
Quien su temprana edad guia y sostiene. »

LXXXIX

Sin poder reprimir la carcajada,
Le dice el rei «Como lo quieres, sea.
Mas ántes de que emprendas tu jornada,
Será preciso que á Florinda vea. » —
« Es medida, señor, mui acertada ;
Y si te dignas aprobar mi idea, »
Dice el conde, «esta noche.,.; » mas Rodrigo
Lo interrumpe : «Pues bien, cenád conmigo »

XC

A la caterva alegre y libertina,
Que iguala al rei en vicio y en locura,
Sin saber quién á quién se contamina,
Da parte de tan célebre aventura.
Aquel senado augusto determina,
Para que esté la víctima en tortura,
Que haya á la noche bailes y conciertos,
Y una mesa de mas de cien cubiertos.

XCI

Todo estremo se toca. En el bullicio
De la opinion que aplaude, grita, insulta,
La gran virtud se enseñorea : el vicio
Desfrenado, padece si se oculta.
Pero el malvado tímido y novicio
Su corrupcion en lobreguez sepulta ;
Y la virtud, sin brio ni esperiencia,
Huye rauda del hombre la presencia.

XCII

Ved al hombre de bien; al veterano
De la virtud, qué intrepido y qué noble
Desafía el furor del pueblo vano,
Sin que su frente á la opinion se doble.
Tal en vejez magnífica, lozano,
Sólido, altivo, inconmovible el roble,
A la rabia feroz de la tormenta
Su tronco añoso impavido presenta.

XCIII

Así tambien se ostenta y se señala
La audaz protervia, y maldicion provoca;
Su baldon é ignominia torna en gala,
Y los impulsos del pudor sofoca.
¿Fuera feliz Neron ó Caracala,
Si de su desverguenza impura y loca
No hiciera á Roma criminal testigo?
Pues tal era la escuela de Rodrigo.

XCIV

Da la oracion, y empiezan los criados,
A fuerza de empujones y carreras,
A poner mesas y a encender estrados,
Y á colocar los platos en hileras.
Acuden dos á dos los convidados,
Cubiertos de galones y veneras,
Y las damas de aquellos personajes
Con ricas joyas y soberbios trajes.

XCV

Empiezan á templar los instrumentos
Los músicos, las arpas y los pitos.
Ocupados están ya los asientos,
Ya piden compañeras los mozitos.
Comienzan los acordes movimientos
Del baile, los arqueos y pinitos.
Ya dan las once, y el bullicio crece;
Dan las doce, y Florinda no parece.

XCVI

Pálido estaba el rei como difunto,
Y á vezes encendido, hinchado y rojo,
Diciendo en sí con ceño cejijunto :
« Cómo podre sufrir este sonrojo ? »
De la caterva el inmoral conjunto,
Temiendo un estampido de su enojo,
Lo miraban de lejos y callaban ;
Pero alla en sus adentros se alegraban.

XCVII

Manda á sus espiones mas leales,
Que le traigan al conde muerto ó vivo ;
Que la ciudad entera y arrabales
Registren con el zelo mas activo.
No encontrando del conde ni señales,
Vuelven con rostro serio y pensativo.
Los bailarines a cansarse empiezan,
Y, como es natural, de hambre bostezan.

XCVIII

Ya el rei no sufre mas   « Me ha dado un flato, »
Dice de pronto, y vase á su aposento.
No fué al concurso este suceso grato,
Como que todo el mundo estaba hambriento.
« Pues no hai duda que ha sido bueno el rato !
Nos trata el rei con mucho cumplimiento ! »
Dicen, y van largándose uno a uno
A devorar copioso desayuno.

XCIX

Pero Rodrigo, en vez de irse á la cama,
Monta afanadamente su tordillo,
Y á impulso del despecho que lo inflama,
Llega en pocos minutos al castillo.
Con fuertes golpes á la puerta llama;
Y con cólera propia de un chiquillo,
Grita, patea, bufa, se enfurece;
Pero nadie responde ni parece.

C

Vuelve á la capital, y mientra ensancha
Su pesar con la tribu desenvuelta,
Corren por las llanuras de la Mancha
Florinda y Julian a brida suelta.
Pocos dias despues, en una lancha,
Ya estaba el conde en África de vuelta;
Y halló, segun sus sabias instrucciones,
La espedicion sin armas ni raciones.

CI

Ceuta era entónces una hermosa villa
Con fuentes, y paseos, y portales;
No cual hoi residencia de gavilla
De los mas estupendos criminales.
Ni entónces la afeaba la mancilla
De tener presidiarios liberales,
Que allí con asesinos y ladrones
Se fueron á estudiar nuevas mociones.

CII

Ceuta pues, en aquel tiempo dichoso,
Gracias á ciertas causas, cuyo influjo
Sabrá seguramente el estudioso,
Era pueblo de nobles y de lujo.
Cuando el conde de vuelta victorioso
Con la Cava en el pueblo se introdujo,
Llovian en su casa á todas horas
Visitas de señores y señoras.

CIII

Más abundaban ellas, por supuesto,
Por la curiosidad que las movia
De observar que facciones y qué gesto
Mujer forzada por un rei tenia.
De exámen tan insulso y tan molesto
Harta y picada en fin, les dijo un dia:
«Ya que con tanto ahinco van y vienen,
¿Es caridad o envidia la que tienen?»

CIV

En tanto el conde y Musa á cada paso
Se hablaban y escribian : el primero
Deseaba salir pronto del caso,
Para coger el fruto de su esmero.
El segundo, temiendo algun fracaso,
Político sutil y gran guerrero,
Ántes de una campaña decisiva,
Quiso hacer un amago ó tentativa.

CV

Con poca gente en una y otra barca
Tarif se lanza al gaditano seno,
Y en la antigua Tartesia desembarca,
Hoi Tarifa ; rincon grato y ameno.
Apena en tierra, toda la comarca
Viene á felizitar al agareno (25)
Con júbilo tan vivo y tan estraño,
Que él decia entre sí : « Me huele á engaño. »

CVI

Mas sin cesar venian nuevas gentes,
Trayendo al bravo moro dones varios,
Y hasta las monjas le enviaban fuentes
De dulce, y mazapan, y escapularios.
Acudian mendigos y pudientes,
Beneficiados simples y vicarios,
Gritando unidos en alegres coros :
« Viva la Religion! vivan los moros ! »

CVII

«Viva la Religion» es santo grito
Con que todo español esplaya el seno ·
Aplauso nacional y favorito,
Que se aplica á lo malo y á lo bueno.
Si es sabido el lector, no necesito
Fijar el dia en que con voz de trueno
Sonaba en la nacion : « Viva Fernando !
Viva la Religion ! Vamos robando. »

CVIII

El cura de Tarifa, hombre prudente,
Aquella noche tuvo una entrevista
Con el moro, y le dijo buenamente ·
«Háblame la verdad : quieres conquista?
Pues échate á nadar : con esa gente
Te basta, sin que nadie te resista.
El pueblo dice á voces : ¿ Por qué tardas?
Con tal que no le pongas dos albardas. »

CIX

« Deja al fraile su misa y su pitanza,
Deja al grande en pereza y en delicias,
Deja al oficinista en dulce holganza,
Deja al alcalde gajes é injusticias,
Deja á la corte en comilona y danza,
Deja al clero sus diezmos y primicias ;
Y ora tengas la fe cristiana ó mora,
Será tuya la España en media hora. » —

CX

« Qué ! » dijo el moro, « ¡ á tal abajamiento
Llegó la España ! á clase tan mezquina !
¡ Se abandona á insensato aturdimiento,
Sin respeto ni amor al que domina !
Para que el español esté contento,
¿ Le basta la racion ó la propina ?
Lo mismo hacen las vacas y los potros :
Santo Alá ! no tenéis patria vosotros ? » —

CXI

« Ya no tenemos patria, sino tierra, »
Responde el cura. « Patria ! ¿ Has entendido
Lo que este nombre dulce y grato encierra ?
No hai patria donde el mérito oprimido,
Huyendo el mundo, en soledad se encierra ;
Donde solo el malvado es aplaudido ;
Donde el poder con la nacion combate,
A cual mas se calumnia y mas se abate. »

CXII

« La patria es lazo de amistad ; es prenda
De amor, á cuya sombra fructifica
Segura y libre la virtud : no tienda,
Donde el poder con la virtud trafica.
A la patria su vida en grata ofrenda
Sereno el hombre honrado sacrifica,
Sabiendo que es su patria, y no rebaño ;
Sabiendo que es su bien ; no de un estraño »

CXIII

« Estrecha liga y sólido contrato,
Comunidad de males y de bienes...
Eso es patria. Do puede un insensato,
Por que se ciñe no sé qué en las sienes,
Exigir que le besen el zapato,
Y deslumbrar con galas y con trenes,
Y al que perece en la ignominia, huella.. .
A eso tú llamas patria ! Fuego en ella ! »

CXIV

« Al hijo que la apoya y la sustenta,
Dice la patria   'Soi tu blanda amiga,
Soi quien te libra de opresion y afrenta ;
Mi mano galardona tu fatiga :
Y si ardorosa emulacion te alienta,
Y si naturaleza te prodiga
Genio, ciencia, virtud, valor, consejo,
Sigue en carrera audaz ; yo te protejo. '

CXV

« Pero aquí, quien apoya y quien protege,
Es un hijo de mil casualidades,
A quien es mui factible que maneje
Algun padre maestro de maldades :
En torno al cual en vil teje-maneje,
Vertiendo lisonjeras necedades,
Circulan un monton de parasitos
Que viven de desórden y delitos. »

CXVI

«¿ Estás acaso en el error que *suelo*
Es lo mismo que *patria* ? Desatino !
Presérvenos de tal delirio el cielo.
Si así fuera, el cuadrúpedo mezquino,
Que en un prado feraz pone su anhelo
Y bendice la mano del destino,
Por mas que el dueño con furor lo azota ,
Seria un eminente patrïota. »

CXVII

« Tarif, la Providencia bienhechora
De opimos bienes nuestro suelo inunda ;
Tierras que mil venturas atesora,
Vario y ancho raudal que la fecunda ;
Llano estendido, cima protectora,
Mar que ancha costa plácida circunda;
Valles herbosos y seguros puertos :
Entra en España, y qué verás ?—Desiertos. »

CXVIII

«Colmó á los españoles Providencia
De cuanto al hombre exalta y dignifica :
Activa y creadora inteligencia,
Mente en conceptos elevados rica;
Corazon, que con noble indiferencia
Su propio bien y su reposo abdica;
Sobrio en los gozes, fuerte en los trabajos :
Entra en España, y qué véras ?—Andrajos. »

CXIX

No dijo mas el cura; y fué bastante
Para que el moro, que en valor ardia,
Concibiese el designio en un instante
De ver si era verdad lo que decia
Ordena en aquel punto a un ayudante
Lo que habia de hacer al otro dia,
Y se puso á escribir largo al califa,
Recomendando al cura de Tarifa.

CXX

Salio al rayar el dia con recato
Para evitar la turba y el bullicio:
Llega á Conil, donde el sensible olfato
Del moro no sufrió poco suplicio.
En aquel pueblo se detuvo un rato,
Y no le gustó mucho el ejercicio
De la almadraba : y en verdad es pesca
Sangrienta, sucia y de sobrada gresca.

CXXI

En Vejer recibió mil atenciones,
Que es gente dulce, como blando el clima,
Admiró los amenos callejones,
Que una vegetacion risueña anima.
De la Sierra de Ronda los crestones
Vio desde léjos con nevada cima,
Ya bruñido marfil, ya ardiente grana ;
Y á su carrera puso fin Chiclana.

CXXII

¿Quién puede describir el embeleso
Del alma, en el pais voluptuoso
Que abrigó mi niñez? Aquel esceso
De perfumes, aliento delicioso,
Que exhalan el tomillo y el cantueso,
Y el blando almoraduj; aquel reposo
De la atmósfera pura y cristalina,
Que en arco trasparente al mar se inclina.

CXXIII

Aquella risa eterna con que halaga
Naturaleza el pensamiento leve,
Y ora á meditacion incierta y vaga,
Y ora al deseo y al amor lo mueve;
Aquel susurro jugueton que amaga,
Y á desfogar su impulso no se atreve,
Porque parece que su fuerza impide
La espesa aroma que el pinar despide.

CXXIV

Y el pinar, con sus cúpulas lijeras
De lúcida esmeralda, en cuyas hojas
Juguetean las auras, mensajeras
De amor y paz; y de azuzenas rojas
Y azules alfombradas las laderas,
Y de pervincas, cuyas ramas flojas
En verde pabellon y ancha cortina
Del áspero tunal cubren la espina.

CXXV

¡ Triste recuerdo, imágen vaporosa,
Que el alma oprimes cual fatal misterio,
Mientra en ausencia injusta y dolorosa
De ti me aparta incógnito hemisferio !
No mas escites mi inquietud ansiosa ;
Suspende en mí tu irresistible imperio ;
O si es preciso que tu influjo tema,
Me echo á llorar, y se acabó el poema.

IV

........Farewell, King.

SHAKESPEARE.

I

« Hai cosas increibles en la historia :
Tánta perversidad ! tánta falsía !
Más parece confusa pepitoria,
Fraguada por insana fantasía. »
Esta sentimental jaculatoria,
Que nosotros decimos en el dia,
Se decia en los siglos doce y trece,
Y siempre se dirá, segun parece.

II

Nosotros nos hacemos veinte cruzes,
Leyendo á Tito Livio y Mariana,
Y decimos : «El siglo de las luzes
Con protervia tan vil no se profana.»
Como si fueran tigres ó avestruzes
Los individuos de la especie humana,
De quienes cuentan que en aquellos dias
Cometieron tan negras fechurías.

III

¡Cuantas cruzes se harán nuestros biznietos,
Cuando en la mano tomen los anales
De este siglo! Dirán : «Fueron discretos
Nuestros abuelos, cultos, teatrales
En charlar y escribir, hombres completos;
En alabanza propia, sin iguales;
Pero en medio de tantas perfecciones
Fueron unos grandísimos bribones. »

IV

Porque en verdad, no todo lo que luce,
Es oro; francamente. Confesemos
Que nuestro siglo célebre produce,
Tanto en el bien como en el mal, estremos
Mucho en escrito y charla se reluce;
Pero todos al cabo conocemos,
Que miéntras mas se escribe y mas se charla
De honradez, mas difícil es hallarla.

V

Es verdad que en los crímenes hai moda :
No gustan hoi los que gustaban ántes ;
A la opinion el crímen se acomoda.
No se usaban levitas ni tirantes,
Cuando andaba en el mundo raza goda ;
Ni se chupaba en vozes retumbantes
Sangre á los pueblos : eran mui redondos,
Para entender de empréstitos y fondos.

VI

En una cosa, sí, vamos ganando,
Desde que entró la moda del sistema
(Del representativo voi hablando) :
Ya no hai dificultad, ya no hai problema,
Que no decida un orador, tomando
La taravilla, y dando una postema,
Tan llena de *honorable* tontería,
Que al luzero del alba aburriria.

VII

La voz *representar* viene de perlas
A algunas de estas farsas. Los lectores
Que tengan duda, pueden ir á verlas,
Si es que entienden de farsas y de actores.
Máquinas hai allí, que en removerlas
Se gasta algun dinero : apuntadores
No faltan , ni papeles estudiados ;
Y suele haber *graciosos* diputados.

VIII

Es verdad que á la escelsa jerarquía
Estos cuerpos augustos no son gratos,
Y, solo con votar, la mayoría
Suele causar al trono malos ratos.
Mas que se llame trono ó cofradía,
O un solo rei, ó doce literatos,
Los que ejercen un ciego despotismo,
¿Al fin y al cabo no será lo mismo?

IX

Yo vi cierta sesion, y al salir de ella,
Me preguntó un amigo : «Te ha gustado?»
Mi respuesta fué asi : «¡Qué voz tan bella
Tiene aquel carienjuto diputado!
Mas su argumentacion no me hizo mella :
Su estilo tiene mucho de afectado;
Su frase es larga mas que la cuaresma :
Con pocas frases llenará una resma.»

X

«Ademas me parece que se esplica
No segun su conciencia, por dar gusto
A lo que llaman los franceses *clica*,
Pandilla en español.» Entonce adusto
Mi amigo, amostazado me replica :
«Que! ¿no son sus razones de buen gusto,
Sólidas, elocuentes y sutiles?
Pues eres el mayor de los serviles.»

XI

A este funesto don llaman los sabios
Lógica natural, que es el talento
De arreglar nuestra lengua y nuestros labios,
No á la razon, al propio sentimiento.
Y si el mundo está lleno de resabios,
Es su orígen fecundo un instrumento,
A que damos el nombre de *egoísmo.*
En tiempo de Tarif era lo mismo.

XII

Porque, como fué tal el alborozo
Con que lo recibieron mis paisanos,
Todo el mundo decia : « Qué buen mozo !
Qué bien monta ! qué modos tan urbanos ! »
Y aunque no faltó sangre ni destrozo,
Hubo quien dijo : « Son buenos cristianos, »
Como los ultras simples y caducos
Decian en Paris de los calmucos.

XIII

Y tal fué el entusiasmo de la gente,
Que quisieron marchar en su compaña
Millares de individuos : tan urgente
Era huir de los límites de España.
Él entre tantos escogió prudente
Lo que le pareció mejor calaña
Entre los personajes y pecheros,
Aunque hubo muchos mas de los primeros.

XIV

El gozo que produjo su regreso
Entre aquellos insignes traidorazos,
No se puede esplicar, ni con qué esceso
De gritos, y de besos, y de abrazos
Se pron unciaba el público embeleso.
¿Se alegraban de ver hecha pedazos
La Es paña, y que corriese sangre á rios?
No me parece que eran tan impíos.

XV

Yo esplico de otro modo mas humano
Tal fenómeno. El odio mas sangriento
Entre un ser racional y otro, su hermano,
O cede á la razon ó al sentimiento.
Pero cuando el objeto está lejano
Y colocado en alto encumbramiento,
Y desde allí prodiga inmensos males
A vasta muchedumbre de mortales;

XVI

Y en placer y opulencia se embriaga,
Que el pueblo riega con precioso jugo;
Y disfruta en sus penas, y lo halaga
Llanto que arranca el sanguinario yugo;
Y con cadalso y esterminio paga
La virtud y el saber, siendo verdugo
El que debiera ser padre y custodio; —
Ya no es delito, que es virtud el odio.

XVII

Como chispa que en poco tiempo abrasa
Vasto edificio ó rica sementera,
Cunde el sangriento enojo por la masa,
Y todas sus pasiones exaspera.
De la exasperacion al crímen pasa;
Virtud es ya lo que ántes crimen era;
Todo á su exaltacion se sacrifica,
Y el odio la ennoblece y santifica.

XVIII

Obró con energía este resorte,
Y atrajo al pabellon del agareno
De agraviados frenética cohorte,
Que sangre respiraban y veneno.
De la region del sur y la del norte
Un bajel acudia y otro, lleno
De gente ansiando el musulman dominio,
Sedienta de venganza y de esterminio.

XIX

En la mansion escelsa, que al humano
Veda el éter sutil y fulgoroso,
Regia los destinos del hispano
El genio de la patria majestoso.
Con el reloj de arena en una mano,
Y en otra mano el libro misterioso,
Que en rasgos invisibles deposita
Cadena de sucesos infinita.

XX

Su llanto paternal se desenfrena,
Viendo de males tan atroz conjunto ;
Mira ondear la flámula agarena,
Y con ella el pendon de España junto.
Hierve en soldados la africana arena ;
Y observando que el polvo llega al punto
Señalado por mano destructora,
Con espantable voz grita : YA ES HORA.

XXI

Óyelo Musa, da la seña, y parte
Soberbia armada con lijera quilla ,
En que unida y mezclada se reparte
Hueste de Arabia y hueste de Castilla.
Tarif la rige, intrépido cual Marte,
Cual Pálas, diestro y pensador. La orilla
Cubren alegres moros y cristianos,
Ya con el triunfo vengador ufanos.

XXII

Los cristianos, nadando ya en contento,
Viendo la espedicion desde la playa
Proceder en acorde movimiento,
Y cuán pomposa por la mar se esplaya,
Rompen el aire con acorde acento :
« Dios te bendiga , Dios contigo vaya. »
Iba á correr sangre española á rios,
Y se alegraban de ello los impios.

XXIII

Va con Tarif el conde, y los reflejos
Del júbilo encendian su mirada.
¡ Con qué orgullo le indica desde léjos
La costa de la Bética, alfombrada
Por lozano verdor ! « Con mis consejos, »
Le decia, « verás cuán acertada
Sale la empresa. » El moro á todo esto
No respondia mas que : « Por supuesto. »

XXIV

Donde en veloz corriente desemboca
La mar primera que en su infancia ruda
Surcó el genio del hombre, altiva roca
Se alza soberbia, colosal, sañuda ;
Desde la cima que las nubes toca,
Tan perpendicular y tan desnuda,
Hasta do opone al mar robusta orilla,
Que parece tajada con cuchilla.

XXV

Hércules, á quien honra el gaditano,
Y de quien tengo á dicha ser biznieto
(No sé si era el egipcio ú el tebano), (26)
Hombre robusto, y por demas inquieto,
Vió que el mar no corria al Oceano,
Porque se lo estorbaba un parapeto
De inmenso ensanche y sólida materia,
Que reinaba entre el África y Hesperia.

XXVI

El comercio de Cádiz le decia :
« Si abrieras a ese muro algunos trechos,
El paso entre los mares nos daria,
Como es fácil de ver, grandes provechos »
Hércules complaciente respondia :
« Pronto estarán ustedes satisfechos »
Llégase al muro, dale una patada,
Y un mar en otro mar hizo su entrada.

XXVII

Si un cuerpo blando rompes, la rotura
Presenta lineas curvas, desiguales ;
Pero si rompes una masa dura,
Mas rectas quedarán y verticales.
Por esto la magnífica estructura,
Do tuvieron principio aquellos males,
Por la parte que mira hácia el Estrecho,
No es mas que un murallon liso y derecho.

XXVIII

Ántes fué Calpe, y hoi ciudad potente,
Donde se venden sendas mercancías.
Si estrañas por qué allí dice la gente
Good morning en lugar de *buenos dias*,
Haré una digresion impertinente,
Como acostumbran ser todas las mias.
Critíquenme si quier los literatos .
Las digresiones dan mui buenos ratos.

XXIX

Cuando andaba la España en retorteros
(Somos los españoles mui sencillos)
Sobre cuál de dos reyes estranjeros
Le habia de poner mas duros grillos;
Miéntras los castellanos majaderos
Se dejaban pelar como chiquillos;
Miéntras los majaderos catalanes
Se entregaban á fieros gavilanes;

XXX

Entónces dijo para sí Inglaterra,
Con esa gran nariz que Dios le ha dado:
« Vamas á oler si sale de esta guerra
Para nuestro bolsillo un resultado;
Y miéntras Francia en combatir se emperra,
Y deja á España en infeliz estado,
Y el campo de batalla es Cataluña,
A Gibraltar echémosle la uña. »

XXXI

Disputaron los lores con empeño
Sobre esta espedicion. Abrió la boca
Lord Non-sense, y poniendo torvo el ceño,
Dijo que era un desierto, una bicoca
Y que quien de la plaza fuera dueño,
Dueño seria de una estéril roca,
Donde no hai yerba para media cabra.
Lord Acute tomó entónces la palabra.

XXXII

« Milores,» dice, «aunque mi noble amigo
Ha vertido torrentes de elocuencia,
Pongo al saco de lana por testigo.... (27)
(*Hear, hear,* clamó toda la audiencia),
Y pues que estói sobre mis piernas, digo (28)
Que fuera una solemne impertinencia,
Cuando se viene el pájaro á la boca,
Andarse con la cabra y con la roca.»

XXXIII

« Esa cabra dará rios de leche,
Esas rocas serán rocas de plata,
Con tal que el ministerio se aproveche
De conquista que sale tan barata.
España en sus doctrinas se pertreche;
Siga dogmas antiguos de reata;
Miéntras con esos dogmas y doctrinas
Nos abra en Gibraltar copiosas minas.»

XXXIV

« Abunden en España economistas,
Del siglo doce partidarios fieles,
Y tendremos espléndidas conquistas
A fuerza de ordenanzas y aranceles.
A millares vendrán contrabandistas;
Y los mismos que en órdenes crueles
Los condenan á Ceuta ó Filipinas,
Les comprarán tabaco y muselinas.»

XXXV

Ganó la votacion su señoría ;
Salió la espedicion ; sitió la plaza,
Que con ochenta hombres sostenia
El patrio honor : ignoro con qué traza.
Esa grave y metódica apatía,
Esa serenidad, esa cachaza,
Pasa por planta indígena del suelo
Do nacimos : así nos crece el pelo.

XXXVI

Don Diego de Salínas gobernaba
La plaza á la sazon, hombre devoto,
Cuya táctica diestra se cifraba
En novenario, disciplina y voto.
Rómpese el fuego, y miéntras penetraba
Raudo el inglés con gritos y alboroto
Por la calle mayor mas que de prisa,
Estaba mi Don Diego oyendo misa. (29)

XXXVII

Tal fué el punto geográfico , do empieza
La escena hermosa, en que aparece España
Llena de majestad y de riqueza,
Poderosa y temible á gente estraña.
Su delicioso clima la fiereza
Dulcifica del moro, como baña
Blando arroyo la arena seca y triste,
Y de verdor y flores la reviste.

XXXVIII

Doce mil musulmanes, en troteros
Africanos de ardiente gallardía,
Respiran ya los aires placenteros
De la bella y feraz Andalucía.
En pos huellan su patria los guerreros
Que el conde á su venganza conducia,
Sin ricas armas ni bruñidas cotas:
Llamábanse *legion de patriotas.*

XXXIX

Suena el alto rumor de la venida,
Y agrégase á las filas invasoras
Turba espesa, á batalla apercibida
Y animada de miras destructoras.
La nobleza, agobiada y ofendida,
Sus fuerzas une con las fuerzas moras;
Y acuden con acémilas, caballos,
Y escuderos, y pajes, y vasallos.

XL

Periculum in mora : la tardanza
Nunca sacó á los hombres de conflictos.
A lo interior la tropa altiva avanza
De guerreros impávidos é invictos.
En su progreso triunfador la alcanza,
Por do quiera, mayor tropel de adictos;
Y con el nuevo ausilio hasta Paterna
Sin la menor dificultad se interna.

XLI

Gobernaba cual déspota en Sevilla
(Híspalis era entónces) un muñeco,
Miembro vital de la real gavilla,
Y sobrino del mismo rei ; Edeco.
El cobarde mayor que vió Castilla :
Pálido, afeminado, mustio, seco ;
Que pasaba los dias y semanas
En bailes, y convites, y jaranas.

XLII

Y miéntras en delicias se encenaga,
Por toda la ciudad cunde veloze,
Como viento sutil, la nueva aciaga,
Y solo Edeco el riesgo desconoce.
Tanto por fin el miedo se propaga,
Y tanto crece en el continuo roze
De tertulias, y corros, y pandillas,
Que ya Edeco salió de sus casillas.

XLIII

Y aunque nunca en su vida vistió malla,
Vomitando Vesuvios por la boca,
« Voi, » dice, « á castigar esa canalla,
Y á echar al suelo su arrogancia loca. »
Juntó de pronto la soez morralla ;
Le reparte dinero; al arma toca;
Y cubierto de galas y de lujo,
Sale á campaña en alazan cartujo.

XLIV

Ya recuerdan ustedes lo de Ocaña,
Cuando al frente de bravos escuadrones,
Gritando : «Muera el Corso, cierra España, »
Aquel señor de cruzes y galones
Se echó á correr, cual tímida alimaña,
Cuando vió á media legua los dragones ;
Y corrió por los llanos y los cerros,
Hasta dejarse atras Despeñapérros.

XLV

Ni mas ni ménos sucedió lo mismo
Con este bravo, que al salir revienta
De rabia, de coraje y heroísmo,
Hasta que al enemigo se presenta.
Por poco le da entonce un parasismo ;
Pero no le saldria bien la cuenta :
Por lo cual á la fuga se abandona,
De Paterna á los Caños de Carmona.

XLVI

De su gente no queda ni señales ;
Por detras mueren unos ; otros quedan
Ocultos en espesos matorrales ;
Por altos precipicios otros ruedan ;
Otros en la maleza y los zarzales
Se embarazan, se turban y se enredan
Salieron mas de doce mil, y apénas
Volvieron á Sevilla dos docenas.

XLVII

No hai posta mas lijera que una fuga,
Ni que lleve mas pronto una noticia.
Dicen que el miedo todo lo subyuga:
No subyuga las piernas; beneficia
Mas bien la agilidad, y desarruga
Los nervios, si un secreto mal los vicia.
En tres dias llegaron á Toledo
Dos oficiales . lo que puede el miedo!

XLVIII

La idea mas remota de la mente
De Rodrigo era entónces la desgracia.
¡Oh, cuánto la Fortuna es inclemente,
Cuán mortífera al hombre, si le vacia
Su favor en espléndida corriente!
¡Cuánto debe temerla, si le sacia
Sus apetitos con propicios dones,
Atestados de ocultos aguijones!

XLIX

Es la felizidad una modorra,
Un entumecimiento ó bien letargo,
Que el porvenir del pensamiento borra,
Si algo tiene de tétrico y amargo.
Deja el hombre feliz que vague y corra
Libre la fantasía á paso largo,
Por una senda amena y perfumada,
Que no presenta fin á su mirada.

L

De la modorra la pesada venda
Se quita de los ojos, y se mira
Sumido el hombre en soledad horrenda,
Que desesperacion y espanto inspira;
Y aquella amena y perfumada senda
Cual mágica artimaña se retira,
Y deja ver en hórrido vacío
Despeñadero fúnebre y sombrío.

LI

Tal fué del rei la situacion. Intenso
Placer lo lisonjea y lo circunda:
Se halla en el aura placida suspenso,
Que de aliento aromático lo inunda.
De pronto sopla con furor inmenso
Tremenda tempestad, y en la profunda
Neblina busca ansioso sus quimeras,
Y no quiere creer que va de veras.

LII

Consejos pide. Quien dará consejos?
Los hombres de razon y de pericia,
Sensatos y entendidos, están léjos,
Víctimas del baldon ó la injusticia:
Turbas de cortesanos, flojos, viejos,
Masas de corrupcion y de estulticia,
Pueblan de sus salones el espacio;
Lo que llamamos *muebles de palacio*.

LIII

Quién presta plata ? ¡ Acaso el gran portento
De la Bolsa ! El judío chico y gordo !
No; que responderá con fundamento :
« Me ha dado un aire y he quedado sordo. »
Porque, si de pagar llega el momento,
Dirá como otra vez : « *Non mi ricordo.*
Yo presto mi dinero á los monarcas,
Para que vuelva á entrar triple en las arcas. »

LIV

En tanto acuden de pavor teñidos
Magnates, hacendados, infanzones ;
Los unos lanzan fieros alaridos,
Los otros le preguntan : « Qué dispones ? »
Muchos de ellos, creyéndose perdidos,
Empaquetan baúles y colchones.
Más de uno de ellos á un rincon se arrima ,
Diciendo : « Voi á ver quién queda encima. »

LV

Vuelven loco á Rodrigo con clamores,
Con el ir y venir, saliendo, entrando.
Él contesta al tuntun : « Pero Señores....
Pero si.... pero como.... pero cuando. »
Sin embargo, en los grandes sinsabores,
El hombre mas imbécil, flojo y blando
Saca á la postre fuerzas de flaqueza :
Rodrigo quiere obrar con entereza.

LVI

Manda por fin que cuanto godo existe,
Sin distincion de clase, sangre ó renta,
Bajo del patrio pabellon se aliste,
Desde los diez y siete á los cuarenta.
Pena de muerte tiene el que resiste,
Todo tributo al doble se acrecienta;
Se embargan las caballos y las mulas;
Tambien los diezmos, sin pedir las bulas.

LVII

Empiezan á implorarse donativos:
Uno da una coraza, y otro un peto;
Aquel una montura sin estribos;
Estotro da una daga y un coleto.
Siguen las malas nuevas: más activos
Son los conatos en mayor aprieto;
Y como el riesgo grande hace cosquillas,
No faltaron alhajas y vajillas.

LVIII

Cuando el rugir del infortunio suena,
Supersticion redobla su energía.
Nunca hai calamidad sin alma en pena,
Vision, duende, fantasma ó profecía.
Si la atmósfera está clara ó serena,
Si reina la algazara y la alegría,
Y nos ceñimos de jazmin y rosas,
No hai uno que se acuerde de estas cosas.

LIX

Rodrigo estaba pensativo y serio,
Cuando entró en su retrete un ermitaño.
« Vengo á ejercer un santo ministerio, »
Dice, « movido por impulso estraño.
Te vengo á revelar un gran misterio,
No sé si es por tu bien ó por tu daño.
¿ Quieres saber si en esta horrenda lucha,
Serás vencido ó vencedor ? Escucha. »

LX

« Esa torre cerrada, que á la orilla
De la selva vecina se levanta,
De que refieren tanta maravilla,
Y cuyo aspecto triste y negro espanta;
Esa torre, que nadie ha osado abrilla,
Porque el alma se añuda y atraganta,
Cuando acaso la mira un indiscreto;
Contiene en sí un tesoro y un secreto. »

LXI

« Dentro hai un arca; en ella un pergamino,
Donde un encantador mui afamado
Del imperio español trazó el destino,
Cual lo tiene la suerte decretado;
Cuándo lo atacará pueblo vecino,
Si el rei será depuesto ó degollado;
Con otras muchas cosas que yo ignoro :
Bajo del pergamino está el tesoro. »

LXII

Al rei la voz *tesoro* da codicia,
Que todo lo demas le importa un bledo.
Finge en tanto, y responde : « La noticia
No cayó en saco roto. Con denuedo
Iré á la torre . funebre ó propicia,
La suerte arrostro. Asi de tanto enredo
Saldremos pronto y de una vez : mañana
De cierto he de saber quién pierde ó gana. »

LXIII

Cuando se supo aquel estraño arrojo,
Causó en Toledo escándalo infinito :
En uno admiracion, en otro enojo;
Uno lo llama hazaña, otro, delito.
« Será, » decian, « mísero despojo
De su arrogancia loca. Pobrecito !
Uno que quiso entrar se quedó mudo :
Él entrará ; pero, salir.... lo dudo. »

LXIV

Llega el instante ; la ciudad entera
De su temeridad va á ser testigo.
El pavor en la turba prepondera,
Temerosa de bárbaro castigo·
Y oyendo que con voz altiva y fiera
La puerta manda derribar Rodrigo,
Por un comun impulso se prosternan,
Y gritan á una voz . *requiem æternam.*

21.

LXV

Lo que pasó en la torre, es un problema
Que nuestros ilustrados escritores
Refieren, cada cual segun su tema.
Pero que allí se vieron mil horrores,
Para ninguno es ya duda ó dilema ;
Y en cuanto á que lucieron sus primores
Con el pobre Rodrigo los demonios,
Unánimes están los testimonios.

LXVI

Hai un cierto escritor llamado Mora.... (30)
Qué genio! qué diccion tan noble y pura!
Qué hermosas tragaderas! cuál perora
Sobre esta escena! y cómo la asegura!
Lozano, otro que tal, no lo desdora.
Pisa tambien entiende la diablura :
Bueno es Castillo, y Alcocer no es rana :
Tu quoque! tú tambien, Padre Mariana !

LXVII

Yo contaré la cosa cual la creo,
Porque tanta simpleza me abochorna :
La contaré sencilla y sin rodeo.
Nada inventa mi musa, nada adorna :
Copié esta relacion de un libro hebreo,
Que me prestó un judío de Liorna.
Liorna es mas judía que cristiana :
Ni le pesa al Gran duque de Toscana.

LXVIII

Entra Rodrigo pues, y á corto trecho
Se sumerge en la niebla mas oscura.
Va por un callejon largo y estrecho,
De lo cual con el tacto se asegura :
Por larguísimo tramo va derecho
Sin hallar la mas leve curvatura;
A cosa de una legua ya repara
Que un muro de otro muro se separa.

LXIX

Quiere tentar el muro, y no lo encuentra :
Supone hallarse en un salon vacío ;
Marcha sin direccion : cuanto mas entra,
Mas se prolonga el boqueron sombrio.
Ya el pavor en su pecho se concentra ;
Ya le empieza á correr un sudor frio.
Grita, y un eco agudo le responde :
Quiere volver atras ; pero por dónde?

LXX

Las piernas se le doblan : el aliento
Le va faltando ; el paso mal seguro
Se debilita ; el pulso flojo y lento
Fielmente marca su terrible apuro.
Va á sentarse ; mas dónde está el asiento ?
No hai mas medio que echarse al suelo duro.
Se inclina pará echarse, y de repente
Una bruñida superficie siente.

LXXI

La toca, y la retoca, y la examina
Por la parte de arriba y por la baja ;
Y tienta ya una esquina, ya otra esquina,
Y dos esquinas mas : es una caja.
A la tapa las manos encamina :
No advierte ni falleba ni cerraja.
Trata de ver si abrirla al cabo puede,
Y bien conoce que á su impulso cede.

LXXII

Ábrela, y con horrísono estampido,
Y esplosion tremendísima y violenta,
Fulgor sulfúreo allí dentro escondido
Por los inmensos ámbitos revienta.
Calma el primer fragor : cesa el rüido,
Y de luz amarilla y tremulenta,
Y amortiguada, y vacilante, y triste,
La bóveda insondable se reviste.

LXXIII

Y por las estaláctitas lijeras
Y por los desiguales peñascones
Salen, cual de profundas ratoneras,
Espíritus impuros á millones.
Los unos, como sombras pasajeras,
Los otros, como erguidos torreones ;
Grandes, chicos, medianos, flacos, gordos,
Lívidos, pardos, negros, bayos, tordos.

LXXIV

Con alas y sin alas, y con cuernos
Y sin cuernos, con colas y sin colas ;
Y siguen vomitando los infiernos
De nuevos enemigos nuevas olas.
Unos son jefes, y otros subalternos,
Aquellos llevan largas banderolas ;
Estos garrotes, mazas, palos, pinchos ;
Unos rebuznos dan , otros relinchos.

LXXV

Unos á otros enganchados giran
Por aquellos vastísimos parajes ;
Y vuelven otra vez, y se retiran,
Y repiten sus vueltas y pasajes.
Todos al rei desconcertado miran
Con espantosos gestos y visajes,
Y la lengua le sacan, y estornudan,
Y mil diversas contorsiones mudan.

LXXVI

Poco á poco mitigan la carrera,
Y van quedando firmes en sus puestos;
Y forman una hilera y otra hilera,
Y cesan los visajes y los gestos :
Como aquellas imágenes de cera
De personajes graves y modestos,
Que parece que miran y no miran,
Y porque no son gente, no respiran.

LXXVII

Abrió entonce un demonio con misterio
Una especie de nicho ó de retablo,
De do empezó á salir erguido y serio
Un narigudo y colosal diablo.
Su cabeza, grandísimo hemisferio,
La cúpula parece de San Pablo:
Sus piernas no son piernas, son giraldas;
Y son dos cordilleras sus' espaldas.

LXXVIII

Ásperas selvas son sus dos bigotes,
En los cuales un potro se perdiera;
Sus cabellos parecen calabrotes;
Cada zapato un místico ó galera;
Sus mejillas giganticos mogotes.
Ya dije que era narigudo, y era
Su nariz, que en la atmósfera se pierde,
Un promontorio como el Cabo-verde.

LXXIX

Abre la boca, tenebroso abismo,
Con cada diente y muela como roca,
Y en tono de responso ó de exorcismo
Salen estas palabras de su boca:
«Tú, mi retrato fiel, otro yo mismo;
Tú, por quien el infierno se convoca,
Porque tan alta distincion mereces,
Hijo de nuestro amor, salud mil vezes.»

LXXX

« Mil vezes, no mil años, ni mil dias;
Porque dentro de pocos (ten paciencia)
Se te van á acabar las gollerías,
Que sobre ti vertió nuestra clemencia.
¿Las juzgabas eternas, ó creias
Que aquel cuyo poder te dió existencia,
Crió cosas tan bellas y tan raras,
Solo para que tú las disfrutaras? »

LXXXI

« Gozaste; hiciste bien : me has dado gusto.
Te encenagaste en vicios : mui bien hecho.
Todo inmolaste á tu placer : mui justo.
Gloton fuiste y lascivo : buen provecho.
Abusaste del título de augusto :
¿No abusa cada cual de su derecho?
Forzastes y violaste á troche y moche :
Eso se llama ir al infierno en coche. »

LXXXII

« Quisiste infierno, y lo tendrás. En eso
Nuestra condescendencia es donde brilla;
Hace siglos que tienes *ex professo*
Con tu nombre en palacio una casilla;
Allí estarás como raton en queso.
Despues el mismo trono de Castilla,
En que hicistes tan bien nuestros negocios,
Te suministrará mui dignos socios. »

LXXXIII

« Haremos mas : en prueba del agrado
Con que hemos aceptado tus servicios,
Dejamos en tu trono vinculado
Uno de los mayores beneficios
En nuestro idioma. Allí queda estancado,
Bajo nuestros diabólicos auspicios,
Un vástago fecundo del infierno :
Ese don que se llama *desgobierno*. »

LXXXIV

Dijo, y aplauden con horrendo grito
Aquellos disformísimos muñecos,
Miéntras la voz del orador maldito
Vibra en confusos y remotos ecos ;
Y otra vez en las moles de granito,
Y en sus inmensas cúpulas y huecos
El estallido portentoso zumba,
Y al suelo el rei como un lechon se tumba.

LXXXV

Hallóse, sin saber cuándo ni cómo,
A la infernal entrada sin resuello ;
Con el color entre aceituna y plomo ;
Erizado el bigote y el cabello;
Yerto, gafo, sin vista, sin asomo
De sensibilidad ; torcido el cuello ;
Encorvado, hemipléctico, sin pulso ;
Ya inmóvil como estatua, ya convulso.

LXXXVI

Acude al verlo la caterva pia....
Dejémoslo nosotros en sus manos,
Y volvamos la vista al mediodía,
Y a los ardientes y fecundos llanos,
En donde el Bétis (dulce nombre!) cria
Ricas olivas y abundosos granos;
Esos llanos ilustres que atraviesa
De audazes invasores nube espesa.

LXXXVII

A cuya frente luce, como el toro
Bizarro defensor de la manada,
Tarif, el mas gallardo y noble moro,
Que lanza enristra y que maneja espada.
Tres vueltas le da al pecho sierpe de oro,
De fogosos carbunclos salpicada;
Y luego airosa al cinturon desciende,
Y de ella el sable vengativo pende.

LXXXVIII

Rica marlota, floja, leve y ancha,
Pomposamente adorna su estatura,
De seda candidísima, que mancha
De trecho en trecho roja bordadura.
En el bonete de tisú se engancha
Magnífica esmeralda, que asegura
Los pabellones sútiles y vanos
De plumas de avestruzes africanos.

LXXXIX

Veinticinco monarcas agarenos
En pos cabalgan; unos revestidos
Grave y sencillamente, y otros llenos
Los bonetes de alhajas. Protegidos
Llevan algunos los robustos senos
De acero de damasco, y van seguidos
De sus membrudos pajes. Raras pieles
Estraño aspecto dan á estos donceles.

XC

Forman la augusta y escogida armada (31)
Algunos de los claros fundadores
De la pura nobleza, que en Granada
Señalará sus hierros triunfadores:
El padre de una tribu celebrada
Por graves infortunios, por amores
Sangrientos, el terrible Bencerraje;
Nombre que inmortaliza fiero ultraje.

XCI

Y Malique Alabes, de ilustre fama,
Que aun guardan en sus ámbitos las vegas
De los Padules, Íllora y Alhama;
Y Maza aterrador, y el gran Venégas,
Cuyo recuerdo todavía inflama
Mas de un noble en Madrid; y el bravo Llégas,
Domador de encumbrados valladares;
Y Zegríes, Gomeles y Alhamares.

XCII

Cinco mil veteranos koreishitas
Preceden ; enemigos del Profeta,
Cuando anunció mudanzas inauditas,
Y reclamaba sumision completa ;
Y despues de querellas infinitas,
La mas dócil falange á la trompeta
Del Koran, sus sectarios mas devotos
Del Egipto en los límites remotos.

XCIII

Mézclanse en gruesas masas los numidas,
De piel tostada y de segura flecha ;
Formidables en tropas desunidas,
Si un cuerpo numeroso los estrecha ;
Pues en sus lijerísimas corridas,
Leves tornando, sanguinosa brecha
Abren al escuadron, y raudos vuelven,
Y cual fugaz espuma se disuelven,

XCIV

Y los nunca domados bereberes,
Toscos, pero aguerridos y pujantes ;
Estraños á los usos y placeres
De los tratos civiles, ignorantes
De la grata labor que rige Céres.
La sombra de palmeros elegantes
Del rigor del estío los ampara,
Y del reflejo del vecino Zara.

XCV

No tanto admira el ver á los guerreros
De tan diverso rito, lengua y traje,
Cual los nobles, finísimos troteros
Que diestros rigen. Llenos de coraje,
Fogosos, bravos, dóciles, lijeros;
La crin flotando airosa, cual plumaje;
Redondo el cuello, el pecho dilatado;
El corvejon sutil y delicado.

XCVI

Los engendró la Arabia, cuyo fuego
Brilla en sus ojos y en sus venas gira:
Magnífico animal, que ora del ruego
La voz oye, ó del mando, ó de la ira.
Ya alzando con blandísimo sosiego
Los miembros arqueados, cuando aspira
Soplo de paz, avanza en muelle holgura,
Simétrico en balance y en mesura.

XCVII

O ya si el grito bélico lo incita,
Súbito aguza la sutil oreja,
Los cuatro remos iracundo agita,
Sacude despechado la guedeja,
Hasta que con furor se precipita,
Cuando da la señal quien lo maneja,
Cual catarata henchida, y desparece,
Y el dia en denso polvo se oscurece.

XCVIII

Detras á legua y media de distancia,
Con gravísimo paso y compostura,
Revestida de inmóvil arrogancia,
Contrista el aire mole vasta, oscura,
Y movida en perpetua consonancia,
Que forman armamento y herradura.
Estos los godos son de Andalucía,
Que en daño del monarca el conde guia.

XCIX

Con séquito de fieles servidores,
Que el feudo á sus mandatos encadena,
Vienen ricos magnates y señores,
De renta pingüe y elevada almena.
Dejaron de Toledo los rumores,
Cuando con sus escándalos la llena
Rodrigo, y en sus vastas heredades
Del tiranuelo arrostran las maldades.

C

Otros, que no se curan de Rodrigo,
Ni indagan si es buen amo, ó bien si yerra,
Solo á la invitacion de un conde amigo
Se escitan á tomar parte en la guerra;
Otros, porque en la paz ven un castigo;
Otros, por echar lances y ver tierra;
Y muchísimos van como Vicente,
Por ir con el ruido de la gente.

CI

No obstante, el mayor número de bravos
Van por ver si le agarran algo al moro.
Poco les duele que les pinchen clavos,
Si los clavos que pinchan, scn de oro.
Solo nacieron para ser esclavos :
Respiran servidumbre en cada poro;
Pero les acomoda un nuevo yugo,
Porque ya al otro le sacaron jugo.

CII

Y poco mas ó ménos, es lo mismo
Siempre que se amostazan las naciones,
Y en turba armada suena *patriotismo*,
Y hai vivas, y proclamas, y canciones.
Si buscas en el fondo de este abismo
Los desinteresados corazones,
Que anima un puro y noble sentimiento,
¿ Sabes lo que hallarás ?—Uno por ciento.

CIII

Precede el conde al bando numeroso
Con camison de malla, en que no brilla
Joyel ni talabarte esplendoroso,
Y lo envuelve del cuello á la rodilla.
Va cabizbajo, mustio, silencioso,
No porque se arrepiente ni se humilla,
Ni porque tiene á los contrarios miedo ;
Sino porque no estaba ya en Toledo.

CIV

Marcha la doble hueste no inquietada
Del negro Calpe á la potente Asido, (32)
Que es hoi Jerez; mansion privilegiada,
De cuyo seno, en nunca interrumpido
Venero, la Señora entronizada
De los mares, con labio enardecido,
Saca parte del jugo que alimenta
El genio animador que la sustenta.

CV

Era Asido aquel dia un hervidero
De gentes, y de bulla, y de alboroto,
Y de salir y entrar al retortero
Del cortijo vecino y del remoto.
El Arenal parece un hormiguero;
El pueblo, como nave sin piloto,
Vacila en agitado bamboleo :
Ya lo impulsa el temor, y ya el deseo.

CVI

« Rodrigo viene,» suena en un corrillo.
« Ya está en Árcos,» en otro. « No : en Marchena,»
Diz otro mas allá. Gente al portillo,
Gente á los miradores y á la almena.
« Ves aquel resplandor? pues es el brillo
De las armas. Y el nubarron de arena
¿No es la caballería? » — « Qué! es engaño :
Si es una recua…. no que es un rebaño.»

CVII

Y en efecto, Rodrigo ya de Bórnos
Pasado habia los amenos llanos,
Y hervian sus repechos y contornos
En bandas de guerreros castellanos.
Él, cubierto de espléndidos adornos,
Con la cuadrilla fiel de cortesanos
Que lo emula en carrera libertina,
Léjos del cuerpo lidiador camina.

CVIII

Cuál se fastidia en tanta baraunda !
Y en tanto laberinto cuál bosteza !
« Militares ! El cielo los confunda.
¿ Qué me importa la hazaña ó la proeza,
En que esta gente su existencia funda ?
Este casco me parte la cabeza ;
Y esta maldita y ponderosa espada
Me tiene la cintura derrengada. »

CIX

« No me fuera mejor estar ahora
Gozando con los mios y las mias,
En mi alcázar, la holgura seductora
De eso que llama el capellan *orgías?*
Y no estar cabalgando á toda hora
Por hondos llanos y por cumbres frias,
Y en lugar de saraos y banquetes
Comer y hablar con estos mata-sietes? »

CX

El armado tropel que lo acompaña,
No baja de cien mil : todo caudillo
Que del conquistador teme la saña,
Abandona el solaz de su castillo,
Y sale con los suyos á campaña.
Ningun señor de horca y de cuchillo :
Se queda atras : cual pueden, se arman todos
Los adictos al cetro de los godos.

CXI

O mas bien, los adictos al provecho
Que del desórden público se saca,
La gracia, el monopolio y el cohecho :
Ellos quieren la leche, no la vaca.
« Santo es el trono, santo su derecho, »
Gritan, « execracion á quien lo ataca. »
Dícenlo acaso por sus buenos ojos ?
No señor; por vivir de sus despojos.

CXII

Pero ninguno con mayor esmero
Que Don Ópas, emplea genio y trazas
En aprontar un escuadron guerrero,
Que no le baja un pelo á diez mil plazas.
En él brilla pulido y fuerte acero
En espadas, cimeras y corazas;
Los hombres, casi todos veteranos,
Los troteros valientes y lozanos.

CXIII

Nada omite su zelo : de la Silla
Vierte el tesoro pingüe y escondido.
Montó á caballo, y fué de villa en villa,
Reclutas atrayendo á su partido.
Viendo que el sacristan de una capilla,
Hombre de buena faz, alto y fornido,
Manejaba un baston con gran talento,
Lo hizo tambor mayor de un regimiento.

CXIV

Los hijos de Witiza y los clientes
De aquella malhadada dinastía,
A sus exhortaciones obedientes,
Preséntanse con noble gallardía.
De su obispado saca muchas gentes,
Y él los arma á su costa, y él los guia,
Pues sabe manejar, pastor guerrero,
No ménos el cayado que el acero.

CXV

Aquí debiera yo soltar el vuelo
Del estro belicoso ; aquí podria,
Si me escitase el ambicioso anhelo
De la inmortalidad, la lucha impía
Pintar en rima alzada ; mas no suelo
Dejar audaze la modesta via
Que me trazó la suerte, aunque es angosta.
Me gusta hacer reir ; mas no á mi costa.

CXVI

Quisiera sí pintar la hermosa escena
Del combate ; la espléndida llanura,
Que interrumpe tal vez, de arbustos llena,
Colina desigual, ó blanda altura.
No allí levanta inmoble la melena
Roble añoso, ni ostenta la espesura
De sus ramas la encina , ni desata
Su furia la espumosa catarata.

CXVII

Ningun rasgo grandioso allí reluce,
Como en el Alpe escelso ú Apenino;
Mas hai un cierto halago que seduce
La razon. Por el aire cristalino,
Hasta el alma triscando, se introduce
No sé qué holganza ó bienestar divino,
Un perfume rural, un goze intenso,
Que deja al hombre estático y suspenso.

CXVIII

No es Guadalete un rio estrepitoso,
Ni lleva grandes selvas en su orilla :
Manso desliza el curso vagaroso,
Casi inmóvil á vezes. La ramilla
Del taraje, y la adelfa, y del vistoso
Rosal silvestre en majestad sencilla
Su cuna adornan, su guirnalda tejen,
Y en sus estraños giros lo protegen.

CXIX

Alli fuí yo dichoso en el abrigo
Del regazo materno, y otro tanto
No pudiera decir el rei Rodrigo
Con toda su corona y con su manto.
Allí recibe el postrimer castigo ;
Allí, cubierto de dolor y espanto,
La vida, y el honor, y el cetro pierde :
Ni aun hai huella fugaz que lo recuerde.

CXX

Cinco vezes el sol vertió esplendente
Sus rayos en la lucha : cinco dias
Godo implacable y musulman ardiente
Pelean sin cesar. Vozes impías
Esterminio proclaman : ni consiente
Treguas el odio. Veinte dinastías,
O brillan ó no salen de la nada,
Segun quien gane ó pierda en la jornada.

CXXI

La hueste de Don Ópas es quien guarda
El regio campo, léjos del empeño ;
Y allí el perverso engañador aguarda
La ocasion favorable á su diseño.
Mas ya su acerbo golpe no retarda :
Manda dar fuego al campo, y tan risueño
Cual si estuviera presidiendo el coro,
Con todos sus diez mil se pasa al moro. (33)

CXXII

Atónitos, turbados y perplejos
Quedan los godos. Con zeloso ahinco
Busca á Tarif Don Ópas, y á lo léjos
Lo descubre, y se planta allá de un brinco.
Los dos se abrazan, como amigos viejos.
« Ya todo se acabó : toca esos cinco, »
Diz el malvado. El moro apénas osa
Tocar aquella mano ignominiosa.

CXXIII

Lo que sigue, se sabe en las escuelas.
El carro de marfil, el cetro de oro,
Las mulas blancas, y las dos chinelas,
Y Orelia el trotador : rico tesoro
De mentira ó verdad, que las abuelas
Bordan á su solaz Cristiano y moro
Lo dicen en sus clásicas leyendas,
No sin contradicciones estupendas.

CXXIV

Y en que paró Don Ópas? Qué ventaja
Sacó de su baldon? Nadie nos cuenta
Si de los moros pudo sacar raja,
Trocando con usura tanta afrenta.
Cual leve arbusto que aquilon desgaja,
Y lo agita, y en cólera violenta,
En fangoso pantano lo sepulta ;
Tal su suerte la historia nos oculta. (34)

NOTAS.

I.

Y mas en esta escena que circunda. — p. 62.

Escribióse este poema en la hacienda de Cotaña, propia de D. Pedro José Guerra, situada en el valle del mismo nombre, en el departamento de la Paz, república de Bolivia. El valle ocupa una parte de la falda del famoso Nevado de Illimani, «la mas alta montaña de todo el Nuevo-Mundo, despues del Pico de Sorata,» segun Balbi en su *Compendio de geografía*; pero que, si hemos de dar credito á observaciones mas recientes, no solamente escede al Sorata, sino tambien al Himalaya, considerado hasta ahora como el monte mas alto del globo. Mas el Illimani, ademas de su elevacion, tiene otros derechos á la admiracion de los hombres aficionados á los grandes espectáculos de la naturaleza. Por la elegancia de su perfil, por la variedad de sus tintes, por sus profundas sinuosidades, y por su entera separacion de la gran cadena de los Ándes, puede considerarse como uno de los mas grandiosos y bellos puntos de vista que pueden ofrecerse a los ojos del hombre El valle de Cotaña, desde el cual parece que podria tocarse con la mano la nieve perpetua que cubre la cima del Illimani, es una region privilegiada, en la cual se hallan reunidos, en el espacio de pocas leguas, los efectos mas pintorescos, y las mas vastas y variadas perspectivas : prados amenísimos, bosques impenetrables, precipicios, torrentes, alfombras de las flores mas delicadas y olorosas ; y todo esto oreado por el aire mas suave y tranquilo, y en presencia de un inmenso laboratorio de huracanes, nieblas y borrascas.

2.

Dijo un sabio : « Quien solamente es bueno,
Tansolo es bueno para sí. ». . . . . . .— p. 74.

Celui qui n'est que bon, n'est bon que pour lui, ha dicho J.-J.- Rousseau, pervirtiendo la significacion de las palabras, y hablando mas bien como hombre de mundo, que como filósofo. El pasaje siguiente de Montaigne, que no se puede traducir sin echarlo á perder, traza, en mi sentir, con admirable delicadeza, la línea divisoria que separa la bondad de la virtud ; palabras cuyo sentido se confunde tan frecuentemente, tanto en la conversacion, como en los libros de filosofía : *Il me semble que la vertu est chose austre et plus noble, que les inclinations à la bonté qui naissent en nous. Les âmes reiglées d'elles mesmes, et bien nées, elles suyvent mesme train, et représentent dans leurs actions mesme visage que les vertueuses. Mais la vertu sonne, je ne sçay quoy de plus grand et de plus actif, que de se laisser, par une heureuse complexion, doucement et paisiblement conduire à la suitte de la raison. Celuy qui d'une douceur et d'une facilité naturelle, mespriserait les offences reçeües, ferait chose très-belle et digne de loüange : mais celui qui picqué et outré jusques au vif d'une offence, s'armerait des armes de la raison contre ce furieux appetit de vengeance, et après un grand conflict s'en rendrait maistre, ferait sans doubte beaucoup plus. Celuy-là ferait fort bien, et celuy-ci vertueusement : l'une action se pourroit dire bonté, l'austre vertu. Car il semble que le nom de la vertu présuppose de la difficulté, et du contraste, e qu'elle ne peut s'exercer sans partie. C'est à l'adventure pourquoy nous nommons Dieu bon, fort, libéral et juste· mais nous ne le nommons pas vertueux.* — ESSAIS, lib. II, chap. XI.

5

ʏ los obispos eran generales. — p. 116.

Que los obispos de aquellos tiempos guerreaban como los señores temporales, y mantenían ejércitos a su sueldo, y se valian de ellos para el logro de sus miras políticas, es una verdad harto familiar á los que tienen algun conocimiento de la historia de la edad media Lease la vida del famoso obispo iriense D Gelmírez en el tomo 19 de la *España Sagrada* del P. Flórez, y dígase si, á pesar de los enfáticos elogios que le tributa el erudito historiador, pueden conciliarse la conducta de aquel prelado, sus reyertas diplomáticas, sus armamentos bélicos y sus propensiones marciales, con las doctrinas del Evangelio y con las costumbres de los primeros siglos de la Iglesia. *El rei,* dice Flórez, *habia dado la intendencia de Galicia al arzobispo, y no pudiendo ir en persona á rendir al rebelde* (Don Árias Perez), *dió la comision al arzobispo..... Este, ademas del hierro y fuego, necesitó valerse de la máquina llamada el gato, que, escavando la tierra, arrancaba las piedras de la fortaleza. Finalmente la tomó, cautivando á treinta y seis, y cediendo á los suyos cuanto habia. Murieron dos mui nobles y mui queridos del prelado; pero volvió triunfante á la ciudad,* etc. Nótese que poco tiempo despues de esta hazaña, el mismo Gelmírez presidió el concilio de Palencia, uno de cuyos cánones es el siguiente : *Ninguno obligue á los clérigos á que sigan las espediciones militares, ó manejen armas, ni á cosa que se oponga á los Cánones*

1.

Los torrentes de fango que ahora bebe. — p. 126

Escribióse este verso, cuando España, sometida al mas duratado poder absoluto, parecia haber perdido la esperanza y los medios de recobrar sus antiguas libertades.

5.

Y en su regazo el mar la deposita. — p. 149.

La mayor parte de los pormenores de que se ha hecho uso en este poema, se conservan entre las tradiciones de los *highlanders* ó montañeses de la Escocia occidental. Segun ellos, la Florida fué impulsada por la borrasca, á la espaciosa bahía de Tobermory, en la isla de Mull, condado de Argyle. Escocia era entónces un pais neutro, bajo el reinado de Jacobo VI.: por consiguiente, los españoles, considerándose perfectamente seguros, permanecieron muchos dias en aquel punto, reparando sus averías y aguardando noticias del resto de la armada El que se introdujo á bordo de la Florida, y consumó el horrendo designio de su voladura, era un tal Smollett, bisabuelo del célebre continuador de la *Historia* de Hume. Reinan en Escocia dos opiniones sobre el orígen de la catástrofe. Los unos la atribuyen á la reina Isabel de Inglaterra, la cual, informada de que la Florida tenia á bordo una gran cantidad de dinero, perteneciente á la espedicion española, dió órden á su embajador en Edimburgo, para que procurase por todos los medios posibles la destruccion del buque. El embajador se valió de Smollett, y anunció á la reina que estaban satisfechos sus deseos. Otros refieren el accidente como se ha procurado referir en el poema; pero dan el título de Infanta á la desgraciada española, que inspiró tan terribles zelos á la mujer de Maclean. Lo que parece no tiene duda, es que un jefe de este nombre se hizo mui amigo de los españoles, y se sirvió de los cañones de la Florida y de parte de su tripulacion, para combatir el castillo del jefe de otro *clan*, enemigo suyo. — La gente vulgar de la isla de Mull añade á estas circunstancias otras de un carácter maravilloso. Dicen que se encontró el cadáver de la Infanta, privado del dedo pequeño de la mano derecha; que se enterró con magnífico aparato, y que despues fué trasladado á su patria, en un buque enviado por el gobierno español con este objeto; que el alma en pena de la Infanta se aparece de noche en la playa, buscando con una linterna en la mano el dedo que arrancó del cadáver la esplosion.—A principios del siglo XVIII mandó el gobierno inglés un buque de guerra á la bahía de To-bermory, à ver si se podia descubrir el tesoro de la Florida. Ba-jaron diferentes vezes los buzos, encontraron parte del casco y sacaron algunos objetos; mas el dinero no pudo ser hallado. El célebre buzo Spalding acometió la misma empresa por los años de 1787; mas ya se habian sumergido en el fango los restos de la Florida.

6.

En el divan convoca á sus mujeres. — p. 174.

Si no constara esta circunstancia de un modo auténtico, el au-tor no se habria atrevido á inventarla; pero la *Crónica* citada en la Advertencia preliminar lo espresa claramente: *At ipse rex Zafadola, quando hæc audivit, vocavit filios suos et uxores.... dixitque ad eos: Nostis quæ gesta sunt à Adefonso.* El rei Al-fonso acudia tambien, en lances apurados, al consejo de las per-sonas del bello sexo: *Sed rex vocavit sororem suam Infantam Domnam Sanctiam, et uxorem suam Domnam Berengariam, et alios consiliarios, quos prudentes in talibus negotiis cogno-verat.*

7.

Si la poligamia es un delito
Que alarma su conciencia generosa. — p. 175.

Et dum ista gererentur, accepit rex quamdam concubinam, nomine Gontrodu, filiam Petri Didaci et Mariæ Ordonii, pul-chram nimis....., genuitque ex ea quamdam filiam nomine Ur-racam, quæ ad ablactandum data est sorori regis, Infantissæ Domnæ Sanctiæ, et ad nutriendum. Por donde se ve cuánta era la dignidad que reinaba en las cortes de aquel siglo, puesto que las hermanas de los reyes no se creian degradadas en aceptar las funciones de amas de leche de sus sobrinos bastardos. Nótese que esto ocurrió por los años de 1132, y que Alfonso habia casado en 1128 con Berenguela, hija de Raimundo, conde de Barcelona, la cual estaba viva y sana, cuando la Infanta Doña Sancha, su cuñada é íntima amiga, daba el pecho á Urraquita, hija de Gontroda. Debe tambien tenerse presente que Berenguela era *puella pulchra et decora nimis, amatrix castitatis*, y que el emperador ó rei Alfonso, *gratia Deo, genuit ex ea filios*.

8.

> *Partió con él su trono.* . . . . . . —p. 177.

At ille (Adefonsus) suscepit Zafadolam honorificè, et fecit eum sedere in solio regale secum.

9.

> *Llámese libertad, ó como quiera,*
> *Se engaña quien la elogia ó vitupera,*
> *Si ignora á quién se aplica y en qué caso.* —p. 191.

Edmundo Burke, en sus célebres *Reflexiones sobre la Revolucion francesa*, dice: *No puedo decidirme á elogiar ni censurar nada relativo á los sentimientos y negocios humanos, cuando se me presenta el asunto en toda su desnudez, despojado de toda relacion, y considerado meramente como una abstraccion metafísica. Las circunstancias son las que dan á todo principio político su colorido peculiar y sus efectos característicos. Cuando se me dice que un pueblo ha recobrado su libertad, ¿qué motivo tengo para congratularlo? ¿Será porque la libertad, considerada de un modo abstracto, entra en el número de los beneficios que nos dispensa la Providencia? Entónces felizitaré al loco que rompe sus saludables prisiones, y al asesino que se escapa de la cárcel, ya que uno y otro no hacen mas que recobrar sus derechos naturales.*

10.

« *Poco habrá que gastar,* » dijo, « *en su entierro* » — p. 196.

No fué esto precisamente lo que dijo Alfonso, al saber la muerte de su íntimo y escelente amigo Zafadola. Sus espresiones, según el cronista, fueron : *Mundus ego sum a sanguine Zafadolæ, amici mei;* con lo que probablemente se creyó absuelto de toda otra obligacion, con respecto á la memoria de su aliado y á las reclamaciones de la justicia. Todos los que conocen la historia de aquellos tiempos, saben que los cristianos, cuando no lo exigia el interes político, no miraban á los moros como seres con quienes era forzoso desempeñar deberes de justicia y de humanidad.

11.

¡ *De hinojos ante el arca misteriosa.* — p. 204.

Consta esta circunstancia de la Cronica : *Habebat autem rex aragonensium semper secum in expeditione quamdam arcam factam ex auro mundo, ornatam intùs et foris lapidibus pretiosis, in qua erat Crux salutaris ligni.* La obstinacion de Alfonso en negarse á las proposiciones que los sitiados le hicieron, está igualmente espresada en aquel precioso documento : *Volebat civitatem capere et omnes nobiles sarracenos subire capitalem sententiam;* y el cronista halla la razon de este cruel intento : *Quia Deus induraverat cor ejus, ut venirent super eum omnia mala quæ ipse fecerat.*

12.

Hai un ser en las auras celestiales. — p 211.

No se crea que estas sobrenaturales circunstancias han sido inventadas por el poeta. Constan en la Crónica, donde se refieren del modo siguiente: *Orationes eorum non sunt exauditæ ante*

Deum, quia Gabriel archangelus, summus nuntius Dei, non tulit eas ante tribunal Christi, neque Michael, princeps militiæ cœlestis, missus est à Deo, ut eos adjuvaret in bello.

13.

Al mentido profeta de la Arabia. — p. 220.

La Crónica hace espresa mencion de la apostasía del obispo de Láscar, añadiendo que despues se reconcilió con la Iglesia y volvió á ocupar su silla.

14.

Alfonso onceno, de infeliz memoria. — p. 237.

La memoria de este rei será infeliz á los ojos de todos los hombres rectos y justos. Los espléndidos triunfos conseguidos por las armas españolas durante su reinado, no pueden lavar las manchas con que han contaminado su nombre la inmoralidad profunda de su conducta, su largo y escandaloso amancebamiento con Doña Leonor de Guzman, la rebeldía de Don Juan Manuel y de otros magnates poderosos, á quienes el rei tuvo que galardonar torpemente, por la incapazidad en que se hallaba de reprimirlos; los escesivos tributos con que sobrecargó á los pueblos, y el horroroso gérmen de discordias y crímenes que legó á los españoles, con la doble posteridad, legítima y adulterina, destinada á renovar en una nacion cristiana escesos y atrozidades, que eclipsan los que la fábula atribuye á las familias de los semidioses de Grecia.

15.

El que entónces regia en Salamanca ,
Hizo este gran servicio á Doña Blanca. — p. 255.

Llamábase Don Juan, y tuvo por compañero en esta obra á

Don Sancho, obispo de Ávila ¡*Oh hombres nacidos*, dice Maria-na, *no ya para obispos, sino para esclavos!*

16.

Porque fundó en Toledo una capilla. — p. 257.

Enrique fue el fundador de la capilla de los Reyes nuevos de Toledo, engrandecida y hermoseada por algunos de sus sucesores.

17.

La corte de Navarra en Castro-fuerte — p 557.

Las aventuras que se refieren en esta Leyenda, han sido con-tadas de mui diversos modos por nuestros historiadores y roman-ceros, y probablemente en todas estas diferentes versiones hai mucho mas de fabuloso que de histórico. La que me ha servido de norma, es la que me suministra uno de los romances conte-nidos en los *Cuarenta cantos* citados en mi prefacio. Como se verá en los versos siguientes, he copiado no solo el sentido, sino algunas de las espresiones de aquella composicion :

« La reina Doña Teresa
Viéndolos ya concertados,
Que era hermana del rei,
. . . .
Tomó por la mano al conde,
Y en secreto lo ha apartado,
Mostrando quererlo mucho
Por ser noble y esforzado,
Y que queria que fuese
Por mano suya casado
Con la Infanta Doña Sancha.
. . . .
Yo triste Doña Teresa,
Reina vieja y de mal hado,

Dígovos que si yo fuese
Como vos rei coronado,
Que vengaba bien su muerte
Mui de presto y á mi salvo.

. . . .

Porque ya con el mal conde
Tengo puesto y concertado
Casarlo con vuestra hija,
Y él me lo tiene otorgado.

. . . .

Sintiendo el engaño el conde,
En una ermita se ha entrado,

. . . .

Y con mui grandes prisiones
En Castro-fuerte fué echado. »

18.

¿ Entiendes, Fabio, lo que voi diciendo ? — p. 465.

Los versos señaldos en la octava no son originales mios : se han copiado de obras impresas, reimpresas y aplaudidas. Las mismas locuciones y otras mas disparatadas se leen y se admiran en las obras de los mas acreditados restauradores de la poesía castellana.

19

Y el caudillo invencible de la hueste. — p. 475.

La narracion que empieza en esta octava, es puramente histórica. Los nombres de Zobeir, Abdalá y Gregorio están consignados en todas las historias de aquel tiempo. Lo que se dice en el poema acerca de la hija del prefecto de Trípoli, no es tan poético como lo que de esta desgraciada heroina cuentan los historiadores.

20.

A la sazon luchaban con denuedo. — p. 485.

La célebre disputa á que alude esta octava, fué la que separó la Iglesia griega de la latina, y la que, dando lugar al cisma de Constantinopla, precipitó la caida del Imperio romano en el oriente. Es preciso confesar que la corte de Roma se mostró infinitamente mas moderada á los principios de la disputa, que los gobiernos temporales. Carlo Magno quiso que el papa Leon III declarase condenados á *todos* los que no reconocian la doble *procesion* del Espíritu santo. El papa respondió que *todos* no son capazes de penetrar en tan altos misterios.

21.

Tánjer sola conserva, en el desdoro. — p. 487.

Los escritores árabes hablan de los muros de bronce y de los techos de oro y plata de Tánjer.

22.

Hizo por este medio su conquista. — p. 487.

La regla de san Pacomio dice espresamente: *Nec lavabitur aqua nudo corpore, nisi languor perspicuus sit.* — Regula 92, p. 1.

23.

Dos lobos tuvo el infeliz rebaño. — p. 511.

Hoppam impurissimum hominem, regis Witizæ flagitiosissimi aut filium, aut fratrem (utrumque traditur), hispalensem episcopum, consortem sibi episcopatus ascivit, ut à duobus lupis ecclesiæ toletanæ grex peteret pascua virentia. Alfonsi

Sanctii hispani De rebus Hispaniæ anacephaloeosis, Lib. II, cap. 19. Es un buen compendio, escrito en latin clásico.

24.

Deben pasar al África los nuestros. — p. 351.

Suadet regi, ut arma in Africam, unde periculum à sarraceñis timebatur, transferret. Sanctius, ib.

25.

Toda la comarca
Viene á felizitar al agareno. — p. 540.

Christiani ad mauros odio tyranni confluebant. Id. ib. Gibbon, que acudió á las mejores fuentes, da algunos curiosos pormenores. *Cien árabes y cuatrocientos africanos pasaron el Estrecho. El nombre de su jefe, Tarif, indica todavía el lugar del desembarco. Recorrieron por tierra 18 millas de un pais cubierto de colinas. La hospitalidad con que fueron recibidos, el gran número de cristianos que se les agregaron, sus incursiones en una provincia fértil y mal guardada, la riqueza de su botin, y la tranquilidad con que regresaron al África, fueron circunstancias que sus compañeros miraron como anuncios seguros de la victoria.* Decline and Fall of the Roman Empire, ch. LI.

26.

No sé si era el egipcio ó el tebano. — p. 556.

Cuestion gravísima, en cuya resolucion han consumido su calor natural muchos y mui graves historiadores. La vanidad nacional se ha decidido por el egipcio, dándole, con respecto al tebano, una anterioridad de diez siglos cuando ménos. Léanse todos nuestros historiadores, y se verá cuán acordes están en creer la venida de este semidios á España. Aldrete, Pellicer, el arzobispo Don

Rodrigo, Ocampo, Mariana, Garibai, Caro, todos ellos. ¡Y ahora nos quiere hacer creer un aleman que la existencia de Rómulo
es una fábula!

27.

Pongo al saco de lana por testigo. — p. 559.

El canciller de Inglaterra preside la cámara de los lore sentado en un saco de lana, como símbolo del comercio y de la industria. Los pares suelen designar al presidente con la espresion
usada en el testo.

28.

Y pues estói sobre mis piernas, digo — p 559.

En el estilo parlamentario, *estar sobre sus piernas* un miembro del parlamento (*to be on his legs*) significa lo mismo que *tener la palabra.*

29.

Estaba mi Don Diego oyendo misa. — p 560.

Esta anécdota se ha conservado tradicionalmente en el país No
sé si la menciona algun historiador; pero atendidas las circunstancias de la época, tiene todos los caractéres de la verosimilitud El
marques de San Felipe, en sus *Comentarios,* nos ha conservado
pormenores mui curiosos sobre el estado de Gibraltar, cuando la
tomaron los ingleses.

30.

Hai un cierto escritor llamado Mora. — p 570.

El conde de Mora, autor de una *Historia de Toledo,* llena de las

mas ridículas y enormes patrañas. Castillo escribió una *Historia
de los godos*, que no le va en zaga. Alcocer y Pisa, *Historias de
Toledo, ejusdem furfuris;* pero callen todos donde está el Dr.
Don Cristoval Lozano, autor de *David perseguido*, y de *Los reyes nuevos de Toledo*, obra que ha tenido diez y siete edicio-
nes, y que revienta de ignorancia, de vulgaridad y de supersticion. Todos estos autores y otros muchos creen á pié juntillas lo
de la torre encantada de Hércules, porque ¿cómo habia de faltar
un Hércules en la danza? Lozano escede á sus dignos compañeros en curiosos pormenores. *Sentaremos por fijo que Tuballa
dió principio á la fábrica de la torre, y el Hércules, el famoso,
la reedificó y amplió, sirviéndose de ella como de real palacio, y leyendo allí la Arte mágica... A una manga de esta cueva,
como tan gran mágico, hizo labrar Hércules un palacio encan-
tado, el cual palacio mandó que se cerrase, y que ninguno lo
abriese, si no queria ver en sus dias la España destruida por
gente bárbara.* Pero esto no es nada. Es preciso leer en el mismo
Lozano los pormenores de la entrada de Rodrigo en la cueva;
pormenores infinitamente mas maravillosos que los que se leen
en el poema. Por ejemplo : *Llegaron á una cuadra mui hermosa,
labrada de primoroso artificio, y en medio de ella estaba una
estatua de bronce de espantable y formidable estatura, puestos los piés sobre un pilar de hasta tres codos de alto, y con
una maza de armas que tenia en las manos, estaba hiriendo
en la tierra con fieros golpes.* Esto se escribia en España, no en
el siglo X., sino en el año de 1666, por un doctor en teología, capellan de S. M., comisario de la santa Cruzada, vicario de la villa
de Hellin y procurador fiscal de la Cámara apostólica.

31.

Forman la augusta y escogida armada. — p. 578.

Segun Pérez de Hita, la mayor parte de los fundadores de la
nobleza morisca de Granada, entraron en España en la época de
la primera invasion. Pocos cuerpos aristocráticos ha habido en

el mundo mas valientes, mas generosos y mas verdaderamente nobles.

52.

A la potente Asido,
Que es hoi Jerez. — p. 585.

Esta identidad está irrebatiblemente demostrada por el erudito Padre Flórez en su *España Sagrada.* Por mas que lo sienta Medina-Sidonia, Jerez se llamó antes Asido, y no Asta Regia, como ha creido sobrado lijeramente Gíbbon. A propósito : es cosa increible que este infatigable escudriñador no tuviese la menor noticia de una obra tan clásica, tan profunda y tan voluminosa como la del Padre Flórez.

53.

Con todos sus diez mil se pasa al moro. — p. 588.

Ecce perfidus Hoppas, ardore pugnæ, ut erat inter conjuratos conventum, cum valida suorum, integraque manu, ad hostes Julianumque signa transtulit. Sanctii ANACEPHALOEOSIS, LIB. II. cap. 20. Es uno de los mejores de la obra.

54.

Tal su suerte la historia nos oculta. — p. 589.

Lo que se sabe de Ópas, despues de la batalla del Guadalete, es sumamente incierto y precario. Parece sin embargo que los moros hicieron uso de sus servicios, enviandolo de embajador á Pelayo, en compañía del moro Alkama, con propuestas de paz y ofertas de proteccion. Desechadas por el héroe estas invitaciones, Ópas aconsejó á los moros que empleasen el recurso de las

armas. Dióse una batalla en que Alkama quedó muerto y Don
Ópas cautivo. Esto es lo que refieren el Monje Silense y el *Cro-
nicon* de Don Alfonso III. Pero las circunstancias de estos hechos, segun los dos escritores, son tan absurdas, que inspiran
graves dudas sobre los hechos mismos.

ÍNDICE.

Lightning Source UK Ltd.
Milton Keynes UK
UKHW030749110321
380169UK00008B/660

9 781172 432615